MODERN HUMANITIES RESEARCH ASSOCIATION
CRITICAL TEXTS
VOLUME 43

EDITOR
JANE EVERSON
(ITALIAN)

INSTITUZIONE D'OGNI STATO LODEVOLE DELLE DONNE CRISTIANE

and

RICORDI DI MONSIGNOR AGOSTINO VALIER VESCOVO DI VERONA LASCIATI ALLE MONACHE NELLA SUA VISITAZIONE FATTA L'ANNO DEL SANTISSIMO GIUBILEO 1575

AGOSTINO VALIER

Instituzione d'ogni stato lodevole delle donne cristiane

and

Ricordi di Monsignor Agostino Valier Vescovo di Verona lasciati alle monache nella sua visitazione fatta l'anno del santissimo Giubileo 1575

by
Agostino Valier

Edited by
Francesco Lucioli

Modern Humanities Research Association
2015

Published by

The Modern Humanities Research Association,
Salisbury House
Station Road
Cambridge CB1 2LA
United Kingdom

© *The Modern Humanities Research Association, 2015*

Francesco Lucioli has asserted his right under the Copyright, Designs and Patents Act 1988 to be identified as the author of this work. Parts of this work may be reproduced as permitted under legal provisions for fair dealing (or fair use) for the purposes of research, private study, criticism, or review, or when a relevant collective licensing agreement is in place. All other reproduction requires the written permission of the copyright holder who may be contacted at rights@mhra.org.uk.

First published 2015

ISBN 978-1-78188-101-9

Copies may be ordered from www.criticaltexts.mhra.org.uk

CONTENTS

Acknowledgements	vi
Introduction	1
1. *Institutiones* for Christian Women in the Fifteenth and Sixteenth Centuries	1
2. Agostino Valier: Life and Works	5
3. The *Instituzione d'ogni stato lodevole delle donne cristiane*: Editorial History, Structure and Sources	11
3.1. *Del modo di vivere delle vergini che si chiamano demesse*	16
3.2. *Della vera e perfetta viduità*	21
3.3. *Instruzione delle donne maritate*	26
4. *Ricordi di Monsignor Agostino Valier Vescovo di Verona lasciati alle monache nella sua visitazione fatta l'anno del santissimo Giubileo 1575*	30
5. Style and Language	34
6. Reception of the Works of Valier	38
Transcription Norms	42
Table of Chapters	48
Instituzione d'ogni stato lodevole delle donne cristiane	53
Del modo di vivere delle vergini che si chiamano demesse	56
Della vera e perfetta viduità	83
Instruzione delle donne maritate di Monsignore Agostino Valerio Vescovo di Verona	110
Ricordi di Monsignor Agostino Valier Vescovo di Verona lasciati alle monache nella sua visitazione fatta l'anno del santissimo Giubileo 1575	125
Bibliography	154
Index of Names and Subjects	168

ACKNOWLEDGEMENTS

This edition stems from my research work as Research Associate for the project 'Conduct Literature for and about Women in Italy, 1470–1900: Prescribing and Describing Life', based at the Italian Department at the University of Cambridge (P.I. Dr Helena Sanson). I gratefully acknowledge the support of the institutions that co-funded the project, the Leverhulme Trust and the Isaac Newton Trust.

Several people and institutions have helped me in different ways in the progress of this work. I would first like to thank the Italian Department at the University of Cambridge. I am also grateful to the following libraries and their staff for assistance and access to their collections: Biblioteca Universitaria in Bologna, Cambridge University Library, Biblioteca Civica Romolo Spezioli in Fermo, Biblioteca Provinciale dei Cappuccini in Genoa, Bibliothèque Nationale de France, and Bibliothèque de l'Arsenal in Paris, Biblioteca Universitaria Alessandrina in Rome, Biblioteca Comunale in Verona, Biblioteca Marciana, and Biblioteca del Museo Correr in Venice.

I would especially like to thank Erminia Ardissino, Paola Cosentino, Carlo Delcorno, Giorgia Grandi, Paolo Procaccioli, and Gabriella Zarri for their precious help in identifying some of the sources of Agostino Valier; Elisabetta Patrizi, who kindly sent me her works on Valier and discussed with me some obscure passages of the texts; Lucy Hosker for her accurate reading of the drafts of this book and for her suggestions. My warm thanks to Jane Everson for having agreed to be my academic editor and for her kind and invaluable advice. I am most grateful to Helena Sanson for her support and for having offered me this extraordinary opportunity.

This book is dedicated *a Marti*.

INTRODUCTION
Francesco Lucioli

1. *Institutiones* for Christian Women in the Fifteenth and Sixteenth Centuries

The printer Bolognino Zaltieri published in Venice, in 1575, two volumes by the then Bishop of Verona Agostino Valier: the *Instituzione d'ogni stato lodevole delle donne cristiane*, a collection of three works for three different kinds of women (*Del modo di vivere delle vergini che si chiamano demesse* for unmarried women; *Della vera e perfetta viduità* for widows; *Instruzione delle donne maritate*, for married women),[1] and the *Ricordi di Monsignor Agostino Valier Vescovo di Verona lasciati alle monache nella sua visitazione fatta l'anno del santissimo Giubileo 1575*, a book for nuns on monastic life.[2] These volumes were both edited by Pietro Francesco Zini — canon in Verona, as well as author and editor of several works, including *Il ritratto del vero e perfetto gentiluomo*, a translation of a conduct book by Philo Alexandrinus, published in 1574 by the same Bolognino Zaltieri — and both dedicated to Viena Gritti Contarini, niece of the *doge* Andrea. In the literary production by Valier, these are the only texts written for a female readership. These short treatises, aimed at offering practical advice on women's behaviour (or, much more precisely, on noble women's behaviour), belong to the so-called conduct literature for women.[3] The titles of both volumes,

---

[1] Agostino Valier, *Institutione d'ogni stato lodevole delle donne christiane* (Venice: Bolognino Zaltieri, 1575); henceforth *Instituzione*, and *Demesse*, *Viduità*, and *Maritate*. Throughout the text of the introduction the titles of the primary sources, as well as all the quotations, have been transcribed according to the criteria adopted in the edition of the texts by Valier (see below, *Transcription norms*); the original spelling of the titles of the works quoted has been used in the notes (and in the bibliography) to aid readers to follow up the bibliographical references.
[2] Agostino Valier, *Ricordi [...] lasciati alle monache nella sua visitatione fatta l'anno del santissimo Giubileo 1575* (Venice: Bolognino Zaltieri, 1575); henceforth *Ricordi*.
[3] For a first introduction to this literary production and the different critical approaches used in its analysis see Helena Sanson, *Donne, precettistica e lingua nell'Italia del Cinquecento. Un contributo alla storia del pensiero linguistico* (Florence: presso l'Accademia della Crusca, 2007), pp. 1-23; Virginia Cox, *Women's Writing in Italy: 1400-1650* (Baltimore: Johns Hopkins University Press, 2008), pp. 17-28. Catalogues of these texts are published in Ruth Kelso, *Doctrine for the Lady of the Renaissance*, with a Foreword by Katharine M. Rogers (Urbana: University of Illinois Press, 1956), pp. 306-424; Marie-Françoise Piéjus, '*Venus bifrons*: le double idéal féminin dans *La Raffaella* d'Alessandro Piccolomini', in *Images de la femme dans la littérature italienne de la Renaissance. Préjugés misogynes et aspirations nouvelles. Castiglione,*

in fact, reveal a strong affinity with the previous and contemporary works on conduct, as demonstrated by the *Dialogo [...] della instituzion delle donne* by Lodovico Dolce. At the beginning of this dialogue on female conduct, first published in Venice in 1545, Dorotea questions Flaminio about the topic of the book he is reading. Flaminio answers:

> esso tratta della instituzione o, vogliate che io secondo il vocabolo spagnuolo dica, creanza della donna, formando una perfetta vergine, una perfetta maritata et una perfetta vedova; di maniera che ciascuna donna, che osserva i ricordi di questo libro, può con molta facilità innalzarsi alla perfezione di questi tre stati.[4]

In the second edition, published in 1547, the sentence is rewritten by Dolce, and the book read by Flaminio 'tratta della instituzione della donna cristiana, formando una perfetta vergine, una perfetta maritata et una perfetta vedova. Dico perfetta, in quanto è conceduto dalla imbecillità umana, con ciò sia cosa che niente nel mondo è di perfetto'.[5] This edition of 1547 is not addressed to all women, but specifically to Christian women, with the aim of educating them, as far as human nature admits. Dolce stresses the notion of human (and particularly female) frailty, eliminating from the speech of Flaminio two words, *creanza* and *ricordi*, which are strongly linked to women and conduct. In the sixteenth century the word *creanza* had always been related to female behaviour, since its first appearance in the *Dialogo de la bella creanza de le donne* (1539) by Alessandro Piccolomini, and then in *La donna di corte, discorso [...] nel quale si ragiona dell'affabilità et onesta creanza da doversi usare per gentildonna d'onore* (1564) by Lodovico Domenichi. As for the word *ricordi*, which we can find in the title of one of the volumes by Valier, Amedeo Quondam has recently demonstrated its relevance to early modern moral writings, and particularly to texts which offer (concise) suggestions to follow in everyday life.[6] Yet there is one word which is preserved by Dolce in both editions of his *Dialogo*, a keyword that we can find also in the title of one of the conduct works for women by Valier: namely, *instituzione*.

Piccolomini, *Bandello*, ed. by André Rochon (Paris: Université de la Sorbonne Nouvelle, 1980), pp. 81–167 (pp. 157–67); *Nel cerchio della luna. Figure di donna in alcuni testi del XVI secolo*, ed. by Marina Zancan (Venice: Marsilio, 1983), pp. 235–53; Maria Luisa Doglio, 'Introduzione', in Galeazzo Flavio Capella (Capra), *Della eccellenza e dignità delle donne* (Rome: Bulzoni, 1988), pp. 13–25; *Donna, disciplina e creanza cristiana dal XV al XVII secolo. Studi e testi a stampa*, ed. by Gabriella Zarri (Rome: Edizioni di storia e letteratura, 1996), pp. 395–706.

[4] Lodovico Dolce, *Dialogo [...] della institution delle donne secondo li tre stati che cadono nella vita humana* (Venice: Gabriel Giolito, 1545), fol. 6^v; a modern edition of this text, edited by Helena Sanson, is forthcoming with MHRA (Cambridge: 2015).

[5] Lodovico Dolce, *Dialogo della institution delle donne* (Venice: Gabriel Giolito, 1547), fol. 4^v.

[6] Amedeo Quondam, *Forma del vivere. L'etica del gentiluomo e i moralisti italiani* (Bologna: il Mulino, 2010), pp. 433–520.

Before the publication of the *Dialogo* by Dolce, the title *Instituzione* seems to feature exclusively in texts addressed to men: the *Instituzione del principe cristiano* (1539) and *Della instituzione de' fanciulli* (1545) by Erasmus of Rotterdam, *De la instituzione di tutta la vita de l'omo nato nobile e in città libera* (1542) by Alessandro Piccolomini, the *Instituzione del prencipe cristiano* (1543) by Antonio de Guevara; but shortly after the publication of the work by Dolce we find the first Italian translation, by Pietro Lauro, of *De Institutione foeminae christianae* (*De l'istituzione de la femina cristiana, vergine, maritata o vedova*, 1546) by Juan Luis Vives, *La instituzione di una fanciulla nata nobilmente* (1558) by Gian Michele Bruto, the *Instituzione della sposa* (1587) by Pietro Belmonti, and the aforementioned *Instituzione d'ogni stato lodevole delle donne cristiane* (1575) by Agostino Valier. The treatise by Vives (first published in 1524) and the dialogue by Dolce — an innovative adaptation, based on humanist imitation, rather than a translation or a plagiaristic imitation, of the work by Vives[7] — mark a revolutionary turning point in the tradition, not only of conduct literature (signalling the transition from the *institutiones principis* to the *institutiones mulierum*),[8] but also of texts for and about women.

After the publication of *Il libro del cortegiano* (1528) by Baldassare Castiglione, the first half of the sixteenth century was dominated by texts in praise or defence of female qualities, including *creanza*, *nobiltà* and *eccellenza*, as reflected in the titles of works by Galeazzo Flavio Capella (1525), Cornelio Agrippa von Nettesheim (1529; first Italian edition in 1544), Vincenzo Maggi (1545) and Lodovico Domenichi (1549). This literary production represents a sort of reaction against medieval and humanist misogynistic approaches to the female world: the analysis of women's superiority in the field of moral and religious virtues (for example, temperance, and other related virtues, such as chastity) offers a new perspective on their nature and their role within the court, the family and society.[9] The publication of the texts by Vives and Dolce marks a rupture in this tradition: as these works move from targeting women in general to Christian women, their descriptive approach increasingly gives way

---

[7] See Adriana Chemello, 'L'"Institution delle donne" di Lodovico Dolce ossia l'"insegnar virtù et honesti costumi alla Donna"', in *Trattati scientifici nel Veneto fra il XV e XVI secolo* (Vicenza: Neri Pozza, 1985), pp. 103-34 (pp. 113-17).
[8] On this topic see Norbert Elias, *The Civilizing Process: The History of Manners and State Formation and Civilization* (Oxford: Blackwell, 1994), but also Jon R. Snyder, 'Norbert Elias's *The Civilizing Process* Today: The Critique of Conduct', in *Educare il corpo, educare la parola nella trattatistica del Rinascimento*, ed. by Giorgio Patrizi and Amedeo Quondam (Rome: Bulzoni, 1998), pp. 23-41.
[9] See Adriana Chemello, 'La donna, il modello, l'immaginario: Moderata Fonte e Lucrezia Marinella', in *Nel cerchio della luna*, ed. by Zancan, pp. 95-170 (pp. 102-03); Francesco Sberlati, *Castissima donzella. Figure di donna tra letteratura e norma sociale (secoli XV-XVII)*, ed. by Laura Orsi (Bern: Lang, 2007), pp. 95-147.

to a more prescriptive tone.¹⁰ The aim of the *Dialogo [...] della instituzion delle donne* is to *formare* a perfect woman: that is, in line with the terminology of the dialogue by Castiglione, to define her nature and behaviour, by establishing a series of practical rules she should follow. Like Vives, Dolce is interested neither in glorifying female beauty — as in the *Dialogo [...] dove si ragiona delle bellezze* (1542) by Niccolò Franco, in the *Dialogo della bellezza delle donne* (1552, but already published in his *Prose*, 1548) by Agnolo Firenzuola, or in *Il libro della bella donna* (1554) by Federico Luigini — nor in writing a *difesa delle donne* (of the kind written by Domenico Bruni, Luigi Dardano, or Vincenzo Sigonio, in the mid-sixteenth century); rather, his goal is to offer, on the basis of a source such as the text by Vives, a practical model to imitate. The right *forma* is therefore the basis and the aim of a correct *instituzione*.

The means to achieve this perfect *forma* are encapsulated in advice and examples, organized on the basis of the traditional female division *ad status*, according to which secular women are opposed to religious women, and divided into three groups: unmarried women, married women and widows.¹¹ For each of them, the author offers advice 'concerning food, drink, and clothes, and all such matters involving hygiene for the body as well as health for the soul. Sobriety is the ruling virtue here', as 'the cardinal rule for women's behaviour at all times was to avoid calling attention to themselves'.¹²

The prescriptive approach of the text by Dolce — who changes the focus of the work by Vives, dedicated to Princess Mary, the daughter of Henry VIII — implies neither a criticism against the world, nor forms of escapism from contemporary corruption. Unlike the previous medieval and humanist traditions, the dialogue by Dolce offers positive examples to follow, as demonstrated by the suggestions for secular women, who are invited to live their life in the world, rather than in the convent. *Formare* a praiseworthy Christian woman does not mean creating a perfect nun, but offering practical suggestions to lead a correct Christian life. In the work by Dolce, nevertheless, women do not have a real role in cities and societies, as their function is completely restricted to the domestic sphere (with the sole exception of widows, who have the option of dedicating themselves to charitable works). This glaring contradiction could only be overcome by attributing to women a proper role, at the same time religious and secular, in families as well as in societies. Such is

---

¹⁰ On the qualities and virtues of a Christian woman, see Dag Tessore, *La donna cristiana secondo l'insegnamento della tradizione apostolica* (Turin: Il leone verde, 2008).
¹¹ On the representation of these different *status* see Caroline P. Murphy, 'Il ciclo della vita femminile: norme comportamentali e pratiche di vita', in *Monaca, Moglie, Serva, Cortigiana: Vita e immagine delle donne tra Rinascimento e Controriforma*, ed. by Sara E. Matthews-Grieco, with the collaboration of Sabina Brevaglieri, introduction by Cristina Acidini Luchinat (Florence: Morgana, 2001), pp. 15–47.
¹² Kelso, p. 47 and p. 50.

the aim of the *Instituzione d'ogni stato lodevole delle donne cristiane* and the *Ricordi [...] lasciati alle monache nella sua visitazione fatta l'anno del santissimo Giubileo 1575* by Agostino Valier.

2. Agostino Valier: Life and Works

Agostino Valier was born in Venice, on 7 April 1531:[13] his father Bertuccio was a member of a patrician family, as was his mother Lucia, sister of the future Cardinal Bernardo Navagero. First educated in Venice, Valier went to Padua to study the Greek language; the first result of his humanist education was a series of funeral orations and consolatory letters addressed to illustrious members of both the Paduan university and the Venetian aristocracy (e.g. Lazzaro Bonamico, Pietro Landi, Marcantonio Trevisan, Marcantonio Genua). In 1555, following a journey to Rome with his uncle Bernardo Navagero for the election of Pope Paul IV, Valier decided to take part in Venetian public life, first becoming *Minoris Ordinis Praeconsultor* (a rank appointed by the Venetian Senate in 1555), and then obtaining the chair of philosophy in the so-called Scuola di Rialto in 1558.[14] In these years his literary production focused on two main topics. On the one hand, we find philosophical texts in which Valier, departing from the traditional and dogmatic interpretation of Aristotelianism, achieves a form of eclectism founded on the interaction between philosophy and Humanism.[15] One work embodying this approach is the *De recta philosophandi ratione*:[16] the treatise is dedicated to defining the need for a balance between conflicting trends (philosophy and religion, but also Aristostelianism and Platonism), rather than

---

[13] The first life of Agostino Valier was written in 1603, but published only in 1741, by Giovanni Ventura, 'Vita Illustrissimi et Reverendissimi Cardinalis Augustini Valerii, Veronae Episcopi', in *Raccolta d'opuscoli scientifici e filosofici*, ed. by Angelo Calogerà, 51 vols (Venice: Simone Occhi, 1728-1757), XXV (1741), 49-115.

[14] On the cultural role of the Scuola di Rialto in sixteenth-century Venice see Bruno Nardi, 'La scuola di Rialto e l'umanesimo veneziano', in *Umanesimo europeo e umanesimo veneziano*, ed. by Vittore Branca (Florence: Sansoni, 1963), pp. 29-139; Fernando Lepori, 'La scuola di Rialto dalla fondazione alla metà del Cinquecento', in *Storia della cultura veneta*, ed. by Girolamo Arnaldi and Manlio Pastore Stocchi, 6 vols (Vicenza: Neri Pozza, 1976-87), III.2 (1980), 539-605.

[15] See Giovanni Santinello, *Politica e filosofia alla scuola di Rialto: Agostino Valier, 1531-1606* (Venice: Centro tedesco di studi veneziani, 1983), p. 21 (repr. in Giovanni Santinello, *Tradizione e dissenso nella filosofia veneta* (Padua: Antenore, 1991), pp. 116-39).

[16] Agostino Valier, *De recta philosophandi ratione libri duo. [...] Item praefationes ab eodem, eodem tempore habitae partim publice, partim privatim, quibus accessere eiusdem opuscula quatuor eruditionis plena et lectu dignissima* (Verona: Sebastiano e Giovanni Dalle Donne, 1577); on the philosophical production by Valier see Anna Laura Puliafito, 'Filosofia aristotelica e modi dell'apprendimento. Un intervento di Agostino Valier su "Qua ratione versandum sit in Aristotele"', *Rinascimento*, 2nd ser., 30 (1990), 153-72, which publishes the text of *Qua ratione versandum sit in Aristotele* by Valier (pp. 163-72).

establishing a specific method, since 'to him, the proper use of philosophical knowledge was more important than philosophical method or the choice of any particular philosophical system'.[17] On the other hand, the literary production of the 1550s is characterized by works on conduct, 'dominated by a theme that was to recur with little change in the writing of Valier's episcopal period: condemnation of ambition and exaltation of contempt for honours'.[18] In these works — which anticipate both the *Instituzione d'ogni stato lodevole delle donne cristiane* and the *Ricordi [...] lasciati alle monache nella sua visitazione fatta l'anno del santissimo Giubileo 1575* — Valier stresses the importance of the *studia humanitatis* as a link between intellectual and public life, and attributes to men of letters the role of leading figures within their own societies.[19] This desire to put into effect (*in actum*) the *studia humanitatis*, described by Francisco Rico as the 'dream of Humanism',[20] accounts for the production of several *opuscula* of practical norms, addressed to members of the Venetian aristocracy, to prepare them for the political or civil roles with which they would be invested.[21] In 1560, therefore, Agostino Valier located his principal interests in teaching and in civil engagement,[22] but also in the fulfilment of his personal view of a type of Humanism in which philosophy, letters and religion converge to create an ethical system.

This perspective underwent a change in 1561, when his uncle Bernardo Navagero, to whom Valier had already addressed his lost *De fugiendis honoribus* (another conduct text in dialogue form), was elected cardinal. Valier, who became his secretary, decided to leave Venice for Rome. At the Roman court Valier met Carlo Borromeo,[23] who invited him to take part in the academy called *Notti Vaticane* (this experience would provide the subject matter for the *Convivium*

---

[17] Cyriac K. Pullapilly, 'Agostino Valier and the Conceptual Basis of the Catholic Reformation', *Harvard Theological Review*, 85 (1992), 307–33 (p. 331); on this topic see also Giovanni Santinello, 'Umanesimo e filosofia nel Veneto nella seconda metà del Cinquecento', in *Acta Conventus Neo-Latini Bononiensis*, ed. by Richard J. Schoeck (New York: Medieval and Renaissance Texts and Studies, 1985), pp. 177–96 (repr. in Santinello, *Tradizione e dissenso*, pp. 140–61).

[18] Oliver Logan, *The Venetian Upper Clergy in the 16th and Early 17th Centuries: A Study in Religious Culture* (Lewiston: The Edwin Mellen Press, 1996), p. 222.

[19] See Cecilia Tomezzoli, 'Agostino Valier (1531–1606), fra "humanitas" e "virtutes". Il periodo dal 1554 al 1561', *Studi storici Luigi Simeoni*, 45 (1995), 141–72 (pp. 149–59).

[20] Francisco Rico, *El sueño del Humanismo. De Petrarca a Erasmo* (Madrid: Alianza, 1993).

[21] On this production see Tomezzoli, pp. 159–72, but also Francesco Lucioli, 'Regine a Venezia nel Cinquecento: Bona Sforza in un'epistola di Agostino Valier e qualche osservazione sulle descrizioni di ingressi trionfali', *Filologia e Critica*, 39 (2014) (forthcoming).

[22] See Giovanni Cipriani, *La mente di un inquisitore: Agostino Valier e l'Opusculum De cautione adhibenda in edendis libris (1589–1604)* (Florence: Nicomp, 2008), p. 31.

[23] On the relations between Valier and Carlo Borromeo see the edition of their correspondence, published in *San Carlo Borromeo ed il card. Agostino Valier: carteggio*, ed. by Lorenzo Tacchella (Verona: Istituto per gli studi storici veronesi, 1972).

Noctium Vaticanarum by Valier).²⁴ A few years later, he again accompanied his uncle, now Bishop of Verona, to the Council of Trent; but on the way back Navagero fell ill and, before dying (31 May 1565), asked and obtained (also by intercession of Carlo Borromeo)²⁵ that his nephew should replace him as leader of the diocese of Verona. Despite not being a priest, Valier was elected Bishop of Verona on 28 May 1565. Once in his diocese (17 June 1565), Valier tried to reconcile his previous pedagogical interests with his new public role, following the example of other humanists, starting from one of his predecessors in the diocese, Cardinal Gian Matteo Giberti.²⁶

The social and religious reforms introduced by Giberti, with the aid of the clerk Tullio Crispoldi, in sixteenth-century Verona concerned various aspects of life (education, marriage, family, Christian practice, public life). These were continued and pursued also by Valier,²⁷ albeit with a significant difference: he tried to combine the humanist system proposed by Giberti with the models for pastoral care discussed and promulgated during the Council of Trent, and particularly under the influence of Carlo Borromeo.²⁸ Following the example of Borromeo in Milan, and with the support of new religious orders, such as the Theatines and the Jesuits,²⁹ Valier promoted a series of initiatives, such as the

---

²⁴ The text of the *Convivium Noctium Vaticanarum* by Valier was first edited in *Noctes Vaticanae, seu Sermones habiti in academia a S. Carolo Borromeo Romae in Palatio Vaticano instituta*, ed. by Giuseppe Antonio Sasso (Milan: Giuseppe Marelli, 1748), pp. 1–23. On the Academy of the *Noctes Vaticanae* see the *Italian Academies Database*: http://www.bl.uk/catalogues/ItalianAcademies/AcademyFullDisplay.aspx?RecordId=021-000005733&search AssocType (last access: 12 November 2014).
²⁵ See Lorenzo Tacchella, 'La diocesi di Verona nei secoli XVI e XVII. Dai Processi Concistoriali e dalle Relazioni delle Visite *ad Limina Apostolorum*', *Studi storici Luigi Simeoni*, 24–25 (1974–75), 112–36 (pp. 113–14).
²⁶ On the role of Giberti in sixteenth-century Verona, but also and more generally during the Counter-Reformation debate in Italy, see Adriano Prosperi, *Tra evangelismo e Controriforma: Gian Matteo Giberti, 1495–1543*, 2nd edn (Rome: Edizioni di storia e letteratura, 2011); and *Gian Matteo Giberti (1495–1543)*, ed. by Marco Agostini and Giovanna Baldissin Molli (Cittadella: Biblos, 2012).
²⁷ Valier, for example, in the first years in the diocese of Verona did not change the *Constitutiones* for the clergy by Giberti, published in 1542 (see *Le costituzioni per il clero (1542) di Gian Matteo Giberti, vescovo di Verona*, ed. by Roberto Pasquali (Vicenza: Istituto per le ricerche di storia sociale e di storia religiosa, 2000)); Valier also wrote an *Apologia cur Constitutiones non ediderim*, to explain the reasons for his choice. On the reform of the diocese of Verona in the sixteenth century see Emilyn Eisenach, *Husbands, Wives, and Concubines: Marriage, Family, and Social Order in Sixteenth-Century Verona* (Kirksville: Truman State University Press, 2004).
²⁸ See Andrea Ferrarese, '"Agnosce vultum pecoris tui". Aspetti della "cura animarum" nella legislazione anagrafica ecclesiastica della diocesi di Verona (secc. XVI-XVIII)', *Studi storici Luigi Simeoni*, 49 (1999), 189–237 (p. 224).
²⁹ On this topic see Elisabetta Patrizi, 'Per un sistema educativo globale: le scuole e i *consueta ministeria* della Compagnia di Gesù nella Verona di Agostino Valier', *History of Education & Children's Literature*, 8.2 (2013), 33–73.

organization of Catholic associations and confraternities, the diffusion of schools of Christian doctrine, the reform of local monasteries and religious institutions, the founding of a diocesan seminary.[30] All these projects were related to specific editorial plans: as stressed by Elisabetta Patrizi, Valier, once again in line with Giberti and Borromeo, attributed to the printing press an important role in the diffusion of the ideals of the reformed Church.[31] This is why the works written by Valier (or published with his support) soon after his election — Catechisms, texts for clerics, rules for schools of Christian doctrine and for confraternities — are characterized by a strong pragmatism.

Alongside this prescriptive production, Valier also wrote some works which are at once descriptive and prescriptive, concerned with both religious and social education, and intended to define the behaviour of a good Christian. These works, deeply influenced by his friendship with Carlo Borromeo, who was overseeing a similar reform in the diocese of Milan, can be divided into two groups, according to the different readerships (religious or secular) they were meant for. One group comprises treatises and collections of practical examples for priests, monks and clerics:[32] these works aim to regulate fields such as Christian oratory (*De rethorica ecclesiastica ad clericos*),[33] the life of a bishop (*Episcopus, seu de optima Episcopi*

---

[30] On the founding of the diocesan seminary in Verona in 1567 and the reform of the School of the Acolytes see Elisabetta Patrizi, 'La formazione del clero veronese dopo Trento: le origini del Seminario diocesano e la riforma della Scuola degli accoliti', *History of Education & Children's Literature*, 9.1 (2014), 339–80; on the initiatives promoted by Valier in Verona see also Elisabetta Patrizi, 'Per formare "huomini honorati et gratissimi a Dio": Agostino Valier e la fondazione del Collegio dei nobili di Verona', in *La ricerca storico-educativa oggi. Un confronto di metodi, modelli e programmi di ricerca*, ed. by Hervé A. Cavallera, 2 vols (Lecce: Pensa multimedia, 2013), I, pp. 429–45.

[31] Elisabetta Patrizi, '"Per insegnarci con l'opere et con le parole la scienza della vera salute". Le Scuole della dottrina cristiana di Verona al tempo di Agostino Valier', *History of Education & Children's Literature*, 7.1 (2012), 297–318 (p. 317).

[32] On this production see Marzia Giuliani, '"Lectiones familiares". L'attualità dei padri e la spiritualità borromaica fra Cinque e Seicento', in *Cultura e spiritualità borromaica tra Cinque e Seicento*, ed. by Franco Buzzi and Maria Luisa Frosio (= *Studia Borromaica*, 20 (2006)), pp. 117–43 (pp. 136–43).

[33] Agostino Valier, *De rethorica ecclesiastica ad clericos libri tres [...], una cum tribus praelectionibus ad suos clericos habitis, alias in lucem editi, accessit et pulcherrima totius ecclesiasticae rethoricae synopsis, non antea in lucem edita* (Venice: Andrea Bocchino e fratelli, 1574). On the rhetorical advice of Valier see Marc Fumaroli, *L'Âge de l'éloquence: Rhétorique et res literaria de la Renaissance au seuil de l'époque classique*, 3rd edn (Genève: Droz, 2002), pp. 136–144; Carlo Delcorno, 'Dal "sermo modernus" alla retorica "borromea"', *Lettere Italiane*, 39 (1987), 465–83 (pp. 470–72); Andrea Battistini, 'Tra l'istrice e il pavone. L'arte della persuasione nell'età di Carlo e Federico Borromeo', in *Milano borromaica atelier culturale della Controriforma*, ed. by Danilo Zardin and Maria Luisa Frosio (= *Studia Borromaica*, 21 (2007)), pp. 21–40; Elisabetta Patrizi, 'La *Rethorica ecclesiastica* e l'*Omilario* per la Chiesa ambrosiana scritti da Agostino Valier su istanza di Carlo Borromeo', *History of Education & Children's Literature*, 9.2 (2014), 249–89.

forma) and of a cardinal (*Cardinalis, sive de optima Cardinalis forma*),[34] but also the behaviour of nuns (as in the aforementioned *Ricordi*). The second group of works may be connected, much more directly, to the so-called 'social disciplining', that is, the attempt to regulate people's private lives.[35] To this kind of texts belong works such as the *Ricordi al popolo della città e diocese di Verona* (1579),[36] and especially the three books for women published in 1575 under the single title of *Instituzione d'ogni stato lodevole delle donne cristiane*. These manuals of behaviour demonstrate extensive continuity with the prescriptive texts for clerics, but also with the works addressed to the Venetian aristocracy at the beginning of the literary career of Valier. Although now influenced by Tridentine precepts, the texts for secular as well as religious men and women by Bishop Valier continue the project of a Humanism *in acto*, which he had already pursued as a philosopher at the Scuola di Rialto. This literary production differs from the previous works by Valier in the choice of simplicity in style and of the vernacular in terms of language, and influences his later historical writings: in the *Ricordi per lo scriver le historie della Repubblica di Venezia* (dedicated to Alvise Contarini, historian of the Republic), history is presented as a source for moral advice and practical suggestions to follow in everyday life.[37]

---

[34] The works, both written in 1575, were published for the first time as an appendix to the *Vita Caroli Borromei*: Agostino Valier, *Vita Caroli Borromei Card. S. Praxedis archiepiscopi Mediolani, item opuscula duo Episcopus et Cardinalis* (Verona: Girolamo Discepolo, 1586).

[35] See on this Gerhard Oestreich, 'Strukturprobleme des europäischen Absolutismus', *Vierteljahrsschrift für Sozial- und Wirtschaftsgeschichte*, 55 (1969), 179-97, and Winfried Schulze, 'Gerhard Oestreichs Begriff 'Sozialdisziplinierung in der frühen Neuzeit', *Zeitschrift für historische Forschung*, 14 (1987), 265-302. For the Italian reception of the notion of 'social disciplining' see Adriano Prosperi, 'Riforma cattolica, Controriforma e disciplinamento sociale', in *Storia dell'Italia religiosa*, ed. by Gabriele De Rosa, Tullio Gregory and André Vauchez, 3 vols (Rome: Laterza, 1993-95), II (1994): *L'età moderna*, ed. by Gabriele De Rosa and Tullio Gregory, pp. 3-48; Wolfgang Reinhard, 'Disciplina sociale, confessionalizzazione, modernizzazione. Un discorso storiografico', in *Disciplina dell'anima, disciplina del corpo e disciplina della società tra Medioevo ed età moderna*, ed. by Paolo Prodi (Bologna: il Mulino, 1994), pp. 101-23; Heinz Shilling, 'Chiese confessionali e disciplinamento sociale. Un bilancio provvisorio della ricerca storica', ibid., pp. 125-60.

[36] Agostino Valier, *Ricordi al popolo della città et diocese di Verona* (Venice: eredi di Francesco Rampazetto, 1579): this text has been edited and analysed by Elisabetta Patrizi, 'I *Ricordi al popolo della città et diocese di Verona* di Agostino Valier. Un progetto per gli 'stati di vita' tra rinnovamento pastorale ed edificazione della *civitas christiana*', *History of Education & Children's Literature*, 7.2 (2012), 359-400.

[37] The *Ricordi per lo scriver le historie della Repubblica di Venezia* were published in *Anecdota veneta, nunc primum collecta ac notis illustrata*, ed. by Giovanni Battista Maria Contarini (Venice: Pietro Valvasense, 1757), pp. 172-92. On Valier as a historian and on his idea of history see Gaetano Cozzi, 'Cultura, politica e religione nella "pubblica storiografia" veneziana del 500', *Bollettino dell'istituto di storia della società e dello Stato veneziano*, 5-6 (1963-64), 215-94 (pp. 244-55) (repr. in Gaetano Cozzi, *Ambiente veneziano, ambiente veneto. Saggi su politica, società, cultura nella Repubblica di Venezia in età moderna* (Venice: Fondazione

In the same years, Valier continued to exercise his episcopal role, visiting his diocese,[38] and writing pastoral letters, collections of homilies, rules for the clergy. In recognition of his activity, on 12 December 1583, Pope Gregory XIII elected him cardinal. On this occasion he wrote an oration (now lost) entitled *Concio de onere Episcopatus et Cardinalatus*, a description of the perfect Tridentine bishop and cardinal, represented by Carlo Borromeo (who died a few months after the election of Valier, as described in his *Vita Caroli Borromaei*).[39] In 1587 Sixtus V elected Valier a member of the Congregation of the Index,[40] but despite this Valier did not interrupt his production of works on ethics and conduct, such as the *De occupationibus Sanctae Romanae Ecclesiae Diacono Cardinale dignis* and the *Quatenus fugiendi sint honores* (both addressed to Federico Borromeo, the cousin of Carlo).[41] However, the most important texts written after his election are the *Philippus, sive de christiana laetitia* (two dialogues, set in 1591 Rome, dedicated to Filippo Neri and his *Oratorio*),[42] and the *De cautione adhibenda in*

Giorgio Cini, 1997), pp. 13–86). When Contarini died, Valier decided to continue his *historia*, transforming it into a moral history. The result was a collection of short pieces of advice (in 18 books), taken from Venetian history, based on the concept of *historia magistra vitae*: *De adulterinae prudentiae ac regulis vitandis, sive de politica prudentia cum christiana pietate coniugenda ex Venetorum potissimum historiis a fratris et sororis filios*; the text was partly published and translated in 1787: Agostino Valier, *Dell'utilità che si può ritrarre dalle cose operate dai veneziani libri XIV*, trans. by Niccolò Antonio Giustiniani (Padua: Tommaso Bettinelli, 1787).

[38] See Lorenzo Tacchella and Mary Madeline Tacchella, *Il Cardinale Agostino Valier e la Riforma Tridentina nella diocesi di Trieste* (Udine: Editrice Arti Grafiche Friulane, 1974); Lorenzo Tacchella, 'Il veneziano cardinale Agostino Valier vescovo di Verona e la Repubblica di Genova', *Studi storici Luigi Simeoni*, 36 (1986), 289–91. The texts of his pastoral visitations have been published in *Agostino Valier: visite pastorali a chiese extraurbane della Diocesi di Verona, anni 1592–1599: trascrizione dei registri XV–XVI delle visite pastorali*, ed. by Archivio storico della Curia diocesana di Verona (Verona: Archivio storico Curia diocesana, 2000), and *Agostino Valier, visite pastorali a chiese della Diocesi di Verona, anni 1565–1589: trascrizione dei registri XIII–XIV delle visite pastorali*, ed. by Archivio storico della Curia diocesana di Verona (Verona: Archivio storico Curia diocesana, 2001).

[39] Agostino Valier, *Vita di Carlo Borromeo Card. di S. Prassede, Arcivescovo di Milano*, introduction by Franco Segala, trans. by Giovanni Bovo (Verona: Archivio storico Curia vescovile, 1988); but see also Carlo Marcora, 'La storiografia dal 1584 al 1789', in *San Carlo e il suo tempo*, 2 vols (Rome: Edizioni di storia e letteratura, 1986), I, pp. 37–75 (pp. 38–41).

[40] On the role played by Valier in the Congregation of the Index see Peter Godman, *The Saint as Censor: Robert Bellarmine between Inquisition and Index* (Leiden: Brill, 2000), pp. 70–72; Vittorio Frajese, *Nascita dell'Indice. La censura ecclesiastica dal Rinascimento alla Controriforma* (Brescia: Morcelliana, 2006), pp. 116–21.

[41] On these texts, and on the influence of Agostino Valier on Federico Borromeo, see Dermot Fenlon, 'La formazione religiosa di Federico Borromeo', in *Federico Borromeo uomo di cultura e di spiritualità*, ed. by Santo Burgio and Luca Ceriotti (= *Studia borromaica*, 16 (2002)), pp. 25–32; Marzia Giuliani, *Il vescovo filosofo. Federico Borromeo e I sacri ragionamenti* (Florence: Olschki, 2007), pp. 2–13, 130–42, 313–49.

[42] Agostino Valier, *Il dialogo della gioia cristiana*, trans. by Antonio Cistellini, preface by Nello

edendis libris (an autobiographical description of the life and works of Valier, dedicated to Silvio Antoniano and first published only in 1719).[43] Even if this second text is presented as the last work written by the Venetian cardinal, between the composition of the *De cautione* and his death, Valier continued writing. All his works preserve his personal view of Humanism: a practical knowledge in which a perfect balance of letters, philosophy and religion can offer useful advice for prescribing and describing human behaviour in contemporary society.

Although many thought he would progress 'dal purpureo cappello al sacro manto',[44] Agostino Valier never become Pope. He died in Rome, on 23 May 1606.

3. The *Instituzione d'ogni stato lodevole delle donne cristiane*: Editorial History, Structure and Sources

In 1795 Giacinto Ponzetti edited in Rome, for the first time, the *De consolatione Ecclesiae* by Cardinal Agostino Valier, a treatise which had been written in 1588, but never published.[45] The text is accompanied by a general catalogue of the works by Valier. Here, we find the titles of 189 Latin texts (of which 84 in print and 105 only in manuscript or lost), and of 64 works in the vernacular (of which 46 in print and 18 unpublished or lost).[46] This catalogue doubles the number of the works by Valier collected in another anonymous catalogue of his texts, published in the first edition of his *De cautione adhibenda in edendis libris*: here are listed 128 titles, both in Latin and in the vernacular, of printed texts as well as manuscripts.[47] Although inaccurate due to mistakes and omissions, the data offered by Ponzetti illustrate several characteristics of the writings of Valier: first,

---

Vian (Brescia: La scuola, 1975); on this text see Alphonse Dupront, 'Autour de Saint Filippo Neri: de l'optimisme chrétien', *Mélanges d'archéologie et d'histoire de l'École française de Rome*, 49 (1932), 215–304 (repr. in *Genèses des temps modernes: Rome, les Réformes et le Nouveau Monde*, ed. by Dominique Julia and Philippe Boutry (Paris: Gallimard, 2001), pp. 207–35); on the cultural context see also Valentino Martinelli and Alfredo Marchionne Gunter, 'Notizie su Agostino e Pietro Valier cardinali di San Marco, veneti a Roma; su le vicende dei due ritratti berniniani in marmo da Roma a Venezia', in *La regola e la fama. San Filippo Neri e l'arte* (Milan: Electa, 1995), pp. 98–107.

[43] Agostino Valier, *Opusculum numquam antehac editum de cautione adhibenda in edendis libris. Nec non Bernardi cardinalis Naugerii vita* (Padua: Giuseppe Comino, 1719); all the quotations (henceforth Valier, *De cautione*) are from the edition of the text published by Cipriani, pp. 193–294.

[44] Alessandro Midani, *Canzone di Fileremo a Pistofilo* (Verona: Sebastiano dalle Donne e Girolamo Stringari, 1584), fol. 4ᵛ (this is a quotation from the dedication addressed to Agostino Valier).

[45] Agostino Valier, *Commentarius de consolatione Ecclesiae ad Ascanium Card. Columnam libri VI*, ed. by Giacinto Ponzetti (Rome: Lazzarini, 1795).

[46] Ibid., pp. xli–lxxx.

[47] Valier, *Opusculum numquam antehac editum de cautione adhibenda in edendis libris*, pp. xxiii–xxviii.

his extraordinarily prolific production, over 200 titles, including letters, treatises, booklets, orations, dreams, eulogies, biographies, reports, commentaries, which demonstrate his interest in different literary genres and different topics, such as the exegesis of the Scriptures, philosophy, conduct literature, historiography, and rhetoric. This points, moreover, to a strong interest in the vernacular language, indicative of a concern that his works circulate amongst a wider readership. Finally (and apparently in contrast with the previous observation), it proves that the majority of the works by Valier circulated in manuscript form. These data can be further (and drastically) seen in the right perspective when we observe that the catalogue by Ponzetti also collects all the works by Valier printed until 1795; if we focus only on the texts published during the lifetime of Valier, we obtain a different result: 41 printed books in Latin and 27 in the vernacular. As described in the *De cautione adhibenda in edendis libris*, publishing one's work, unless this was meant for pastoral care, equalled self-promotion and brought with it negative connotations.[48]

Of the numerous writings of Valier, only a few were published.[49] Among the texts printed during his life we find also the *Instituzione d'ogni stato lodevole delle donne cristiane* and the *Ricordi [...] lasciati alle monache nella sua visitazione fatta l'anno del santissimo Giubileo 1575*, although Valier never mentioned these titles in his writings. In the *De cautione adhibenda in edendis libris* he describes these texts as four different short books in the vernacular ('libelli quatuor Italica [...] lingua'), to be read and read again ('qui iterum atque iterum perlegi possent'), written on behalf of some clerks and women in Verona ('a piis nonnullis sacerdotibus, a devotis et prudentibus quibusdam feminis'). He also presents them in hierarchical order, distinguishing between four 'feminarum genera': unmarried women who preserve their own virginity in their home ('primum illarum quae sanctam virginitatem custodientes in privatis domibus'); widows who help their cities through their charity ('secundum viduarum [...], quarum modestia et sanctimonia civitatibus utilitates afferunt quamplurimas); married women who keep the peace inside their families ('tertium genus earum quae matrimonio iunctae sunt, in quarum institutione et recta disciplina, domorum pax et tranquillitas, magna felicitatis pars, constituta est'); nuns who live in the convents ('postremum illarum feminarum quae in monasteriis, Regis Regum Christi sponsae effectae, tranquillam, immo potius angelicam vitam, si sapiunt, agunt'). Two of these works are dedicated to the sisters of Valier: the *Del modo*

---

[48] See Oliver Logan, 'Agostino Valier on Caution in Publishing', in *Essays in Memory of Michael Parkinson and Janine Dakyns*, ed. by Christopher Smith (Norwich: University of East Anglia, 1996), pp. 11–16.

[49] See Marzia Giuliani, '*Cum eruditis viris*. Gian Vincenzo Pinelli, Federico Borromeo e gli scritti di Agostino Valier presso la Biblioteca Ambrosiana', in *Milano borromaica*, ed. by Zardin and Frosio, pp. 229–68.

di vivere delle vergini che si chiamano demesse to Donata Valier, who lived with her brother Giovanni Luigi educating his children ('alterum Donatae misi, quae laudabile admodum vitam, apud fratrem nostrum Ioannem Aloysium vivit, conciones et divina frequentans officia et fratris sui filios et filias in doctrina christiana, magna pietate, erudiens'); the *Instruzione delle donne maritate* to Laura Valier, wife of the Senator Giorgio Gradenigo ('alterum misi Laurae, sorori item meae, quam, mortuo patre meo, Georgio Gradenigo, erudito viro, nunc egregio Senatori, matrimonio iunxeram. Mulieri quae pudicitiae, modestiae, devotionis et virtutum multarum exempla dedit et dat'). Writing to his sister, Valier follows a specific model: the texts that St. Ambrose and (pseudo) St. Bernard wrote to their own sisters ('Misi ad Venetas mulieres libros, ut, si possem consulerem simul Veronensibus et Venetis mulieribus, ut Sanctum etiam imitarer Ambrosium et Bernardum, qui ad sorores suas libros inscripserunt'). The *Della vera e perfetta viduità* is dedicated to a well-known Venetian widow, Adriana, wife of Gasparo Contarini, and daughter-in-law of another Adriana Contarini, widow of Vincenzo Contarini ('ad Hadrianam Contarenam de viduitate librum miseram, piam mulierem, socrus suae senioris Hadrianae imitatricem'), whereas the *Ricordi [...] lasciati alle monache nella sua visitazione fatta l'anno del santissimo Giubileo 1575* are dedicated to the nuns Valier met during his pastoral visitations ('ad moniales librum scripsi, illas dum visitarem, quem, cum in manibus saepe habeant, non infructuosum fuisse audivi').[50]

In the *De cautione adhibenda in edendis libris* Valier does not make any distinction between the texts collected in the *Instituzione* and the *Ricordi*. The order here described (unmarried women, widows, married women, and nuns) is slightly changed in the work addressed to unmarried women (*Del modo di vivere delle vergini che si chiamano demesse*), where Valier specifies:

> voglio che consideriate, fra li quattro stati laudabili di donne (lasciando il quinto, che è stato infelicissimo, di quelle che vivono in disgrazia di Dio, contra la Sua santa lege, vicine, se non s'emendano, all'eterna dannazione), ch'il vostro è in secondo grado perfetto, perciò che nella Chiesa di Dio sono alcune maritate, alcune vedove, alcune vergini, e tra le vergini alcune han fatto voto e si sono chiuse nelli monasteri, alcune vivono fuori nelle proprie case.[51]

In the *Del modo di vivere delle vergini che si chiamano demesse*, unmarried women represent the second step in a scale of perfection, in which the first step is occupied by nuns (the dedicatees of the *Ricordi*), and the others by widows (protagonists of *Della vera e perfetta viduità*) and married women (the focus of the *Instruzione delle donne maritate*). The classical division of secular women (virgins, married women and widows) is rewritten by Valier, who replaces virgins

---

[50] All the quotations come from Valier, *De cautione*, pp. 234-35.
[51] *Demesse*, § 4.

with *demesse*, and changes the order of widows and married women, as the *Instruzione delle donne maritate* is presented by Valier himself as a later addition to the other works: 'alcuni uomini pii mi hanno essortato che io [...] dessi ricordi anco alle madri di famiglia della città di Verona e diocese, come ho dato alle demesse et alle vedove'.[52]

In the text on the *demesse*, Valier also adds: 'delle cose che si ricercano in una monaca e d'alcune usanze di questi monasteri forse ch'io scriverò un libretto alle vostre nezze, prima che entrino nel monasterio'.[53] One book of this kind is the *Ricordi di Monsignor Agostino Valier Vescovo di Verona lasciati alle monache nella sua visitazione fatta l'anno del santissimo Giubileo 1575*, mentioned by the editor Pietro Francesco Zini in the prefatory letter to the *Instituzione*: 'per non parlar ora delle monache e vergini claustrali e professe [...], del qual stato di vergini questo sapientissimo Vescovo con altre opere che sono già in essere, ma per ragionevoli rispetti verranno in luce appartate, tratta difusamente'.[54] The work is also presented as an addition to the *Instituzione* in the prefatory letter to the *Ricordi*:

> avendole io alli giorni passati presentato le belle e pie operette della *Instituzione d'ogni stato lodevole delle donne cristiane* [...], è ben onesto che 'l dono sia perfetto e compito aggiongendovisi quello che gli mancava et è forse la più nobil parte, cioè il trattato delle monache e vergini claustrali, che è tra quelle opere l'occhio, il cuore e l'anima.[55]

Philologically speaking, the distinction between the book for religious women (the *Ricordi*) and the texts for secular women (collected in the *Instituzione*) does not reflect the intentions of the author, who mentioned neither these titles, nor this division, but should be considered the outcome of the work of the editor. Zini published the first edition of the *Instituzione* as a collection of three books — that is, *Del modo di vivere delle vergini che si chiamano demesse*, *Della vera e perfetta viduità*, and *Instruzione delle donne maritate* — even if only the first two have a continous pagination, whereas the third has a separate title page and a different pagination; but the corrections added at the end of the volume (for all three works), as well as the prefatory letter by Zini, demonstrate that the *Instituzione* consists of three texts, organized in this specific order.

In 1577 the heirs of the Venetian printer Francesco Rampazetto published a second edition of the *Instituzione* and the *Ricordi*, with some changes.[56] The

---

[52] *Maritate*, Proemio.
[53] *Demesse*, § 6.
[54] *Instituzione*, fols A6^v–7^v.
[55] *Ricordi*, fol. A3^{r-v}.
[56] Agostino Valier, *Institutione d'ogni stato lodevole delle donne christiane* (Venice: eredi di Francesco Rampazetto, 1577); Agostino Valier, *Instruttione delle donne maritate* (Venice: eredi di Francesco Rampazetto, 1577); Agostino Valier, *Instruttione della vera et perfetta viduità*

works for unmarried women, widows and married women are printed as autonomous (each of them with its own pagination and title page, even if the *Del modo di vivere delle vergini che si chiamano demesse* preserves also the title *Instituzione*), and they are organized according to the traditional division *ad status* (so we read the work on married women before the one on widows). In this second edition we also find an 'avviso ai lettori', in which the printers explain that:

> le presenti operine della *Instituzione d'ogni stato lodevole delle donne cristiane* sono state tanto grate a tutti che non se ne trovando più è stato necessario ristamparle. Onde mi è parso di novo mandarle in luce e più corrette e talmente distinte che possino e legarsi tutte insieme, e se per qualche rispetto alcuno le volesse separare, come quella delle maritate, o delle vidue, o delle monache, possi farlo agevolmente. Perciò che quantunque tutte insieme risplendino a guisa di quattro preziose gemme in vaga catena d'oro congionte, è tuttavia anco da per sé ciascuna di loro bellissima.[57]

In this 'avviso ai lettori' the *Instituzione* seems to consist of four works (compared with four precious gems) rather than three, that is the texts on *demesse*, married women, widows, and nuns. Nevertheless, the book of the *Ricordi* published by the heirs of Rampazetto is different from the three parts of the *Instituzione*: it is printed as an autonomous book, not only with a different title page and pagination, but also using different fonts; rather, the text for nuns appears as an appendix to the collection addressed to the three canonical *status* of women.

As stressed at the end of the *Della vera e perfetta viduità*, the aim of Valier is to write 'pochi ricordi, li quali [...] siano di qualche utilità';[58] he does not want to publish treatises or collections of books of conduct: instead, he wants to offer his (female) readers practical norms to follow in everyday life, to be read and reread (as stated in the aforementioned *De cautione adhibenda in edendis libris*) by women in both his hometown Venice and his diocese of Verona.[59] Valier does not write treatises (as in the case of the *De l'istituzione de la femina cristiana* by Juan Luis Vives), or dialogues (as in the case of the *Dialogo [...] della instituzion delle donne* by Lodovico Dolce): instead, he writes *ricordi*, short books of advice

---

(Venice: eredi di Francesco Rampazetto, 1577); Agostino Valier, *Ricordi [...] lasciati alle monache nella sua visitatione fatta l'anno del santissimo Giubileo 1575* (Venice: eredi di Francesco Rampazetto, 1577); all the quotations from these editions are followed by the year of publication (e.g., *Ricordi*, 1577).

[57] *Instituzione*, 1577, fol. A3^{r-v}.

[58] *Viduità*, § 32.

[59] On women in sixteenth-century Venice and Verona see *Storia di Venezia città delle donne. Guida ai tempi, luoghi e presenze femminili*, historical text by Tiziana Plebani; introduction by Franca Bimbi (Venice: Marsilio, 2008); *Donne a Verona. Una storia della città dal Medioevo ad oggi*, ed. by Paola Lanaro and Alison Smith (Sommacampagna: Cierre, 2012).

in the form of letters to his sisters or friends, a form which, particularly through the use of the rhetorical device of the apostrophe, allows the author to establish and to develop a dialogue with his interlocutors. Collections of simple norms and suggestions, disordered rather than systematic, addressed to a specific and clearly defined public, but, through them, to a wider audience of female readers, the books for secular and religious women 'seem to occupy an intermediary position between Valier's unpublished hortatory epistles to distinguished friends and the simple homilies'.[60]

3.1. *Del modo di vivere delle vergini che si chiamano demesse*

In canonical conduct literature for women, the sections dedicated to unmarried women usually emphasize their virtues and, above all, their chastity. In the *De l'istituzione de la femina cristiana* by Vives, for example, virginity is the only quality which distinguishes women, as

> non si ricerca ne la donna eloquenza, ingegno o prudenza, o arti di vivere, né maneggio di republica, né giustizia o benignità, ma solamente si ricerca che ella sia pudica; e mancandole questo, tanto è come se mancasse a l'uomo ogni cosa, perché la pudicizia vale in lei quanto tutte le altre vertù ne l'uomo.[61]

For this reason, the preservation of female virtue can be considered the main aim of all the rules offered in these texts: advice and exemplifications on modesty and moderation (in talking, dressing, eating, drinking, sleeping, going out, wearing make-up, working, etc) are prescribed with the goal of safeguarding chastity. The natural goal of this perfect virgin is, therefore, on the one hand, the convent and, on the other, marriage, as 'può la donna portare a l'uomo due grandissime cose: la pudicizia et la fama intiera'.[62] The perspective of Valier is slightly different; and because the proposed model of unmarried woman is original, the qualities and the aims of this woman are innovative as well.

The *Del modo di vivere delle vergini che si chiamano demesse*, the first text of the *Instituzione*, has been described by Virginia Cox as 'an advice book for unmarried women living at home with their families'.[63] As already seen in the *De cautione adhibenda in edendis libris*, the work is dedicated to Donata, the sister

---

[60] Logan, *The Venetian Upper Clergy*, p. 258.
[61] I quote from Juan Luis Vives, *De l'ufficio del marito, come si debba portare verso la moglie. De l'istitutione de la femina christiana, vergine, maritata o vedova. De lo ammaestrare i fanciulli ne le arti liberali* (Venice: Vincenzo Valgrisi, 1546), fol. l2^v; but see also fol. n2^v: 'Sappia la femina che la castità è la sua prencipal vertù, che vale per tutte le altre insieme: essendovi questa, niuno ricerca le altre, ma se vi manca, le altre non sono apprezzate'.
[62] Ibid., fol. q4^r.
[63] Virginia Cox, 'The Single Self: Feminist Thought and the Marriage Market in Early Modern Venice', *Renaissance Quarterly*, 48 (1995), 513–81 (p. 548).

of Agostino Valier. She was a special example of an unmarried woman: in fact, faced with two possible ways of life for a virgin (the convent or marriage), she chose what Gabriella Zarri has described as the 'third way', or the 'third *status*'.[64] Donata, 'cospicua per l'esimia sua virtù',[65] was a member of the Company of St. Ursula, an Ursuline, a woman who decided to preserve her chastity, voluntarily embracing a life of celibacy, but remaining in society, in the world, rather than retreating to the convent. Valier changes the traditional protagonists of texts of conduct for unmarried women: young virgins, who should preserve their chastity for their husband or for the convent, are substituted by unmarried women, who are free to live their lives (and their faith) remaining in their own houses. The *Del modo di vivere delle vergini che si chiamano demesse* by Valier is the first example of a conduct book for this kind of single woman, the protagonist of this new *status*, halfway between secular and religious life.[66]

The Company of St. Ursula, founded in 1535 by Angela Merici in Brescia with devotional purposes, became, especially under the influence of Carlo Borromeo, the most important instititution for catechetical teaching.[67] The Company, once again thanks to the support of the Archbishop of Milan, immediately achieved extraordinary success.[68] The first Company of St. Ursula in Verona was founded in 1586 by Agostino Valier himself. Valier also personally approved the publication of their *Regolamento*, which follows the model of the Brescia Rule, already simplified by Borromeo in the Milan Rule published in 1567. The foundation of the Company in Verona took place after the writing of *Del modo*

---

[64] Gabriella Zarri, 'The Third Status', in *Time, Space, Women's Lives in Early Modern Europe*, ed. by Anna Jacobson Schutte, Thomas Kuehn and Silvana Seidel Menchi (Kirksville: Truman State University Press, 2001), pp. 181-99.

[65] Filippo Maria Salvatori, *Vita della santa madre Angela Merici fondatrice della Compagnia di S. Orsola ossia dell'instituto delle orsoline* (Rome: Lazzarini, 1807), p. 62.

[66] A *dimessa* is one of the characters of a later text for women, *Il merito delle donne* by Moderata Fonte (Venice: Domenico Imberti, 1600): in this dialogue between six women, set in fifteenth-century Venice, Corinna is presented as a 'giovene dimmessa': Moderata Fonte, *Il merito delle donne, ove chiaramente si scuopre quanto siano elle degne e più perfette de gli uomini*, ed. by Adriana Chemello (Venice: εἶδος, 1988), p. 11; on this topic see also Cox, 'The Single Self', 548.

[67] Gabriella Zarri, *Recinti. Donne, clausura e matrimonio nella prima età moderna* (Bologna: il Mulino, 2000), p. 140; on the text by Valier see also pp. 91, 442-49, 465-66. On the presence and the cultural and educational influence of the Company of St. Ursula in sixteenth-century Lombardy see Angelo Turchini, *Sotto l'occhio del padre. Società confessionale e istruzione primaria nello Stato di Milano* (Bologna: il Mulino, 1996), pp. 163-307; also useful is Querciolo Mazzonis, *Spiritualità, genere e identità nel Rinascimento: Angela Merici e la Compagnia di Sant'Orsola* (Milan: FrancoAngeli, 2007).

[68] On the relationship between Carlo Borromeo and the Company see Gualberto Vigotti, *S. Carlo Borromeo e la Compagnia di S. Orsola* (Milan: Scuola tipografica San Benedetto Viboldone, 1972); Claudia Di Filippo, 'La Compagnia di Sant'Orsola nell'area "lombarda"', in *La sponsalità dai monasteri al secolo. La diffusione del carisma di Sant'Angela nel mondo*, ed. by Gianpietro Belotti and Xenio Toscani (Brescia: Centro Mericiano, 2009), pp. 459-90.

di vivere delle vergini che si chiamano demesse, in which Valier uses the word *demesse* to refer to 'questa sorte di vergini, serve di Dio — che in alcune città si chiamano compagne della benedetta Compagnia di Santa Orsola, in alcune altre si nominano della Compagnia della Madonna'.[69] It is evident that for Valier *demessa* does not indicate a specific congregation or institution: it is a synonym for a virgin, an unmarried woman, a model of religious life, albeit one which is profoundly different from monastic life.[70] The aim of Valier, in fact, is to recognize the active and practical function of these women in contemporary society, emphasizing 'the educational and welfare role played by the *"demesse"* within their families, in parishes, hospitals and other charitable institutions of the city'.[71]

At the beginning of the text addressed to the *demesse* we can read a sort of general introduction to the *Instituzione* as a whole, with the description of the different *status* of women, who 'sono create da Dio capaci della vita eterna e gli sono concesse le potenzie dell'anima come agli uomini'.[72] Though he recognizes the 'grande [...] debolezza del vostro sesso',[73] Valier describes women as outranking men in humility and devotion, a superiority which has practical consequences within the family (as 'molto maggior numero di mariti o di fratelli si convertono e diventano buoni per mezzo delle mogli e delle sorelle'),[74] but also within society, as demonstrated by the hospitals and the charitable institutions in which women have a primary role.[75] In this way, Valier stresses the main topic

---

[69] *Demesse*, § 7.
[70] See Luciana Mariani, Elisa Tarolli and Marie Seynaeve, *Angela Merici. Contributo per una biografia* (Milan: Àncora, 1986), p. 424, with reference to Donata Valier. The *demesse* described by Valier must not be confused with the members of the Congregazione delle Dimesse, founded by Antonio Pagani in Vicenza in 1579: see Gabriella Zarri, 'Disciplina regolare e pratica di coscienza: le virtù e i comportamenti sociali in comunità femminili (secc. XVI-XVIII)', in *Disciplina dell'anima, disciplina del corpo e disciplina della società*, ed. by Prodi, pp. 257–78.
[71] Elisabetta Patrizi, 'For "Good Education of my Beloved People": Agostino Valier and the Company of St. Ursula of Verona', *Estudios sobre educación*, 23 (2012), 99–116 (p. 107). On the role played by women in Renaissance charitable institutions see Nicholas Terpstra, *Cultures of Charity: Women, Politics, and Reform of Poor Relief in Renaissance Italy* (Cambridge, MA: Harvard University Press, 2013).
[72] *Demesse*, § 1.
[73] Ibid., § 2; on female frailty see also ibid., § 12; *Maritate*, § 5; *Ricordi*, §§ 13, 27, 29. On this topic see Kelso, pp. 5–37; Ian Maclean, *The Renaissance Notion of Woman: A Study in the Fortunes of Scholasticism and Medical Science in European Intellectual Life* (Cambridge: Cambridge University Press, 1980); Francine Daenens, 'Superiore perché inferiore: il paradosso della superiorità della donna in alcuni trattati italiani del Cinquecento', in *Trasgressione tragica e norma domestica. Esemplari di tipologie femminili dalla letteratura europea*, ed. by Vanna Gentili (Rome: Edizioni di storia e letteratura, 1983), pp. 11–50.
[74] *Demesse*, § 2.
[75] On the role of Valier in the organization of Catholic associations in Verona see Elisabetta Patrizi, 'Devozione e carità. Educazione cristiana ed edificazione dell'immagine della *Verona sancta* nel secondo Cinquecento', *History of Education & Children's Literature*, 8.1 (2013), 235–69.

of this first book, the role of his sister (and of the other *demesse*), who lives 'procurando l'onore di Sua Divina Maestà e la buona educazione delli figliuoli di nostro fratello'.[76] As a *demessa*, Donata has a double function: she 'works' at the same time for God and for her family, trying to reconcile her devotion with society. This is the same perspective which characterizes the episcopal role of Valier, who admits he wrote the text 'pensando di fare cosa ancora che sia in servizio di Sua Divina Maestà, e dare insieme consolazione a voi'.[77] In this sense, the ideal of the perfect unmarried woman promoted by Valier can be represented by Martha, a figure occupying an intermediate position between the secular Eve and the mystical Mary, symbol of 'an alternative to female monasticism with its orientation toward contemplative spirituality and its conventual organization'.[78]

Like Vives and Dolce, Valier opens his work with a discussion of virginity and the ways to preserve it (starting from the command of the five senses); but with an important difference, since for Valier 'la demessa [...] ha da esser specchio alli altri in tutte le cose'.[79] Other works of conduct often present lists of female examples, catalogues of heroines from the classical world and from the Scriptures, as model for the perfect virgin.[80] Valier, despite making use of biblical models (such as Martha for the *demesse* or Judith for the widows), focuses his attention instead on the real women he is describing, transforming contemporary and familiar examples of behaviour (such as his sister Donata) into mirrors for others. Mirrors of virtue, of course, but of a type of virtue which is interpreted in relation to his concept of ethics as practical philosophy.[81] Following the tradition, chastity is the first quality described in the *Del modo di vivere delle vergini che si chiamano demesse*, but it is considered only as the natural attribute of unmarried women. Their real virtues lie elsewhere: 'la prima virtù [...] delle vergine demesse è l'umiltà, la quale ha da essere accompagnata dall'obedienzia, dalla devozione, dalla discrezione e dalla carità'.[82] Humility, obedience, devotion (in its practical applications, that is in prayer, communion, fasting, and reading), discretion (in everyday life), charity (towards others and towards God) are not a result of chastity, as they have a different meaning: while chastity is interpreted as a

---

[76] *Demesse*, Proemio.
[77] Ibid.
[78] Ruth P. Liebowitz, 'Virgins in the Service of Christ: The Dispute over an Active Apostolate for Women During the Counter-Reformation', in *Women of Spirit: Female Leadership in the Jewish and Christian Traditions*, ed. by Rosemary Ruether and Eleanor McLaughlin (New York: Simon and Schuster, 1979), pp. 131-52 (p. 135). On this topic see also Luigi Mezzadri, 'I terz'ordini e la spiritualità femminile', in *La sponsalità dai monasteri al secolo*, ed. by Belotti and Toscani, pp. 57-83.
[79] *Demesse*, § 10.
[80] See Beatrice Collina, 'L'esemplarità delle donne illustri fra Umanesimo e Controriforma', in *Donna, disciplina, creanza cristiana*, ed. by Zarri, pp. 103-19.
[81] See Quondam, p. 440.
[82] *Demesse*, § 11.

personal quality, the others are public qualities, real virtues, as they have practical effects and consequences in contemporary social life. Even if the suggestions offered by Valier are similar to the traditional rules for unmarried women (the need for moderation in the way of speaking or dressing; the role of tears as a means of praying;[83] the importance of good readings recommended by confessors, such as the works by Luis de Granada, the *Specchio di Croce* by Domenico Cavalca, and the lives of saints, which constitute a real canon of female readings),[84] their aim is different. It is demonstrated by the last virtue analysed, charity, and by the norms for its preservation and pratice. For a perfect *demessa*, in fact, 'pregar il Signore per altri' is not enough; her charity manifests itself in concrete actions, such as in teaching Christian doctrine to her nephews, her neighbours' children and in parishes:

> e facendo questa carità [...] si fa anco benefizio alla patria, essendo troppo gran danno e troppo gran vergogna che molte volte una republica così nobile e così ben instituita sia governata da persone che non sanno che vuol dir esser cristiano e che non hanno mai imparati li fondamenti della santa religione, dalla quale sono nominati cristiani.[85]

If catechetical instruction represents the main aim of the reformed Ursulines, Valier emphasizes — once again, perfectly in line with his previous philosophical production — the social and civil consequences of this educational plan: in other words, the creation of a praiseworthy ruling class. Nevertheless, teaching is not the only task Valier delegates to the *demesse*: they can also help married women, invalids, nuns and the poor through their charity.

When Valier first visited Rome, in 1562, Guglielmo Sirleto suggested he should try to translate the *De virginitate* by Basil the Great, a work which influenced also the text on the *demesse*; but the translation was soon abandoned by Valier in order to write the *De consolatione Ecclesiae*. According to Cesare Cavattoni, the reasons for this lie in his inadequate knowledge of the Greek language and in his

---

[83] This concept is also stressed by Valier in his *De utilitate lachrimarum*, written in 1594, and published by Cesare Cavattoni, *Due opere latine del preclarissimo Agostino Valerio (Philippus, sive de christiana laetitia, e De dono et utilitate lacrymarum ad Fridericum Borromaeum)* (Verona: Civelli, 1862); on tears as means of prayer see Tom Lutz, *Crying: The Natural and Cultural History of Tears* (New York: Norton, 1999), and Jean-Loup Charvet, *L'éloquence des larmes* (Paris: Desclée de Brouwer, 2000).

[84] Xenia von Tippelskirch, '"... si piglino libri che insegnino li buoni costumi ...". La lettura femminile e il suo controllo nella precettistica della prima età moderna', *Schifanoia*, 28–29 (2005), 103–19 (pp. 106–10); but on the topic of female readings see Tiziana Plebani, *Il "genere" dei libri. Storie e rappresentazioni della letteratura al femminile e al maschile tra Medioevo e età moderna* (Milan: FrancoAngeli, 2001), pp. 37–45, and Xenia von Tippelskirch, *Sotto controllo. Letture femminili in Italia nella prima età moderna* (Rome: Viella, 2011).

[85] *Demesse*, § 23.

lack of flair for translation.[86] However, a reading of the *Del modo di vivere delle vergini che si chiamano demesse* also points to another possible explanation: Valier could not recognize his ideal of Humanism in a traditional conduct book for women, a mere list of general rules to follow for preserving a personal quality (chastity), which does not have any practical effect in society. By dedicating an entire work to the *demesse*, Valier stresses the need for new models of behaviour, contemporary (rather than ideal) mirrors, whose impact in social and civic life is clear and, by consequence, imitable.

3.2. *Della vera e perfetta viduità*

The conclusion of the *Del modo di vivere delle vergini che si chiamano demesse* is crucial for understanding the new order Valier attributes to the traditional division *ad status*. As the destination of an unmarried woman is neither marriage, nor the convent, and as a perfect woman should always be able to offer help and assistance, the second stage of female models is represented not by married women, too busy in the home to have time for others, but by widows. Indeed, the exemplary role attributed to widows is highlighted from the first book of the *Instituzione*, where Valier suggests that a *demessa* should choose

> qualche santa vedova, con la quale si consegliasse di molte cose appartenenti allo spirito et ancora quanto appartiene alla vita sua. In Venezia molte ve ne sono le quali potrete, sorella, metterai inanzi agli occhi come esempi, per indirizar la vita vostra all'imitazione della loro virtù.[87]

Among these Venetian 'sante vedove' there are also the two Adriana Contarini (mother-in-law and daughter-in-law) mentioned by Valier in the *Della vera e perfetta viduità*, the second book of his *Instituzione*. It is significant that, less than ten years after the publication of the work by Valier, in 1586, Evangelista Ortense would dedicate to the senior noble widow a new edition of his *Specchio d'essempi da diversi santi auttori estratto*, another conduct book, first published in 1583, in which Adriana Contarini is praised with the following words:

> Si diede nel fiore della sua più bella giovanezza, di ventidue anni, che restò vedova, con tanto fervore allo spirito et all'opere di pietà e carità, che è manifesto non v'essere monasterio di monache bisognose, né casa di pupilli e vedove da lei conosciuta, né ospitale nella città ch'ella in ogni tempo non abbia visitati e soccorsi; e specialmente il tanto utile al mondo luogo delle povere Citelle, del quale, nella compagnia di molt'altre devotissime e clarissime signore, che ne hanno particolar custodia, ella tiene il luogo principale. Le cui azioni eroiche e santissime, sì come a lei vanno facendo ampia la via stretta del glorioso viaggio che conduce al cielo, così a me danno

---

[86] Cavattoni, p. 8.
[87] *Demesse*, § 12.

anco occasione di aggradire del suo essempio questo *Specchio di essempi da vari santi auttori* estratto.[88]

Ortense emphasizes the role of Adriana Contarini in contemporary Venetian charitable activities, mentioning the Casa delle Zitelle, the institution founded in 1561 by 'three noblewomen — Isabetta Grimani, Adriana Contarini and Isabetta Loredan — [...], which provided shelter for unmarried poor young women who were in danger of becoming prostitutes'.[89] The Zitelle, twice named by Valier himself,[90] is considered the most significant example of the engagement of wealthy religious widows, 'who wanted to use their faith and prestige to erase the scourge of prostitution from their cities by helping its primary victims'.[91] Directed until 24 May 1606 by Marina Bernardo, the sister of Adriana Contarini, the Casa delle Zitelle — heir of the mission of another Venetian charitable institution, the Ospedale degli Incurabili — received young but poor girls, who were educated in Christian doctrine as well as in female occupations, such as embroidery and needlework, to free them from poverty and need. By dedicating the *Della vera e perfetta viduità* to the daughter-in-law of Adriana Contarini, example 'alle vedove di Venezia et, al presente, alle mie sorelle di Verona',[92] Valier fulfilled the need to offer, once again, a concrete model for imitation, but, at the same time, created

---

[88] Evangelista Ortense, *Specchio d'essempi da diversi santi auttori estratto, nel quale si trovano infiniti documenti per essercitar ogni stato di persone in quelle attioni che possono condurle al cielo* (Venice: Pietro Marinelli, 1586), fol. +3^{r-v}.

[89] Mary E. Frank, 'A Face in the Crowd: Identifying the Dogaressa at the Ospedale dei Crociferi', in *Wives, Widows, Mistresses, and Nuns in Early Modern Italy: Making the Invisible Visible through Art and Patronage*, ed. by Katherine A. McIver (Burlington: Ashgate, 2012), pp. 99–118 (p. 113). On the foundation and the influence of the Casa delle Zitelle in Venetian philanthrophy see Brian Pullan, *Rich and Poor in Renaissance Venice: The Social Institutions of a Catholic State, to 1620* (Oxford: Blackwell, 1971), pp. 383–93; Brian Pullan, 'La nuova filantropia nella Venezia cinquecentesca', in *Nel regno dei poveri: arte e storia dei grandi ospedali veneziani in età moderna 1474–1797*, ed. by Bernard Aikema and Dulcia Meijers (Venice: Arsenale, 1989), pp. 10–34; *Le Zitelle: architettura, arte e storia di un'istituzione veneziana*, ed. by Lionello Puppi (Venice: Albrizzi, 1992), in particular the contributions by Silvia Lunardon ('Le Zitelle alla Giudecca. Una storia lunga quattrocento anni', pp. 9–48), and by Giuseppe Ellero ('Vergini cristiane e donne di valore', pp. 49–95, who republishes some letters by Adriana Contarini on the Casa delle Zitelle, pp. 88–90). For a general overview see Sherrill Cohen, *The Evolution of Women's Asylums since 1500: From Refuges for Ex-Prostitutes to Shelters for Battered Women* (Oxford: Oxford University Press, 1992), pp. 13–123.

[90] In *Demesse*, § 2, and in *Viduità*, § 8.

[91] Monica Chojnacka, 'Women, Charity and Community in Early Modern Venice: The *Casa delle Zitelle*', *Renaissance Quarterly*, 51 (1998), 68–91 (p. 70); but on this topic see also Patricia H. Labalme, 'Women's Roles in Early Modern Venice: An Exceptional Case', in *Beyond their Sex: Learned Women of the European Past*, ed. by Patricia H. Labalme (New York: New York University Press, 1980), pp. 129–52 (pp. 131–37). For the problem of prostitution in Venice see Antonio Barzaghi, *Donne o cortigiane? La prostituzione a Venezia. Documenti di costume dal XVI al XVIII secolo* (Verona: Bertani, 1980), in particular pp. 143–52.

[92] *Viduità*, Proemio.

a link between good virgins and perfect widows, who were united 'by the service of others and by work in the world without belonging to it'.[93]

In conduct literature for women, widowhood 'constituted practically a kind of rebirth'.[94] In fifteenth- and sixteenth-century texts for and about widows,[95] 'the most important characteristic of the widowed state was the widow's availability for religious exercises and pious works, a freedom not shared by the married woman, burdened with domestic duties, or the virgin, whose movement was restricted for reasons of honor'.[96] The special condition of widows is stressed also by Valier at the beginning of the *Della vera e perfetta viduità*. Canonical conduct texts used to distinguish between 'good' and 'bad' widows, between women who chose to remarry, either in order to protect their chastity, or for financial reasons, or out of love or for fear, and those who had decided not to marry again. For Valier, who dedicates several chapters to the nature of widowhood and marriage,[97] there is only one possible distinction between widows: 'alcune servono al Signore e hanno congionto il suo spirito col spirito di Dio, altre sono vedove del mondo'.[98] A praiseworthy widow does not seclude herself voluntarily, but demonstrates her virtues through her practical function: 'next to her duty to love God, she should place her duty to aid men. She will give two kinds of aid, spiritual and material'.[99]

This literary tradition — in which the function attributed to widows is strongly linked to the social and economic need to control dowries and

---

[93] Patrizi, 'For "Good Education of my Beloved People"', p. 109.

[94] Kelso, p. 121; but on widowhood pp. 121-35. For references to widows in Early Modern culture see Ida Blom, 'The History of Widowhood: A Bibliographic Overview', *Journal of Family History*, 16 (1991), 191-210; Frouke Veenstra and Kirsten van der Ploeg, 'Widows in Western History: A Selected Bibliography', in *Between Poverty and the Pyre: Moments in the History of Widowhood*, ed. by Jan Bremmer and Lourens van den Bosch (London: Routledge, 1995), pp. 247-51. For a general overview of this topic see also *Widowhood in Medieval and Early Modern Europe*, ed. by Sandra Cavallo and Lyndan Warner (London: Longman, 1999).

[95] Besides the chapters on widowhood in texts such as the treatise by Vives and the dialogue by Dolce, we find specific works, such as *Libro della vita viduale* (1491) by Girolamo Savonarola, *Epistola de la vita che dèe tenere una donna vedova* (1524) by Gian Giorgio Trissino, *La vedova* (1570) by Orazio Fusco, *Ornamenti della gentil donna vedova* (1574) by Giulio Cesare Cabei, *Dialoghi del matrimonio e vita vedovile* (1578) by Bernardo Trotti, *Dello stato lodevole delle vedove* (in his *Opere spirituali*, 1581) by Fulvio Andreozzi, and *Ritratto d'una vedova cristiana* (in his *La prima delle cinquanta quattro stazioni di Roma*, 1586) by Pompeo Felici.

[96] P. Renee Baernstein, 'In Widow's Habit: Women between Convent and Family in Sixteenth-Century Milan', *The Sixteenth Century Journal*, 25 (1994), 787-807 (p. 790); but see also Gabriella Zarri, *Le sante vive. Cultura e religiosità femminile nella prima età moderna* (Turin: Rosenberg & Sellier, 1990), pp. 33-38.

[97] *Viduità*, §§ 3-6.

[98] Ibid., § 1.

[99] Kelso, p. 131.

inheritances[100] — also has a profound influence on the writings by Valier, who found in this description of widowhood several points of convergence with his personal ideals. We read in the preface to the text that the 'perfette vedove' should be 'buone serve di Dio, coadiutrici mie, maestre d'onestà, di devozione e di spirito'.[101] For Valier, the role of widows in society is essential, but it should always be regulated by specific norms, under the supervision of a bishop or a cardinal. On this topic, once again, Valier agrees with Carlo Borromeo, who, in 1570, founded in Milan the Company of St. Anna, an institution for widows, whose Rule displays several similarities with the norms offered by Valier.[102]

The prescriptive approach of the work by Valier is evident from the comparison between the widows who 's'affaticano in ogni modo di far ch'i suoi figliuoli siano ricchi' — an intention that can become a real 'pazzia'[103] — and those who 's'affaticano ch'abbino buoni costumi, cioè che siano umili; ch'imparino a ceder al compagno; che non dicano buggie; e *hanno* cura che sieno bene ammaestrati e ben instituiti nelle lettere': for Valier, in fact, the only wealth young people need is 'il timor di Dio, l'umiltà, la modestia, cognizione della legge di Dio, varia dottrina e liberazione da quelli vizi alli quali sono più inclinati'.[104] In the background we can recognize the belief of Valier in the role of the *humanae litterae* in social education, and his personal interpretation of widows as symbols of philanthropy and charity. Valier does not establish a contrast between the active and contemplative life, namely between Martha and Mary: on the contrary, he stresses continuously, in the *Della vera e perfetta viduità* as well as in the *Del modo di vivere delle vergini che si chiamano demesse*, the role of nuns and convents as defences for the cities, and openly condemns selfishness, which prevents widows from becoming, at the same time:

---

[100] On this topic see Christiane Klapisch-Zuber, *Women, Family, and Ritual in Renaissance Italy*, trans. by Lydia Cochrane (Chicago: The University of Chicago Press, 1985), pp. 117-31; on Venetian society see also Stanley Chojnacki, 'Patrician Women in Early Renaissance Venice', *Studies in the Renaissance*, 21 (1974), 176-203; Stanley Chojnacki, 'Dowries and Kinsmen in Early Renaissance Venice', *The Journal of Interdisciplinary History*, 5 (1975), 571-600; Stanley Chojnacki, '"The Most Serious Duty": Motherhood, Gender, and Patrician Culture in Renaissance Venice', in *Refiguring Woman: Perspectives on Gender and the Italian Renaissance*, ed. by Marilyn Migiel and Juliana Schiesari (Ithaca: Cornell University Press, 1991), pp. 133-54; Donald E. Queller and Thomas F. Madden, 'Father of the Bride: Fathers, Daughters, and Dowries in Late Medieval and Early Renaissance Venice', *Renaissance Quarterly*, 46 (1993), 685-711; Stanley Chojnacki, 'Getting Back the Dowry: Venice, c. 1360-1530', in *Time, Space, Women's Lives*, ed. by Jacobson Schutte, Kuehn and Seidel Menchi, pp. 77-97.
[101] *Viduità*, Proemio.
[102] As stressed by Patrizi, 'For "Good Education of my Beloved People"', pp. 109-12; but see also Di Filippo, 'La Compagnia di Sant'Orsola', pp. 463-65.
[103] *Viduità*, § 13.
[104] Ibid., § 2.

camariere di Cristo, abitatrici de' Suoi palazzi e maestre del Suo popolo, molto utili alle città et alle repubbliche, sì come sono utili quelli c'hanno buona educazione a quei che sono per governare le case e famiglie loro, et ancora li altri.[105]

The practical effects of contemporary widows' social engagement — in hospitals, in charitable societies, in female Companies (such as the Compagnia della Madonna or the Company of St. Ursula), in schools of Christian doctrine — demonstrate their extraordinary virtues, which make them similar (and, at the same time, superior, 'essemplari con la loro vita alle vergini et alle maritate ancora')[106] to the four models of perfect widowhood offered by the Scriptures: the widow of Sarepta; Anna, the daughter of Phanuel; the poor widow of the mite; and, naturally, Judith, reference point for all conduct literature for women and for widows.[107] This is why, in the last part of his text, Valier offers his reader 'una descrizione della vera vedova cristiana imitatrice di Giudit',[108] or a series of practical (and, in part, traditional) norms, aimed at defining not only widows' role in society, but also their conduct in everyday life; so that:

> questo ritratto e questa forma di perfetta vedova servirà a far conoscer a ciascuna che legesse questo libretto le proprie imperfezioni, e sarà come stimolo alle buone vedove per diventar migliori, et a quelle che non fossero così buone per accostarsi alla perfezione.[109]

The prescriptions for widows bear a close resemblance to those for the *demesse* (the need to control the five senses, the attention to good readings suggested by their confessors, the importance of being at the service of others, the need for modesty and moderation in all aspects of life, from food to theatre and conversations); but they differ for the marked presence of advice on solitude. Unlike virgins, widows can be alone, live alone, spend their time alone. This is why, in this second book, Valier stresses concepts such as the use of memory or the risks of imagination and dreams: the private sphere of widows' lives, as well as their personal feelings should also be controlled through specific norms. Valier knows perfectly well the weaknesses and vices of widowhood; but instead of criticizing them, he tries to offer simple suggestions as to how to put them to good use, or to transform them: for example, the excesses of anger, considered typical of widows' nature, are described as useful if turned to:

---

[105] Ibid., § 8.
[106] Ibid., § 9.
[107] On the models of widowhood offered by the Scriptures see Vincenzo Recchia, *Lettera e profezia nell'esegesi di Gregorio Magno* (Bari: Edipuglia, 2003), p. 134. On the role of Judith, also with references to the *Della vera e perfetta viduità*, see Paola Cosentino, *Le virtù di Giuditta. Il tema biblico della "mulier fortis" nella letteratura del '500 e del '600* (Rome: Aracne, 2012), pp. 35–68.
[108] *Viduità*, § 11.
[109] Ibid.

> quelli che contrafacessero alli commandamenti di Sua Divina Maestà, che fussero di mal essempio in casa loro, ch'adulassero e ch'insegnassero mali costumi a' suoi figliuoli, se ve n'hanno; se non ve n'hanno, con quelli ch'insegnassero cattive creanze alli figliuoli altrui. Questo è adirarsi e non peccare, servirsi di quella potenzia dell'anima come d'ancilla per servir a Dio.[110]

Valier does not create an ideal image of widowhood; starting from his personal experience (with widows engaged in charitable activities, as well as with wrathful widows), he offers practical suggestions for regulating both the social and the private sphere of widows' lives.

3.3. *Instruzione delle donne maritate*

In the tradition of conduct literature for women, the third treatise (usually dedicated to widowhood) is always the shortest, because, as Vives writes, the individual books (or chapters) of texts dedicated to the three *status* are all interconnected, 'acciò non pensi la vergine di leggere solamente il primo, la maritata il secondo e la vedova il terzo: voglio che si leggano tutti'.[111] This is also the case in the *Instruzione delle donne maritate* by Valier: the book for married women consists of only 16 chapters, compared with the 26 and 32 of, respectively, *Del modo di vivere delle vergini che si chiamano demesse* and *Della vera e perfetta viduità*. Dedicated to Laura, the sister of Agostino — whose marriage to Giorgio Gradenigo was celebrated by Valier in 1560[112] — the text reaffirms, from its prologue, the perspective of Valier on the role of women in society, with 'le buone madri di famiglia' being described as 'fermi fondamenti della disciplina delle città'.[113] Like unmarried women and widows, married women too can play a part in society:

> avendo occasione di aiutar col buon esempio e con le orazioni li mariti, di ben educar li figliuoli, di far buone le città, le republiche, li regni, educando buoni padri di famiglia, buoni cittadini, buoni gentiluomini, buoni prencipi e, finalmente (che più importa), essendo (come scrive il beato Santo Agostino) 'madri del popolo di Dio'.[114]

---

[110] Ibid., § 18.
[111] Vives, fol. I1ᵛ.
[112] Anna Siekiera, in her entry 'Gradenigo, Giorgio', in *Dizionario Biografico degli Italiani* (Rome: Istituto della Enciclopedia Italiana, 1960-) 58 (2002), pp. 304–06, states that the *Instruzione delle donne maritate* was written on the occasion of the marriage of Laura Valier, but this is not correct.
[113] *Maritate*, Prologo.
[114] *Viduità*, § 2.

But their role is exercised only inside the home, where wives should dedicate their time to domestic activities, taking care of their husbands and the education (and particularly the Christian education) of their children.[115] In the view of Valier, married women are, primarily, educators; but compared with *demesse* and widows, their function is completely contained within the confines of the domestic sphere. However, with regards to the previous and well-established tradition of texts of *oeconomica*, in which housekeeping was an end in itself, the text by Valier demonstrates the new purpose of this production in the second half of the sixteenth century, that is, the salvation of souls and an education reflecting the values of the Counter Reformation.[116]

The rules of monastic discipline have been identified as the model for the virtues of the perfect mother.[117] Naturally, married women and nuns occupy two distinct and opposite places in female division *ad status*, as marriage and the convent are interpreted as two alternative paths in woman's life.[118] This does not mean, however, that Valier considers marriage to be any less valuable than (religious) celibacy, since it can happen that 'molte vedove, molte maritate umili, mansuete, quiete e zelanti dell'onor di Dio, siano più grate a Sua Divina Maestà che alcune vergine superbe, vane, iraconde, curiose'.[119] On this topic, Valier seems to adopt the perspective of humanists such as Erasmus of Rotterdam (*Encomium matrimonii*, 1518, and *Institutio matrimonii*, 1526), Cornelius Agrippa von Nettesheim (*De sacramento matrimonii declamatio*, 1526, and *De nobilitate et praecellentia foeminei sexus*, 1529) or Vives, who highlighted the superiority of marriage over celibacy; although with an important variation.[120] The praise of the qualities of married women by Valier starts with the transcription of the Tridentine benediction of brides, a prayer in which the virtues of the perfect bride

---

[115] See Rosella Bicego, 'La sensibilità del tempo in Agostino Valier: il "De tempore" (1552)', *Studi storici Luigi Simeoni*, 40 (1990), 9–30 (pp. 19–20); but see also Pier Giorgio Camaiani, 'Dalla donna sotto tutela alla donna "attiva"', in *Cattolici, educazione e trasformazioni socio-culturali in Italia tra Otto e Novecento*, ed. by Luciano Pazzaglia (Brescia: La scuola, 1999), pp. 239–56 (p. 248); Patrizi, 'I *Ricordi al popolo della città et diocese di Verona*', pp. 366–68.
[116] On this topic see Daniela Frigo, *Il padre di famiglia. Governo della casa e governo civile nella tradizione dell'"economica" tra Cinque e Seicento* (Rome: Bulzoni, 1985), pp. 38–40 and 69–75.
[117] Daniela Solfaroli Camillocci, 'L'obbedienza femminile tra virtù domestiche e disciplina monastica', in *Donna, disciplina, creanza cristiana*, ed. by Zarri, pp. 269–83 (p. 275).
[118] For a bibliographical review on this topic see Silvia Evangelisti, 'Wives, Widows, and Brides of Christ: Marriage and the Convent in the Historiography of Early Modern Italy', *The Historical Journal*, 43 (2000), 233–47.
[119] *Demesse*, § 9.
[120] On this literary production see Maria Fubini Leuzzi, 'Vita coniugale e vita familiare nei trattati italiani tra XVI e XVII secolo', in *Donna, disciplina, creanza cristiana*, ed. by Zarri, pp. 253–67; for a general overview of the topic see also Daniela Frigo, 'Dal caos all'ordine: sulla questione del "prender moglie" nella trattatistica del sedicesimo secolo', in *Nel cerchio della luna*, ed. by Zancan, pp. 57–93.

are represented by three biblical models, on which Valier would focus in the second part of his work: Rachel's love, Rebecca's wisdom, and Sarah's faith.[121] Introducing these ideal wives, Valier consciously distances himself from previous humanist *encomia* of marriage, affirming the need for Christian (and specifically Tridentine) marriages. Married women should follow the norms ratified by the Council of Trent, in the same way that, even if they are not members of a particular company or congregation, unmarried women and widows should respect the rules of their own bishop or cardinal.[122] From this point of view, the texts by Valier appear at once prescriptive and descriptive, since, in addition to prescribing what a good wife 'dèe' ('must', not 'can') do in ordinary life to be as perfect as the biblical models, he also describes the rules of Tridentine marriage, ensuring their circulation in contemporary society.[123]

It has been observed that, 'from the beginning, Valier [...] focused more keenly and systematically on the family than Giberti and Crispoldi had'.[124] At the root of this attention to families and, in consequence, to married women, we can recognize, once again, the influence of Carlo Borromeo, whose ideas about women (in particular as wives and mothers) also influenced the *Tre libri dell'educazione cristiana dei figliuoli* (1584) by Silvio Antoniano.[125] Biblical and canonical virtues, such as obedience towards one's husband and the adoption of a peacekeeping role, are strongly linked to the aim attributed to good married women by the Cardinal of Milan: namely, the preservation of the order of the family, and, by extension, of society itself. Valier follows this ideal, offering for each biblical example a series of concise precepts, practical rules which form a

---

[121] *Maritate*, § 1, and then §§ 4–6.

[122] On the Tridentine marriage see Angelo Turchini, 'Dalla disciplina alla "creanza" del matrimonio all'indomani del concilio di Trento', in *Donna, disciplina, creanza cristiana*, ed. by Zarri, pp. 205–14; Zarri, *Recinti*, pp. 203–50; on the circulation and the influence of the Tridentine rules in contemporary treatises on women and love see Brian Richardson, '"Amore maritale": Advice on Love and Marriage in the Second Half of the Cinquecento', in *Women in Italian Renaissance Culture and Society*, ed. by Letizia Panizza (Oxford: Legenda, 2000), pp. 194–208.

[123] Valier would follow the same goal paraphrasing the Tridentine regulations on marriage in his *Ricordi al popolo della città et diocese di Verona*: see Patrizi, 'I *Ricordi al popolo della città et diocese di Verona*', pp. 370–74.

[124] Eisenach, p. 30.

[125] See on this Claudia Di Filippo, 'Le donne nella chiesa borromaica', in *Cultura e spiritualità borromaica tra Cinque e Seicento*, ed. by Buzzi and Frosio, pp. 155–84 (pp. 165–69, on married women and on the influence of Borromeo on the rules of Valier); but see also Maria Franca Mellano, 'La donna nell'opera riformatrice di S. Carlo', in *San Carlo e il suo tempo*, II, pp. 1073–133 (pp. 1082–096). On Antoniano see Vittorio Frajese, *Il popolo fanciullo. Silvio Antoniano e il sistema disciplinare della Controriforma* (Milan: FrancoAngeli, 1987), and Elisabetta Patrizi, *Silvio Antoniano. Un umanista ed educatore nell'età del Rinnovamento cattolico (1540–1603)*, 3 vols (Macerata: Eum, 2010), I, pp. 205–453, and III (which contains the *Tre libri dell'educazione cristiana dei figliuoli*).

sort of compendium of Christian discipline and doctrine for women.[126] Thus, alongside more traditional and 'economical' advice concerning display of wealth in clothing and in other aspects of everyday life, we find also more 'catechistic' suggestions regarding prayer or readings[127] (another topic which is present in all the books of conduct by Valier). These are a further demonstration of the pedagogical role attributed to married women within the family, and in particular in terms of being entrusted with the primary education of daughters. This role is reaffirmed in the longest chapter of the *Instruzione delle donne maritate*, chapter 12, dedicated to the education of children. A real forerunner of the text by Antoniano, the norms for good maternal teaching offered by Valier perfectly represent his personal conception of Christian discipline, interpreted at the same time as both religious and secular: children, in fact, should be educated 'principalmente nell'umiltà e nell'obedienzia, virtù tanto grate a Dio e tanto necessarie nella vita civile'.[128] As well as being responsible for the education of their children, married women may contribute still further to society, by inviting their husbands to contribute either money or time to those in need, and by directly helping convents and charities, always supported 'dall'orazioni delle vergini e delle vedove, poiché sono circondate da tanti travagli in questa maniera di vita'.[129] As in the philosophical texts addressed to young members of the Venetian aristocracy, Valier continues to highlight the connection between education and society, describing, through his prescriptions, a new possible role for women in contemporary world.

Such considerations may explain the final suggestion Valier offers to his married women, which is, perhaps, the most significant in the entire work: 'E si diletti di sapere in che maniera le più approvate donne e più savie della città governino le loro famiglie, e di imitarle'.[130] By the end of the work, the models to be emulated are not Rachel, Rebecca or Sarah, nor Judith or other biblical or classical widows reknowned for their chastity. Valier is not interested in proposing literary models; rather, he focuses on contemporary and concrete examples to imitate, real and ordinary women, like the dedicatees of his books, or the *demesse*, the widows and the wives who, in serving God, serve also their society. This is precisely the aim of the *Instituzione d'ogni stato lodevole delle donne cristiane*: to present a collection of *ricordi*, in the form of both simple norms and practical examples, to *formare* concretely a perfect Christian woman.

---

[126] With regards to this topic, see the list of suggestions offered in *Maritate*, § 8.
[127] Ibid., §§ 9 and 10.
[128] Ibid., § 12.
[129] *Demesse*, § 9.
[130] *Maritate*, § 15.

4. Ricordi di Monsignor Agostino Valier Vescovo di Verona lasciati alle monache nella sua visitazione fatta l'anno del santissimo Giubileo 1575

Though Valier accords nuns the highest rank in his personal division *ad status*, he is also careful to respect a clear distinction between religious and secular women. As already mentioned, the composition (and the publication) of his book for nuns took place after he had written the *Del modo di vivere delle vergini che si chiamano demesse*, and fulfils a request that Valier claims to have received:

> da uomini molto pii a dar ad alcune che, o per poca età o per inavertenza vivendo negli monasteri, non avessero ancora ben compreso a che fine vi siano entrate; et appresso son stato pregato a far un ritratto della perfetta monaca: al qual loro pio desiderio ho voluto satisfare.[131]

Amongst these pious men, one may recognize friends such as Carlo Borromeo and Silvio Antoniano, interested in the same years in regulating all aspects of life, secular as well as religious. The *Ricordi di Monsignor Agostino Valier Vescovo di Verona lasciati alle monache nella sua visitazione fatta l'anno del santissimo Giubileo 1575* can therefore be read in conjunction with the works for women by Valier, as well as with his contemporary texts for religious men, such as the *Episcopus* and the *Cardinalis*, both written in 1575 under the aegis of the Cardinal of Milan. The *Ricordi* — introduced in the first edition by an engraving which reproduces the adoration of the Magi[132] — are described as a 'memoriale, nel quale ogni giorno possiate leggere qual sia la volontà del Signore Dio, quel che ricerchi da voi il vostro sposo Gesù Cristo', a handbook for nuns, similar to the 'molti libri spirituali pieni di buoni e santi ricordi'.[133] Like the texts of the *Instituzione*, the book of the *Ricordi* is presented as the outcome of a practical and concrete need: the need to offer norms of behaviour for contemporary convents.

While explaining the genesis of his work, Valier uses a word which seems to be the real keyword of the *Ricordi*: *ritratto*. This word occurs only three times in the entire text of the *Instituzione* (once with the literal meaning of 'portrait'),[134] whereas in the text for nuns it is used eight times, and always with the same meaning: *ritratto* is the image, the model of the perfect religious woman Valier seeks to describe. A *ritratto* is 'quella forma'[135] that the Bishop of Verona pursues through his conduct literature and, at a more general level, through his entire literary production. In the *Ricordi*, *ritratto* and *forma* coincide because, as in the *Instituzione*, description and prescription coincide.

---

[131] *Ricordi*, § 7.
[132] Ibid., fol. A5ᵛ.
[133] Ibid., § 13.
[134] *Demesse*, § 10; *Viduità*, § 11 and § 32.
[135] *Ricordi*, § 26.

From the very beginning of the text, the world is described as vicious and corrupted; but, as already seen in the *Instituzione*, escapism is not the solution offered by Valier. Though 'la vita contemplativa è molto più nobile, più sicura e più desiderabile che l'attiva, piena di pericoli e di molestie',[136] people should not seek to escape from the world: on the contrary, they must change it, changing themselves and helping others to change, before it is too late. Valier states, in fact, that:

> non è dubio che 'l Signor Dio è adirato col mondo. [...] Ha mandato anco in pochi anni, principalmente in questa città, tante innundazioni de' fiumi, tante tempeste, e dimostrati tanti segni della Sua ira che si può temere qualche gran flagello vicino.[137]

Meteorological events are interpreted as messages of God's will, warning signs of the need to reform human behaviour, as in many contemporary prophecies.[138] The tone of these lines is the same as that found in another work published in 1575, the *Lettera consolatoria* Valier wrote for the end of the plague which afflicted Verona, and which is presented as a divine sign sent by God to:

> dimostrar quest'anno a Verona che non le mancano diversi modi di scacciar le vanità, di levar le pompe e le spese soverchie che si fanno in disonor della Sua Divina Maestà, di punir quelli che con le usure affliggono li prossimi loro, di privar di vita in breve spacio di tempo quelli che sono così facili a dar la morte altrui. E pare ch'abbi voluto, figliuoli, il Signore dimostrarsi principalmente a voi poveri per insegnarvi a non mormorare, a non detraere, a non lamentarvi importunamente de' ricchi, a contentarvi di viver con la vostra industria nel stato vostro, conoscendo il bene che vi ha dato poi che vi ha fatto grazia di viver in questa vita sotto il stendardo di Iesu Cristo.[139]

In this negative representation of reality, 'le fortezze del mondo, gli bastioni del popolo cristiano sono gli monisteri':[140] clerks and nuns have a practical function, because they can pray for the world, preserving it from vices and temptations;[141] but to fulfil this aim, they should know their own nature, and respect both the specific rules of their own holy order and the general rules of religious life. Once more, Valier is interested in bringing the holy orders back

---

[136] Ibid., § 25.
[137] Ibid., § 1.
[138] See on this Ottavia Niccoli, *Prophecy and People in Renaissance Italy*, trans. by Lydia G. Cochrane (Princeton: Princeton University Press, 1990).
[139] Agostino Valier, *Lettera consolatoria del Reverendissimo Monsignor Agostino Valerio Vescovo di Verona nella quale, essendo stata liberata essa città dal sospetto della peste che l'ha per molti giorni travagliata, si consola col suo popolo et l'essorta a ringratiarne la maestà di Dio et a viver christianamente* (Venice: Pietro Farri, 1575), fol. A2ᵛ.
[140] *Ricordi*, § 2.
[141] Zarri, *Recinti*, pp. 65-67.

under the control of bishops and cardinals.[142] The *Ricordi*, in fact, are only one part of a more complex plan dedicated to nuns, which includes the publication of a series of decrees, such as the *Del S. Concilio di Trento sopra le monache per la città di Verona* (1565), and the reform of several convents.[143] Valier does not want to substitute monastic rules and constitutions, but wants to reconcile them with his norms (meaning the Tridentine norms), universally addressed to all nuns, regardless of their particular order or convent.[144]

The *Ricordi [...] lasciati alle monache nella sua visitazione fatta l'anno del santissimo Giubileo 1575* have, at the same time, a descriptive and prescriptive function. The *ritratto*, the description of monastic life, is soon *colorito* by Valier through:

> alcuni avvertimenti paterni, li quali desidero che ciascheduna di voi consideri nella sua cella, dopo che in compagnia delle altre alla mensa, o veramente quando vi ritrovate insieme a lavorare, averete ben udite le sante regole, le quali son certo che gran parte di voi abbiate mandate alla memoria e già messe in prattica.[145]

In the first part of the text, through metaphors of irenic peace, Valier describes the convent as a sort of Eden, the only place in which it is possible to know, and consequently to love, God. The love of God may become known to the individual by two means: that is, through the tribulations of Satan and the memory of Christ's passion; in both cases, nuns should create, by means of reading pious books and the advice of their confessors and superiors, mental images which can help them fight temptation and preserve real faith. This need to create 'interior images',[146] useful to resist the 'perniciose imaginazioni'[147] inspired by evil, is

---

[142] See Gabriella Zarri, 'La vita religiosa tra Rinascimento e Controriforma. *Sponsa Christi*: nozze mistiche e professione monastica', in *Monaca, Moglie, Serva, Cortigiana*, ed. by Matthews-Grieco, pp. 103–51; Ezio Bolis, 'Tra Concilio e postconcilio: la vita religiosa femminile dopo Trento', in *La sponsalità dai monasteri al secolo*, ed. by Belotti and Toscani, pp. 159–82. For a general overview see Silvia Evangelisti, *Nuns: A History of Convent Life 1450–1700* (Oxford: Oxford University Press, 2007).
[143] See Tacchella and Tacchella, p. 75, and *San Carlo Borromeo ed il card. Agostino Valier: carteggio*, ed. by Tacchella, pp. 95–97 and 119–20.
[144] On the distinction between rules and norms see Genoveffa Palumbo, 'Dalla disciplina al disciplinamento. Il corpo, l'anima, il libro nelle storie di monache e recluse', in *Donna, disciplina, creanza cristiana*, ed. by Zarri, pp. 141–63; Gabriella Zarri, 'From Prophecy to Discipline: 1450–1650', in *Women and Faith: Catholic Religious Life in Italy from Late Antiquity to the Present*, ed. by Lucetta Scaraffia and Gabriella Zarri (Cambridge, MA: Harvard University Press, 1999), pp. 83–112; Kate J. P. Lowe, *Nuns' Chronicles and Convent Culture in Renaissance and Counter-Reformation Italy* (Cambridge: Cambridge University Press, 2003), pp. 184–218.
[145] *Ricordi*, § 14.
[146] On this topic see Ottavia Niccoli, *Vedere con gli occhi del cuore. Alle origini del potere delle immagini* (Rome: Laterza, 2011).
[147] *Viduità*, § 17, but see also § 22.

transposed by Valier also at the level of the text. The second part of the book, where the Bishop 'colours' the portrait of the perfect nun, is in fact full of images and inventions. The aim of Valier is to deal with the norms regarding the behaviour of nuns 'con alcune similitudini, acciò che vi restino maggiormente impresse nella mente'.[148] The norms which support 'le regole vostre particolari, le constituzioni con le quali si governano questi monasteri',[149] are not presented as prescriptions, but as practical suggestions that are easy to understand and follow.

The importance of metaphors and similes in the *Ricordi* is further stressed by Valier through the representation of the nun as a bride of Christ (*sponsa Christi*), an image which 'assumed particular relevance in the definition of women's identity. Indeed, the bridal metaphor represented the unifying status of a woman. This metaphor applied to female identity whatever a woman's life condition — lay or religious — might be'.[150] And if — as we saw earlier for the *Instruzione delle donne maritate* — a bride's claim to praise depends upon her ability to keep order and peace in the family, similarly a spiritual bride is truly praiseworthy only if she is able to preserve the heavenly peace of monastic life. This edenic representation of convents conceals a specific need: to make Tridentine rules acceptable for nuns who were 'simply not prepared to sacrifice personal comfort, freedom from dress restrictions, and access to their families and friends'.[151] In the view of Valier, the veil represents 'la cattivazione del vostro intelletto non solo alli precetti, ma alli consegli ancora di Cristo e alle regole di suoi ministri', because 'significa che già è estinta in voi la memoria delle cose del mondo'.[152] Monastic rules, Tridentine precepts and episcopal norms are the means to resist 'le vanità del mondo';[153] but, once more, inside, rather than outside, the world. Though segregated from the secular world, nuns share with virgins, widows and wives the same need for order and discipline, so that women can fulfil their role of being the foundation of contemporary society.

---

[148] *Ricordi*, § 15.
[149] Ibid., § 7.
[150] Evangelisti, 'Wives, Widows, and Brides of Christ', p. 246. On the topic see E. Ann Matter, 'Mystical Marriage', in *Women and Faith*, ed. by Scaraffia and Zarri, pp. 31–41; Kate J. P. Lowe, 'Secular Brides and Convent Brides: Wedding Ceremonies in Italy during the Renaissance and Counter-Reformation', in *Marriage in Italy, 1300–1650*, ed. by Trevor Dean and Kate J. P. Lowe (Cambridge: Cambridge University Press, 2002), pp. 41–65.
[151] Virginia Cox, 'The Single Self', p. 543.
[152] *Ricordi*, § 22.
[153] Ibid., § 1, but also § 11.

5. Style and Language

Writing to Carlo Borromeo from Rome, on 24 May 1575, Silvio Antoniano states that 'l'ingegno fedele di Monsignor di Verona produce sempre qualche nuovo frutto, degno degli occhi et del gusto di Vostra Signoria Illustrissima'.[154] Antoniano, who refers to the treatise *Episcopus*, praises the talent of Valier, as he also does at the beginning of his *Tre libri dell'educazione cristiana dei figliuoli*, where he describes himself obliged by Carlo Borromeo 'a dover io medesimo far cosa che molte volte ho desiderato che alcuno più idoneo di me facesse, cioè scrivere il presente trattato *Della educatione cristiana dei figliuoli*'.[155] This author 'più idoneo' is Agostino Valier, who in 1582 was asked to read and comment upon the treatise before its publication. But what is it, in the view of Antoniano, that makes Valier such a praiseworthy author? The answer can be found in a letter Antoniano writes to Borromeo from Rome, dated 10 March 1581, in which he highlights 'quella grave et chiara brevità di Monsignore di Verona'.[156] The *Instituzione d'ogni stato lodevole delle donne cristiane* and the *Ricordi [...] lasciati alle monache nella sua visitazione fatta l'anno del santissimo Giubileo 1575* are undoubtedly examples of stylistic *brevitas*, characterized above all both by the use of short sentences, alongside more classic syntactic constructions, and by an intermediate register, never too refined, and perfectly suited to the literary genre he chose to adopt. The chapters by Valier 'are short and quick, easy to digest or to recommence for the women with only a few minutes free between one household chore and another';[157] his style, as well as his choice of the vernacular, meets entirely the needs of an audience of female readers, as stressed by the editor Pietro Francesco Zini in his dedication of the *Instituzione* to Viena Contarini:

> Vedrà trattarsi da un signor dottissimo e lodatissimo tutti questi soggetti con stile non affettato, non ambizioso, ma puro, semplice, paterno. Perciò che egli scrive come parla, parla di cuore e penetra nei cuori delli lettori et ascoltanti; con la sua dolcezza e gravità gli insegna, li move, li rapisce e persuade.[158]

Valier tries to create a real dialogue at a distance with his readership; this dialogue is constructed by various means, starting from the frequent use of apostrophes addressed to the dedicatees and, through them, to the readers. In addition to pointing out passages or concepts of particular relevance, this rhetorical device allows Valier to preserve that general colloquial tone, which is one of his primary aims. This desire to adopt an informal approach also

---

[154] The letter is republished by Patrizi, *Silvio Antoniano*, II, pp. 747-49 (p. 747).
[155] Ibid., III, p. 902.
[156] Ibid., II, pp. 688-91 (p. 689). Antoniano also praises the 'bellissimo ordine' and 'chiara brevità' of Valier in his *Tre libri dell'educazione cristiana dei figliuoli* (ibid., III, p. 1304).
[157] Rudolph M. Bell, *How To Do It: Guides To Good Living for Renaissance Italians* (Chicago: The University of Chicago Press, 1999), p. 240.
[158] *Instituzione*, fol. A5^{r-v}.

determines his use of sources and quotations. Valier never explicitly quotes classical texts,[159] unlike previous and contemporary authors of conduct books, in which lines by Virgil or Ovid are frequently interspersed with biblical quotations. The sources used by Valier are instead Holy Scriptures and some selected Fathers of the Church: St. Augustine, St. Ambrose, St. Anselm, St. Basil the Great, (pseudo) St. Bernard, St. John Chrysostom, St. Cyprian, St. Hilary, St. Jerome, St. Gregory of Nazianzus, St. Gregory the Great, St. Thomas Aquinas, and also Tertullian. Nevertheless, there are instances in which one encounters in the texts by Valier names or quotations that do not belong to this well-established catalogue of authorities. A case in point is found in the *Del modo di vivere delle vergini che si chiamano demesse*, where we read: 'Scrisse un savio del mondo chiamato Sofocle che alle donne la taciturnità apportava grand'ornamento'.[160] The source of Valier is not, directly, the *Ajax* by Sophocles, but the traditional production of conduct literature for women, where this sentence is frequently quoted to stress the importance of female silence.[161] In this case, Valier is not concerned with the classical author as such: he is not interested in basing his work on the authority of Sophocles rather than on the Holy Scriptures; he considers this sentence as a proverb rather than as a literary quotation. This is the reason for its presence in the text, where it concludes a list of *adagia*: 'Chi molto parla spesso erra. Compagna della verbosità è la bugia o, almeno, la vanità. Chi assai ragiona non molto pensa e va pian piano, con lunghi ragionamenti, discostandosi da Dio'.[162] The books for women by Valier are full of proverbs, considered useful in order to reach (and, at the same time, to teach) the public for whom they are intended.[163] These mottos come from the most popular collections of *loci communes*, texts with quotations from both classical and Christian authors (such as the *Polyanthea* by Pietro Nani Mirabelli, first published in 1503, or the *Officina partim historiis, partim poeticis referta disciplinis* by Ravisio Testore, first published in 1520).[164] These texts had an extraordinary diffusion, particularly in moral and conduct literature, and the works by Valier would also later become a source for these collections.[165] Aphorisms are useful, because they can be easily

---

[159] See Fubini Leuzzi, p. 262.
[160] *Demesse*, § 14.
[161] See Helena Sanson, '*Ornamentum mulieri breviloquentia*: donne, silenzi, parole nell'Italia del Cinquecento', *The Italianist*, 23 (2003), 194–244 (pp. 200–01).
[162] *Demesse*, § 14.
[163] The educational function of the *adagia* is stressed also by Valier in *Demesse*, § 14, where we can read: 'E sì come il leggere e non intendere è negligere, come s'insegna a' figliuolini, così ascoltare e non mettere in prattica è un perder tempo'. The reference is to the *Disticha Catonis*, a text used in scholastic teaching.
[164] On this production see Paolo Cherchi, *Polimatia di riuso: mezzo secolo di plagio, 1539-1589* (Rome: Bulzoni, 1998), and Quondam, pp. 156–79.
[165] In *Ammaestramenti tratti dagli antichi e moderni autori ed ai novelli sposi presentati*, ed. by Emmanuele Antonio Cicogna (Venice: Picotti, 1816), we can read (IX, 12, p. 65): '"Una

remembered, and recollected when necessary; this is the reason why Valier tends not to use direct quotations from the Fathers of the Church, but to translate their precepts in the form of mottos. In this way, his works become a real vade-mecum, which offers norms that are easy to adopt and to follow.

Through maxims, however, Valier does not indicate only what it is useful to do, but also what it might be useful to say. This is an element of innovation within a literary tradition which considers silence as one of the virtues of a praiseworthy woman.[166] The social and pedagogical role Valier attributes to women, who should always 'saper discernere con chi si parla',[167] takes into account the need to teach:

> ogni giorno qualche buona sentenza o qualche buon costume. E potrete usar di quelle che averete sentite a dire dai predicatori, o da vostro marito, o ancora che aveste letto nei libri spirituali. E vi contentarete dirgli la medesima cosa più di una volta, acciò che se la ricordino.[168]

Valier does not simply suggest the need to adapt sentences to the situation in question, but offers a real catalogue of 'belle sentenzie o [...] graziose similitudini':[169] one, for instance, is inserted in the *Del modo di vivere delle vergini che si chiamano demesse*, where Valier explains in detail what it is appropriate to say and talk about when visiting nuns;[170] a second catalogue features in the *Instruzione delle donne maritate*, where he collects a series of proverbs summarizing Christian doctrine:

> sentenze, le quali, esplicate con l'auttorità materna, hanno grandissima forza e sempre restano impresse nell'animo di fanciulli, come si vede in alcuni della nostra città, li quali tengono li buoni costumi nel mangiare, nel bere, nel caminare, nel tacere, nell'onorar i vecchi e simili buone creanze che hanno imparate dalle lor madri.[171]

---

moglie savia è consolazione del marito e confermazione e ricchezza della casa." Agost. Valier'. The quotation comes from *Maritate*, § 5.

[166] On this topic, in addition to Sanson, 'Ornamentum mulieri breviloquentia', see Carla Casagrande and Silvana Vecchio, *I peccati della lingua. Disciplina ed etica della parola nella cultura medievale* (Rome: Istituto della Enciclopedia Italiana, 1987); Angela Chiantera, 'Le donne e il "governo della lingua" nei trattati di comportamento Cinque-seicenteschi', in *Donna & linguaggio*, ed. by Gianna Marcato (Padua: Cleup, 1995), pp. 329–39; Daniela Romagnoli, 'Parlare a tempo e luogo: galatei prima del *Galateo*', in *Educare il corpo, educare la parola*, ed. by Patrizi and Quondam, pp. 43–63; Giorgio Patrizi, 'Pedagogie del silenzio. Tacere e ascoltare come fondamenti dell'apprendere', ibid., pp. 415–24; Helena Sanson, 'Donne che (non) ridono: parola e riso nella precettistica femminile del XVI secolo in Italia', *Italian Studies*, 60 (2005), 6–21. For a general overview see also Sanson, *Donne, precettistica e lingua nell'Italia del Cinquecento*.

[167] *Demesse*, § 21.
[168] *Maritate*, § 12.
[169] *Demesse*, § 14.
[170] Ibid., § 23.
[171] *Maritate*, § 12.

INTRODUCTION 37

In other cases, to support his prescriptions, Valier uses not only proverbs or mottos, but also quotations from other texts. In doing this, he follows, once more, the scheme of catechistic suggestions, as we have seen in the case of the Tridentine rules for marriage added to the *Instruzione delle donne maritate*, and as we can see in the summary of the prayers of a faithful widow (at the end of the *Della vera e perfetta viduità*),[172] or a penitent nun (in the *Ricordi [...] lasciati alle monache*).[173] These insertions represent a real compendium of Christian doctrine, which may be useful in explaining specific concepts or norms. The same aim also characterizes the translation of longer excerpts inserted in the texts: for example, the passages from the *De virginitate* by St. Augustine and the *De virginibus* by St. Ambrose added to the *Del modo di vivere delle vergini che si chiamano demesse*;[174] but the comparison between the translation by Valier and contemporary translations demonstrates, once again, his preference for simplified and synthetic versions of the original works.[175]

Translations highlight another aspect of the style of Valier: his use of language. He was not satisfied with his own usage of the vernacular, which, as Giovanni Cipriani indicated, he considered poor, full of Latinisms, and lacking in clarity.[176] The linguistic model of Valier was the literary Tuscan theorized by the Venetian Pietro Bembo in his *Prose della volgar lingua* (1525). Besides, Valier does not reject words or expressions which are typical of the mystical tradition: for example, in the *Del modo di vivere delle vergini che si chiamano demesse*, Christ is represented as *essinanito*, a term taken from medieval religious lexicon,[177] whereas virgins should prevent Satan from entering 'in questa rocca del cuore',[178] an expression which is frequently used in spiritual and ascetic literature in the seventeenth century, but also in sixteenth-century conduct books, from the treatise by Baldassare Castiglione ('rocca del cor'), to the texts by Lodovico Dolce ('rocca dell'animo') and Lodovico Domenichi ('rocca del mio core').[179]

---

[172] *Viduità*, § 28.
[173] *Ricordi*, § 26.
[174] *Demesse*, §§ 9 and 26.
[175] For example, a comparison can be made between the translation of the text by St. Augustine made by Valier and the version published in the useful collection *Della perfetta verginità de' Santi Basilio et Agostino, con una breve disputa della castità, et uno succinto discorso in lode della medesima di S. Efrem, et alcuni spiritoalissimi essercitii di Santa Gertrude vergine* (Brescia: Francesco e P. Maria Marchetti, 1566).
[176] Cipriani, p. 66.
[177] *Demesse*, § 11. See Fiorenzo Toso, 'Un modello di plurilinguismo urbano rinascimentale. Presupposti ideologici e risvolti culturali delle polemiche linguistiche nella Genova cinquecentesca', in *Città plurilingui. Lingue e culture a confronto in situazioni urbane*, ed. by Raffaella Bombi and Fabiana Fusco (Udine: Forum, 2004), pp. 491–530 (p. 495).
[178] *Demesse*, § 10; the same expression is in *Maritate*, § 8.
[179] See Benedetta Papasogli, *Il 'Fondo del cuore'. Figure dello spazio interiore nel Seicento francese* (Pisa: Editrice libreria goliardica, 1991), pp. 239–94; Roberta Colombi, *Lo sguardo che 's'interna'. Personaggi e immaginario interiore nel romanzo italiano del Seicento* (Rome: Aracne,

The use of linguistic images and metaphors has an extraordinary importance in the writings by Valier, who sometimes enriches his otherwise practical and synthetic norms with narrative moral excerpts. A case in point is found in the *Instruzione delle donne maritate* where, to explain the consequences of bad maternal (but also paternal) education, Valier stages a dialogue between children and parents in front of God at Doomsday.[180] The same model is used in the *Ricordi [...] lasciati alle monache nella sua visitazione fatta l'anno del santissimo Giubileo 1575*; but in this case the narration is much more articulated, as Valier describes not only nuns in front of God, but also their accusers (the Evil One and God himself) and defenders (the saints of the single religious orders) in the heavenly court, a real trial in which the bishop himself plays the role of the perfect lawyer.[181] These narrative insertions, with their expressionistic and hypercharacterized nature, constitute another significant example of the attempt by Valier to renew, from the inside, the tradition of conduct literature for women.

6. Reception of the Works of Valier

The texts for women by Valier encountered an interesting reception in the sixteenth century: whereas the *Instituzione d'ogni stato lodevole delle donne cristiane* was published only twice in Venice (as already mentioned, in 1575 and in 1577), the *Ricordi [...] lasciati alle monache nella sua visitazione fatta l'anno del santissimo Giubileo 1575* were republished five times (twice in Venice, 1575 and 1577; twice in Verona, 1575 and 1583; once in Milan, 1576), and can therefore be considered as the basis of the editorial success of the volumes of *ricordi* explicitly dedicated to nuns.[182]

In the following century the works on female conduct and life by Valier seem to disappear from the book market, as the interest in his literary production focuses on his *De rhetorica ecclesiastica* and his biographies (of Bernardo Navagero and of Carlo Borromeo, republished several times, also in translation).

2002), pp. 66–67 n. 40. The example of Castiglione is quoted and analyzed by Ilaria Gallinaro, *I castelli dell'anima. Architetture della ragione e del cuore nella letteratura italiana* (Florence: Olschki, 1999), pp. 205–13; for the other quotations see Dolce, *Dialogo*, fol. C7ᵛ, and Lodovico Domenichi, *La donna di corte, discorso [...] nel quale si ragione dell'affabilità et honesta creanza da doversi usare per gentildonna d'honore* (Lucca: Busdrago, 1564), fol. 17ʳ.

[180] *Maritate*, § 12.

[181] *Ricordi*, §§ 8–13.

[182] See, for example, *Alcuni buoni ricordi a religiose, per viver bene in religione et osservar le loro regole, cavati dal libro della Prattica spirituale dell'Illustrissimo et Reverendissimo Monsignore Vescovo di Cremona* (Perugia: Baldo Salviani, 1577); Matteo Corti, *Alcuni buoni ricordi alle religiose per vivere bene in religione et osservare le loro regole* (Florence: Francesco Tosi, 1585); Girolamo D'Arabia, *Ricordi [...] fatti per dar di festa alle monache l'anno presente, coi nomi di diverse Sante, le quali egli desidera che le piglino per loro avocate* (Ferrara: Girolamo Baldini, 1592).

The rediscovery of his conduct literature for women took place after the publication of the *De cautione adhibenda in edendis libris*, in 1719, by Giuseppe Comino. The same printer published in 1744 the books for women by Valier: these were all edited, first separately, and then together (although with independent pagination), with the title *La istituzione d'ogni stato lodevole delle donne cristiane*, by Gaetano Volpi, who integrated the original texts with other similar short treatises, all written between the sixteenth and the eighteenth centuries.[183] The introduction to the collective volume offers some information about the intentions of Volpi:

> Abbraccia questo volume i particolari ricordi dettati da quel gran vescovo per li quattro stati delle donne, cioè delle vergini a Dio consecrate ne' sacri chiostri; di quelle che o con voto o con fermo proposito vergini nelle proprie lor case vogliono conservarsi fin alla morte; il terzo delle vedove; l'ultimo delle maritate.[184]

Volpi stresses the nature of these works (they are *ricordi*), which are published in the following order: nuns, unmarried women, widows and married women. This scheme reproduces the personal division *ad status* of Valier, but does not mirror, either from a philological or a chronological point of view, the composition and publication of the texts, which were also edited by Volpi on the basis of different editions (the 1575 edition for the *Ricordi*, and the 1577 edition for the other works).

Between the eighteenth and the nineteenth centuries, many texts by Valier were re-edited or translated, while works until then only in manuscript were published for the first time. In the same period, his books for women were republished several times, but with a different aim: namely, as occasional texts. This is why the *Instruzione delle donne maritate* and the *Ricordi* had a new circulation: they were dedicated to brides or new nuns (often represented as new brides of Christ), and were particularly appropriate gifts on the occasion of marriages or young women entering the convent (as a kind of mystical marriage). In 1779 six of the *Ricordi* by Valier were printed in honour of Lucrezia Maria Mangelli, from Forlì,[185] whereas some years later the entire text is dedicated to 'Caterina Balbi che assume il nome di Maria Luigia nel monastero di S. Croce della Giudeca'.[186] In both instances, the noblewomen are praised by means of the

---

[183] See *Trecento opere della tipografia Volpi-Cominiana* (Florence: Libreria Salimbeni, 1980), pp. 92–93.
[184] Agostino Valier, *La istituzione d'ogni stato lodevole delle donne cristiane, novella impressione, corretta, accresciuta, e in varie guise illustrata*, ed. by Gaetano Volpi (Padua: Giuseppe Comino, 1744), p. 5.
[185] *Sei ricordi alle monache di Monsignore Agostino Valiero Vescovo di Verona ripubblicati in occasione che l'Illustrissima Signora Lucrezia Maria Mangelli forlivese veste l'abito religioso* (Faenza: Gioseffantonio Archi, 1779).
[186] *Ricordi del Cardinale Agostino Valiero Vescovo di Verona lasciati alle monache riprodotti*

publication of a text which is described (for example, by Ottavio Angaran in the dedication to his cousin Caterina Balbi) as 'una guida che vi regga nella novella carriera, onde sempre più assicurarvi una futura prosperità additandovi le vie della religiosa perfezione'.[187] More than two centuries after its publication, the dedicators described the work as a useful vade-mecum for young brides of God.

Similar is the reception of the *Instruzione delle donne maritate* as occasional gift for secular brides. In this case, editors eliminated the original preface of the text, addressed to the sister of Valier, and replaced it with different prefaces. In 1824, for example, Giovanni Palazzi dedicated the work by Valier to his pupil Teresa De Ferrari on the occasion of her marriage. The text, followed by a biography of the author, is offered to the young bride because:

> voi dovete [...] uscire da una casa per esser principio di un'altra, e passare dalla mia moral direzione e cultura a quella d'altri, che regoleranno il vostro cuore nel nuovo stato coniugale ben con più abbondante copia di lumi, non però certo con maggior zelo e più vivo interesse. Quindi è che nel lasciarvi, io non credo né più ricco dono, né a me più atto, né a voi più utile e caro presentare in tal giorno, quanto quello d'un lavoro che ha per iscopo l'istruire le donne maritate nei doveri importantissimi del loro stato.[188]

Certainly much more concise is the dedication of the same work to Marianna Gradenigo, who married Giuseppe De Manzoni in 1863:

> Carissima! Per festeggiare il giorno delle vostre nozze vi profferiamo l'*Istruzione alla maritate* che l'illustre Cardinale e Vescovo di Verona Agostino Valier, del quale ci ascriviamo a gloria di essere pronipoti, dedicava a madonna Laura Gradenigo sua sorella. Vi piaccia col vostro sposo accoglierla di lieto animo, ad abbiatevi insieme i voti sinceri che per la vostra felicità innalzano.[189]

A different and interesting use of the *Instruzione delle donne maritate* is represented by the case of Bernardino Grigolati, who, in 1847, addressed the text to his nephew, on the occasion of his marriage with Marietta Schwarzkönig:

> Io mi avvisava di farvene manifesta la mia compiacenza in partecipando alla vostra felicità col pubblicare alcuni cenni intorno a quel grande botanico italiano vostro prozio, il dottor Giulio Pontedera, professore nell'Università

---

nella vestizione della nobile donna Caterina Balbi che assume il nome di Maria Luigia nel monastero di S. Croce della Giudeca (Bassano: Remondini, 1804).

[187] Ibid., p. 4.

[188] *Per le faustissime nozze Bonaldi De-Ferrari. Istruzione alle donne maritate del Cardinale Agostino Valiero Vescovo di Verona offerta all'egregia e nobile sposa da D. Giovanni Palazzi regio cappellano di camera di Sua Maestà Ferdinando I Re del Regno delle Due Sicilie* (Venice: Andreola, 1824), p. 4.

[189] *Istruzione del modo di vivere delle donne maritate del Cardinale Agostino Valier Vescovo di Verona a Madonna Laura Gradenigo sua sorella, nuovamente stampata per le faustissime nozze Manzoni-Gradenigo* (Venice: Merlo, 1863), p. 3.

di Padova, che meritò sì altamente della scienza, e cogli instancabili studi onorò l'Italia e la vostra famiglia. Ma siccome questo argomento sarebbe tornato a vostro onore individuale, così mi piacque cangiare intendimento e, a fare cosa utile sì a voi che alla vostra sposa, ho amato meglio di mandare alla luce un libretto, quanto breve altrettanto prezioso, e per la materia che tratta e per la rarità degli esemplari.[190]

By the nineteenth century, the text on married women had become a classic, a practical manual not just on female behaviour, but on perfect Christian couples.

The paragraphs and the few notes of all these three editions demonstrate that the text of the *Instruzione delle donne maritate* is directly based on the edition by Volpi, rather than on sixteenth-century editions. And indeed, the text by Volpi has represented, until now, the edition referred to for both the *Instituzione d'ogni stato lodevole delle donne cristiane* and the *Ricordi*. The aim of the present edition is to offer a modern critical text of the works by Valier, based on the *princeps* of the individual books, collated with the second Venetian edition.[191] The text of the *Instituzione d'ogni stato lodevole delle donne cristiane* is published separately from the text of the *Ricordi [...] lasciati alle monache nella sua visitazione fatta l'anno del santissimo Giubileo 1575*, in order to reflect the original division between rules for secular women and norms for nuns. Compared to the edition by Volpi, the present edition offers a different organization of the individual books. Even though nuns occupy the first place in the division *ad status* of Valier, the book of the *Ricordi* was published after the composition of the *Instituzione*, and was certainly composed after the writing of the *Del modo di vivere delle vergini che si chiamano demesse*. This is why the text of the *Ricordi* is published here as a sort of appendix to the *Instituzione*, so as to mark the difference between the works, but also the chronological precedence of the books for secular women over the text for nuns.

---

[190] *Della istruzione delle donne maritate del Cardinale Agostino Valerio* (Per nozze Pontedera-Schwarzkönig), ed. by Bernardino Grigolati (Verona: Sanvido, 1847), pp. 3–4.
[191] Compared with the text of the *princeps*, the only parts of the *Instituzione* which have not been transcribed (and which are not included in the second edition) are the *Documenti evangelici et apostolici per le donne cristiane*, a collection of some sources quoted by Valier (fols a10^r–a12^v).

TRANSCRIPTION NORMS

∼

Standard modern phonetic and spelling interventions on the books by Agostino Valier have been made in order to facilitate comprehension of the works. According to standard practice for modern editions of Early Modern prose texts, the following criteria have been adopted:

1) Accents, apostrophes, capital letters, inverted commas and punctuation have been regularized to follow standard usage.
2) Abbreviations have been expanded; e.g. *V. S.* > *Vostra Signoria*; *S.* > *Signora / Signor*; *M.* > *Messer*.
3) The etymological and pseudo-etymological *h* have been removed, also in forms such as *ch* and *gh* (preceding *r*, or *a*, *o*, *u*), *bh*, *ph*, *th*; e.g. *christiana* > *cristiana*; *choro* > *coro*; *abhorrire* > *aborrire*; *theatri* > *teatri*.
4) The sequences *cie*, *gie*, and *gni* have been rendered by *ce*, *ge* and *gn* when this is the modern form: e.g. *Giesù* > *Gesù*; *ogniuno* > *ognuno*.
5) The unstressed plural *-ij* has been replaced with *-i* (e.g. *monasterij* > *monasteri*), except when the first vowel is stressed, in which case the double vowel has been kept, and *j* has been replaced by *i*, as in *pij* > *pii*.
6) *Y* has been replaced by *i*; e.g. *Hieronymo* > *Ieronimo*.
7) *U* and *v* have been distinguished according to modern usage.
8) *M* has been replaced by *n* before a consonant other than *p* or *b*; e.g. *triomphi* > *trionfi*.
9) *&* has been replaced by *et* before a vowel, and by *e* before a consonant.
10) *Q* has been replaced by *cq* according to modern usage; e.g. *naque* > *nacque*.
11) The graphic sequence *-dv-* has been rendered by *-vv-* (e.g. *advocata* > *avvocata*); the graphic sequences *-bs-* and *-ps-* have been rendered by *-ss-* (e.g. *obsequio* > *ossequio*), *-bm-* and *-dm-* by *-mm-* (e.g. *subministra* > *sumministra*); the sequence *-nst-* (e.g. *instituzione*) has been kept, as this could be a deliberate choice of a learned form on the part of the author.
12) Variations between single and double consonants have been kept.
13) Word boundaries have required various solutions:
    (a) Words composed with *che* which did not require syntactic doubling have been transcribed as one word with the accent on the final syllable (*poiché, purché, nonché*). The forms composed with *che* which did not present syntactic doubling in the text have been transcribed as two words with the accent on the first one (*acciò che, perciò che, sì che*).

(b) The forms *né meno, o vero, sì come, sopra tutto,* which did not present syntactic doubling in the text, have been kept as two words.

(c) Articulated prepositions have been transcribed as one form in the case of separate prepositions followed by masculine plural articles (e.g. *degli, agli*). Prepositions followed by singular or plural feminine articles which did not present a consonantal doubling in the texts have been kept as in the original, i.e. as separate words (e.g. *de le*); those that presented a consonantal doubling have been kept unchanged, i.e. as one form (e.g. *alle*).

(d) The forms with relative pronouns *ilquale, laquale, alquale, lequali, iquali, liquali,* have been transcribed as two words (*il quale, la quale, al quale, le quali, i quali, li quali*).

14) The sequences *-ti-* + vowel and *-tti-* + vowel have been rendered by *-z-* or *-zi-* when this is the modern form (e.g. *perfetione > perfezione; protettione > protezione*). The endings *-antia/-antie* and *-entia/-entie* have been rendered by *-zia-* (and alternations in forms such as *obedienzia/obedienza* have been kept), as this could be a deliberate choice of a learned form on the part of the author; for the same reason, the endings *-cio/-ci* have been kept in forms such as *giudicio*.

15) Obvious typographical errors (*confusiosie* for *confusione*) have been corrected, but the original forms are given in the footnotes.

16) The original page numbers have been indicated between brackets in the text: [A1ʳ].

Editions and translations of the Biblical, Patristic and classical texts cited by Valier are listed in the bibliography, for the convenience of those who wish to follow up on any of these.

The description of the *princeps* of the works is based on the following copies:

INSTITVTIONE | d'ogni stato lodeuole | delle Donne | Christiane, | DI MONSIGNORE | AGOSTINO VALERIO | *Vescouo di Uerona.* | *In Venetia Per Bolognino Zaltieri.* | M D LXXV.
Bologna, Biblioteca Universitaria, A.M. BB.VI. 21.[1]

---

[1] Other copies: Bologna, Biblioteca Arcivescovile, Oppizzoni 5253; Fermo, Biblioteca Civica Romolo Spezioli, 1 M 1 – 8379, and 1 m 1 – 2966; Modena, Biblioteca Estense Universitaria, 73.C.23; Padua, Biblioteca Civica, 4961; Biblioteca del Seminario Vescovile, 500.rossa.sup. BB.6.-10; Perugia, Biblioteca Comunale Augusta, ANT I.N 1451; Rome, Biblioteca Universitaria Alessandrina, N a 167; Biblioteca Vallicelliana, S.BOR I.III 249; Verona, Biblioteca Capitolare, TUR 12 VI 2; Biblioteca Civica, Cinq. F. 0599; Paris, Bibliothèque de l'Arsenal, Reserve 8-T-8234.

The texts here collected are quoted as follows:

- *Demesse* = *Del modo di vivere delle vergini che si chiamano demesse*, fols A1^r–E5^r
- *Viduità* = *Della vera et perfetta viduità*, fols E6^r–I8^r
- *Maritate* = *Instruttione delle donne maritate*, fols I9^r–M4^v

RICORDI | DI | MONSIGNOR | AGOST. VALERIO, | VESC. DI VERONA. | *LASCIATI ALLE* | *Monache nella sua visitatione* | *fatta l'Anno del Santiss.* | Giubileo, | *M D LXXV.* | IN VENETIA. | Appresso Bolognino Zaltieri. | M D LXXV. Verona, Biblioteca Civica, Cinq. D. 1248. 2.[2]

The text is quoted as *Ricordi*.

The text of the *princeps* of the books by Valier has been collated with the second Venetian edition, in which the three works for secular women present autonomous pagination and title pages, with the exception of the *Del modo di vivere delle vergini che si chiamano demesse*, that also preserves the title *Institutione d'ogni stato lodevole delle donne christiane*; the description of this edition is based on the following copies (Rome, Biblioteca Universitaria Alessandrina):

INSTITVTIONE | D'OGNI STATO | LODEVOLE | DELLE DONNE | Christiane. | DI MONSIGNORE || AGOSTINO VALERIO | *Vescouo di Verona.* | *IN VENETIA,* | *Appresso gli Heredi di Francesco* | *Rampazetto.* 1577.

The book contains: *Del modo di vivere delle vergini che si chiamano demesse*, quoted as *Demesse* 1577 (press mark: U a 117/3).[3]

INSTRVTTIONE | DELLE DONNE | MARITATE. | DI MONSIGNORE | AGOSTINO VALERIO, | *Vescouo di Verona.* | *IN VENETIA,* | *Appresso gli Heredi di Francesco* | *Rampazetto.* 1577.

quoted as *Maritate* 1577 (press mark: U a 117/4).[4]

---

[2] Other copies: Bergamo, Biblioteca Civica Angelo Mai, CINQ.1.78; San Donà di Piave, Collezione privata Casagrande; Treviso, Biblioteca Comunale, Misc. 8365 R. 2. 5. E. (4); Wolfenbüttel, Herzog August Bibliothek, A: 590.9 Quod. (1).

[3] Other copies: Fermo, Biblioteca Civica Romolo Spezioli, 3 D 8 – 111 quater; Genoa, Biblioteca provinciale dei Cappuccini, 1CINQUE XXo 729; Montecassino, Biblioteca del Monumento Nazionale di Montecassino, ANT 2A.I 8/3; Treviso, Biblioteca Comunale, Misc. 8365 R. 2. 5. E. (1); Wolfenbüttel, Herzog August Bibliothek, A: 590.9 Quod. (5).

[4] Other copies: Genoa, Biblioteca provinciale dei Cappuccini, 1CINQUE XXo 730; Montecassino, Biblioteca del Monumento Nazionale di Montecassino, ANT 2A.I 8/4; Treviso, Biblioteca Comunale, Misc. 8365 R. 2. 5. E. (2); Verona, Biblioteca Civica, Cinq. D. 1260. 3; Wolfenbüttel, Herzog August Bibliothek, A: 590.9 Quod. (6).

INSTRVTTIONE | DELLA VERA | ET PERFETTA | *Viduità* | DI MONSIGNORE | AGOSTINO VALERIO | *Vescouo di Verona.* | *IN VENETIA,* | *Appresso gli Heredi di Francesco* | *Rampazetto.* 1577.

quoted as *Viduità* 1577 (press mark: U a 117/5).[5]

RICORDI | DI MONSIGNOR | AGOST. VALERIO, | VESC. DI VERONA. | LASCIATI ALLE | *Monache nella sua visitatione* | *fatta l'anno del Santissi-* | *mo Giubileo,* | *M. D. LXXV.* | IN VENETIA, | *Appresso gli heredi di Francesco* | *Rampazetto.* 1577.

quoted as *Ricordi* 1577 (press mark: U a 117/2).[6]

---

[5] Other copies: Fermo, Biblioteca Civica Romolo Spezioli, 3 D 8 - 111 ter; Genoa, Biblioteca provinciale dei Cappuccini, 1CINQUE XXo 731; Montecassino, Biblioteca del Monumento Nazionale di Montecassino, ANT 2A.I 8/5; Treviso, Biblioteca Comunale, Misc. 8365 R. 2. 5. E. (3); Verona, Biblioteca Civica, Cinq. D. 1260. 4; Paris, Bibliothèque Nationale de France, D-53943; Wolfenbüttel, Herzog August Bibliothek, A: 590.9 Quod. (7).

[6] Other copies: Genoa, Biblioteca provinciale dei Cappuccini, 1CINQUE XXo 728; Montecassino, Biblioteca del Monumento Nazionale di Montecassino, ANT 2A.I 8/2; Verona, Biblioteca Civica, Cinq. D. 1260. 2.

Agostino Valier

Instituzione d'ogni stato lodevole delle donne cristiane

and

Ricordi di Monsignor Agostino Valier Vescovo di Verona lasciati alle monache nella sua visitazione fatta l'anno del santissimo Giubileo 1575

TABLE OF CHAPTERS

Instituzione d'ogni stato lodevole delle donne cristiane
Dedica

Del modo di vivere delle vergini che si chiamano demesse
Proemio
1. Che le donne sono create da Dio capaci della vita eterna e gli sono concesse le potenzie dell'anima come agli uomini
2. Le donne avanzano spesse volte gli uomini nell'umiltà e devozione et in molte altre virtù
3. Che non si dèe tornar a dietro nella via del Signore
4. De' quattro stati laudabili delle donne
5. Del primo stato laudabile e dell'eccellenza del voto solenne
6. Della monica professa
7. Lo stato delle demesse è grato a Dio et utile alla santa Chiesa
8. Dello stato delle vedove
9. Dello stato delle maritate e loro travagli, e come possono seguitar Cristo
10. Come si custodisce la virginità del cuore
11. Delle virtù della demessa, e prima dell'umiltà
12. Dell'obedienzia
13. Della devozione e come si nutrisca
14. Dell'orazione
15. Della frequenzia del santissimo sacramento dell'eucaristia e della preparazione a quello
16. Del digiuno e della lezione
17. Dell'orazione
18. Del dono delle lacrime
19. Della virtù della discrezione
20. Della virtù della discrezione circa l'afflizione del corpo
21. Della virtù della discrezione intorno al conversare e parlare con le altre e di riprendere gli errori
22. Della virtù della carità, anima di tutte le virtù
23. Della virtù della carità verso i prossimi

24. Della elemosina
25. Della contemplazione
26. Dell'imitazione della beata Vergine madre di Dio

Della vera e perfetta viduità

Proemio
1. Di varie sorti di vedove e della commodità commune a tutte, ch'è unirsi con Dio
2. Che le vedove son grate a Dio, e quali di esse sieno veramente nobili e quali non, con alcuni ricordi per sapere instruir li figliuoli
3. Che il beato Paolo permette alle vedove giovani le seconde nozze ma non le conseglia; e che vuol significare con quelle parole: 'Voglio che le vedove giovani si maritino e siano madri di famiglia'
4. Che le vedove più giovani meritano maggior laude quanto più son tentate
5. Che il matrimonio è santo, ma che molti sono gl'incommodi ch'apporta
6. Che non possono esser vituperate le vedove che se maritano la seconda volta, ma molto più laudate quelle che lasciano di farlo
7. Che le donne vedove sono molto utili al mondo
8. L'utilità ch'apportano al mondo li servi e le serve di Dio che stanno chiusi nelli monasteri
9. Che le vedove buone riportano anco molte volte il premio delle loro fatiche
10. Come il mondo, perpetuo nimico dell'anime nostre, insidia alle vergini, alle maritate et alle vedove ancora
11. Descrizione o vero idea della perfetta vedova
12. Della servitù che dèe far la vedova a Dio, e come ha da essercitar il suo intelletto alla contemplazione di Sua Divina Maestà
13. In che modo voglia la vedova la volontà di Dio, e come debba osservar li Suoi santi precetti
14. Come dèe astenersi da giuramenti la vedova, e dell'osservazione dei precetti della Chiesa
15. Come si dèe governar la vedova nelle tribulazioni
16. Come la vedova abbia a servirsi della memoria
17. Della custodia et essercizio della fantasia
18. Come la vedova ha da servirsi della colera
19. Come la vedova ha da odeperar la parte concupiscibile
20. Come ha da servirsi delli occhi la vedova

21. Del fuggir li spettacoli e le comedie
22. Che dèe la vedova mirar spesso la sepoltura del marito, et in che altro dèe essercitar gli occhi
23. Della custodia dell'orecchie
24. Della moderazione de' cibi e del digiuno
25. Della custodia della lingua
26. La dolcezza del parlare conviene alla vedova et usar la lingua per ringraziar Dio
27. Dell'orazione e della preparazione
28. Compendio dell'orazione c'ha da far la vedova
29. Gran parte della perfezione della vedova consiste in frequentare i santissimi sacramenti
30. Che non si dèe far conto delle voci del volgo, et alcune belle e salutari sentenzie
31. Perché le vedove portano l'abito negro
32. Conclusione del libretto et orazione al Signor Dio che faccia che il libro sia fruttuoso

Instruzione delle donne maritate

Proemio. La causa perché sia stato scritto questo libretto
1. Che della benedizione delle spose si può comprendere qual sia l'ufficio della donna maritata
2. Lode e beni del matrimonio e come si conservino
3. Che la donna maritata dèe aver dilezione e pace et obedir al marito
4. Come la donna maritata dèe rendersi amabile e grata al suo marito
5. Come dèe esser savia e conoscer sé stessa
6. Della fedeltà e lunga vita
7. Che la maritata si dèe guardare che 'l demonio non pigli imperio di essa per gli acconci et abbellimenti
8. Che la celeste disciplina, che la santa Chiesa desidera nella donna maritata, è conoscer Cristo et i doni i quali il Spirito Santo ha portati al mondo
9. Dell'orazione
10. Della lezione e di fugire l'ozio
11. Come la maritata dèe trattare la sua famiglia
12. Come dèe governare i figliuoli
13. Della elemosina
14. Di portar la sua croce
15. Della carità
16. Epilogo del libretto

Ricordi di Monsignor Agostino Valier Vescovo di Verona lasciati alle monache nella sua visitazione fatta l'anno del santissimo Giubileo 1575

Dedica
1. Della fragilità della vita umana e della miseria del mondo
2. Che le fortezze del mondo sono li monasteri e che perciò il demonio cerca di distrugerle per puoter più liberamente tiranneggiare
3. Che cosa sia lo stato monacale
4. Che li monasteri sono stati instituiti principalmente per congiungersi con Dio e per amarlo quanto si può in questa vita
5. Che cosa sia amar Dio e come si nutrisce con la considerazione della passione di Cristo
6. Che oltra la considerazione de' benefici di Dio le tribulazioni mirabilmente nutriscono l'amore
7. Descrizione della perfetta monaca
8. Che sì come la vita di tutti così la vita delle monache sarà essaminata dal figliuolo di Dio nel dì del giudicio
9. Che nel giorno del giudicio si domanderà stretto conto d'ogni minima cosa e che il demonio sarà principal accusatore
10. Che la conscienza serà grande accusatrice sopra la considerazione della professione regolare
11. Come i santi Padri datori delle regole parleranno in favore delle buone monache et accuseranno quelle che averanno trasgredito
12. Come si deve temere che 'l Signore Gesù Cristo di sposo delle religiose non diventi suo accusatore nel giorno del giudicio
13. Come paternamente il vescovo difenderà le monache nel giorno del giudicio, essendo lor amorevol padre
14. Ritratto della buona monaca colorito
15. Miserie del peccato
16. Che la superbia allontana la creatura da Dio
17. Che l'invidia, le detrazioni e le maledicenzie fanno le creature demoni, e che perciò si deve avere gran custodia alla lingua
18. Utilità del silenzio
19. Che la monaca debbe fuggire i parlatori
20. Che l'ira e l'odio rendono deformi le creature
21. Che nelle religioni chi tien di proprio robba
22. Che per resistere al demonio debbono le monache attender alle mortificazioni e fuggir l'ozio
23. Che la carità fa i monasteri paradiso
24. Che le monache sono regine e compagne delli angeli, e le donne del secolo per lo più sono serve del mondo

25. Che nelli monasteri alcune sono più discepole di Marta che di Maria, et alcune più di Maria che di Marta; e come si deve elegger per superiori, per abbadessa o priora, quelle che stimano la superiorità una croce, come è
26. In che modo si debbono convertir a Dio quelle che non avessero ben osservate le regole della vita religiosa
27. Della compunzione
28. Che le monache devono frequentar il santissimo sacramento dell'eucaristia alli tempi consueti, facendo prima una buona confessione di tutti i loro peccati
29. L'autore si volta a Dio pregandolo per li monasteri, et esorta le monache a far orazione per lui

Instituzione d'ogni stato lodevole delle donne cristiane di Monsignore Agostino Valerio Vescovo di Verona

~

[a2ʳ]
Alla Clarissima Signora Viena Contarini,¹ Signora mia osservandissima.

Eccovi molto magnifica Signora Clarissima quello che Vostra Signoria ha tanto bramato, cioè i libri della instituzione e governo di [a2ᵛ] tutti i stati lodevoli delle donne composti da Monsignore Agostino Valerio degnissimo Vescovo di Verona mio signore. Il quale essendo io andato, secondo il mio solito, a visitare e per bona ventura ritrovatolo a leggerli e participandoli meco, per sua benignità, 'Per qual cagione — gli dissi con la [a3ʳ] riverenza che debbo — Vostra Signoria Reverendissima tiene ascoso questo tesoro? Niuno accende la lucerna e la mette sotto il moggio, ma sopra il candelliere, acciò che ella faccia luce a tutti che sono in casa.² Se colui nello Evangelio,³ per aver sotterrato un talento, è così acerbamente ripreso e castigato, che sarà [a3ᵛ] di coloro che li tre e li cinque nascondono? "Così risplenda la luce vostra in presenza degli uomini — dice il Salvatore — che vedano le vostre bone opere e diano gloria al Padre vostro che è in cielo".⁴ Quantunque Vostra Signoria Reverendissima abbi scritto quasi privatamente alle molto magnifiche sue sorelle⁵ [a4ʳ] et alla molto Magnifica Signora Andriana Contarini,⁶ e per loro a quelle puoche che paresse a sue signorie di communicarli, Vostra Signoria Reverendissima è persona publica, non data dal Signor Dio a puochi ma a tutti'. Tanto finalmente dissi e tanto lo pregai che me ne fece dono. Io, allegro di così prezioso acquisto, [a4ᵛ] lo portai via meco con animo di presentarlo, come faccio, a Vostra Signoria Clarissima e, per lei, a tutte le donne desiderose, ciascuna secondo il suo stato e condizione, di viver bene e castamente col timor di Dio, non solo in Venezia e Verona, ma in tutte le città d'Italia. Son certo che a Vostra Signoria saranno [a5ʳ] carissimi, non solamente

---

¹ Viena Gritti (Venice *c.* 1505), niece of the *doge* Andrea, married Paolo, son of Zaccaria Contarini, on 25 January 1525; they had three sons and four daughters. She is also the dedicatee of the preface of *Ricordi*.
² Luke 11. 33.
³ Matthew 25. 14–30.
⁴ Matthew 5. 16.
⁵ Donata and Laura Valier, dedicatees of, respectively, *Demesse* and *Maritate*.
⁶ Andriana Contarini, dedicatee of *Viduità*.

per conto suo, ma per tutta la sua amplissima et illustrissima casa, piena di ogni sorte e grado di donne vertuosissime. Vedrà trattarsi da un signor dottissimo e lodatissimo tutti questi soggetti con stile non affettato, non ambizioso, ma puro, semplice, paterno. Perciò [a5^v] che egli scrive come parla, parla di cuore e penetra nei cuori delli lettori et ascoltanti; con la sua dolcezza e gravità gli insegna, li move, li rapisce e persuade. E benché egli non piaccia a sé stesso, né mai resti satisfatto delle cose sue, piace nondimeno agli altri, et a tutti li boni piaccino [a6^r] e satisfanno le cose sue. E quantunque queste operette non siano da esser comparate con li grandi trattati dottissimi da Sua Signoria Reverendissima in latino composti,[7] nondimeno sono di manifesta utilità. Perciò che nel bon governo e vita virtuosa delle donne consiste non la metà, come altri crede, della [a6^v] perfezione e felicità delle case, delle città, delle repubbliche, delli regni e di ogni stato del mondo, ma quasi la somma del tutto. Imperò che (per non parlar ora delle monache e vergini claustrali e professe, le quali con le sue lampadi accese di viva fede et ardente carità vigilando, [a7^r] et aspettando il celeste Sposo con divote orazioni nelli suoi monasteri, a guisa di rocche e fortezze inespugnabili, difendono i popoli dall'ira divina, dalle pestilenze, dalla fame, dalle guerre, dalli peccati; del qual stato di vergini questo sapientissimo Vescovo con altre opere che sono già [a7^v] in essere, ma per ragionevoli rispetti verranno in luce appartate, tratta difusamente),[8] essendo esse donne bene instrutte, governono bene le case loro, instituiscono bene i figliuoli, agevolmente alla pietà et ad ogni virtù inducono i mariti, i parenti e le famiglie, delle quali consistono tutte [a8^r] le università.[9] Onde di questa fatica riuscita, come ho detto, quasi a caso ma certo per volontà di Dio, spero sia per nascere forse non minor frutto delle anime e gloria di Sua Divina Maestà, che dalle molte e grandi composizioni latine di questo santo Vescovo; il quale maravigliosa cosa è come [a8^v] — essendo occupatissimo in così gran governo, in audienze continue, in prediche publiche, in perpetue visite di tutte le sue chiese, sì della città, sì della diocesi, delle monache, degli ospitali, delli derelitti, delle derelitte,[10] delli seminari, abbia tempo di leggere e scrivere — legge tuttavia, e nell'una [a9^r] e l'altra lingua scrive tanto che è quasi miracolo che egli possa attendere ad altro. E pure attende a tutto e fa ben tutto, con le vigilie e sobrietà allongandosi il tempo e la vita a beneficio publico. Vostra Signoria Clarissima, insieme con tutte quelle persone pie che riceveranno frutto dalla lezione [a9^v] di queste degne operette, preghino il Signor Dio per Sua

---

[7] For the Latin production by Valier cf. *Introduction*, § 2.
[8] The author refers to *Ricordi*.
[9] *Università*: societies as a whole.
[10] The Opera dei Derelitti was founded by Valier himself in Verona in 1572, as confirmed by the *Ordini e capitoli del governo delli Derelitti, instituito nella magnifica città di Verona l'anno 1572* (Verona: Sebastiano e Giovanni dalle Donne, 1573). The aims of this social institution were to teach Christian doctrine to poor young children, and to help them find work. The Opera delle Derelitte, for young girls, was founded the following year.

Signoria Reverendissima, acciò che Sua Divina Maestà le accresca di continuo, con longa vita e perfetta sanità, il bon spirito e desiderio di giovare il prossimo a gloria Sua.

Di Vostra Signoria Clarissima umilissimo servitore

Pierfrancesco Zino canonico di Verona[11]

---

[11] Pietro Francesco Zini (c. 1520), canon in Verona: he was the editor of the books for women by Valier, but also the author of Latin works (such as *De philosophiae laudibus oratio, quam habuit in Gymnasio Patavino, cum publicum philosophiae moralis interpretandae munus aggrederetur, idibus novembris 1547* (Venice: Giovanni Griffio, 1547); *De legum et iuris laudibus oratio Patavii habita XV Kalen. Novembris 1549* (Padua: Giacomo Fabriano, 1549); *Boni pastoris exemplum ac specimen singulare* (Venice: Giovanni Battista e Melchiorre Sessa, 1556)), and the editor and translator of texts by Fathers of the Church, such as St. Gregory of Nazianzus, St. Gregory of Nissa, St. Ambrose, St. John Damascene, St. Ephrem.

[A1r]
Di Monsignor Agostino Valerio Vescovo di Verona a Madonna Donata Valeria sua sorella

Del modo di vivere delle vergini che si chiamano demesse

Proemio.

Madonna Laura Gradenigo, nostra sorella,[1] mi ha salutato in nome vostro[2] e m'ha riferito come vivete allegramente,[3] andando ogni giorno inanzi nella via del Signor Dio, procurando l'onore di Sua Divina Maestà e la buona educazione delli figliuoli di nostro fratello. Di che non potrei facilmente scrivere quanta [A1v] allegrezza io abbi sentito e quante volte n'abbi ringraziato e tutta via ne ringrazi la Divina Bontà, che v'ha donato così buon spirito per farvi poi partecipe di quell'eterna patria, della Sua visione, del santo paradiso, e per indrizzar forse col vostro mezo dell'altre creature, principalmente della nostra casa, al medesimo camino. Mi ha in longo ragionamento la sopra detta Madonna Laura molto modestamente richiesto per nome vostro ch'io volessi (poiché son solito prendere qualche delettazione dello scrivere) spendere alcune poche ore per sodisfare al gran desiderio ch'avete d'intendere da me distintamente il modo ch'avete [A2r] da tenere nella vocazione, alla quale sete chiamata dal nostro Padre celeste, di vivere castamente, avendo donato al Signor Gesù Cristo, come a vero sposo et a vero re, il cuor vostro. Ho giudicato non poter con buona conscienzia differire a compiacervi in così giusta dimanda. E perciò, se ben mi trovo molto occupato nell'importantissima cura che porta seco questo ufficio di vescovo, tuttavia ho voluto (lasciati da parte alcuni altri studi pertinenti al servizio di Dio)[4] pigliare questo carico di scrivere a voi, pensando di fare cosa ancora che sia in servizio di Sua Divina Maestà, e dare insieme consolazione a voi, la qual amo cordialmente [A2v] come figliuola, potendo dir in verità d'esser sempre stato da voi onorato et obedito come padre. E tanto più volentieri mi son mosso a scriver questo libretto, quanto che per aventura potrà essere che le vostre sorelle in Cristo e compagne in questa santa vita, delle quali intendo esser non piccol numero, potranno prenderne qualche utilità; onde mi contento che quanto scrivo a voi possiate communicare con esse. E se piacerà a il Signor Dio che questa fatica non sia infruttuosa in alcune anime di Venezia, Sua Divina Maestà m'averà fatto gran

---

[1] Laura Valier, the sister of Agostino, wife of the Senator Giorgio Gradenigo, is the dedicatee of *Maritate*.
[2] Donata Valier, the sister of Agostino and an Ursuline sister in Venice, lived in the house of her brother Giovanni Luigi, teaching his sons.
[3] allegramente] consolata *Demesse*, 1577.
[4] Presumably all the texts written or published by Valier in 1575, the year of the first edition of the *Instituzione*: the *Ricordi*, but also the *Episcopus* and the *Cardinalis* (cf. Introduction, § 2).

favore che insieme io abbia compiaciuto a voi e fatto qualche beneficio alle devote anime della mia patria.

[A3ʳ]

>   1. Che le donne sono create da Dio capaci della vita eterna e
>   gli sono concesse le potenzie dell'anima come agli uomini.

Prima voi sapete, sorella, quel che dèe sapere ognuno: che è venuto per noi al mondo il figliuolo di Dio, ha patito, è morto, è risuscitato, la celeste patria è preparata a tutti ugualmente. A voi donne è stato dato intelletto per conoscere la potenzia, sapienzia e bontà di Dio; memoria, per ricordarvi tanti e così grandi benefici che ha fatto e fa tuttavia al genere umano; la volontà, acciò che obediate alli santissimi Suoi precetti; e finalmente, così a voi donne, come a noi [A3ᵛ] uomini, è stata concessa la lingua acciò che si laudassi il Signore, Padre delle misericordie e Dio di tutte le consolazioni.

>   2. Le donne avanzano spesse volte gli uomini
>   nell'umiltà e devozione et in molte altre virtù

È vero che grande è la debolezza del vostro sesso, della quale avendo compassione la Divina Bontà per vostro conforto e per confusione[5] di molti di noi, li piace donar alle donne molte volte maggior umiltà e più fervente devozione. Onde nasce che molto maggior numero di mariti o di fratelli si convertono e diventano buoni per mezzo delle [A4ʳ] mogli e delle sorelle; se ben pare che doverebbe esser il contrario, avendo il Signore fatto l'uomo capo della donna.[6] E si vede ch'il timor del peccato, lo spavento dell'inferno, principi necessari al ben vivere, si scorgono di gran lunga più nelle donne che negli uomini, perché sono solite più frequentamente raccomandar le case loro al Signore, confessarsi, communicarsi, udir la parola di Dio, esser intente alle pie e sante opere; la qual cosa si potrebbe confirmare con l'essempio di quella città nella quale si vede che il Signore Dio si degna adoperare alcune Sue serve, per instrumenti della Sua gloria e per salute di sé stesse, negli ospitali, nei [A4ᵛ] quali abita Cristo, nelle Zitelle, che è pur casa di Cristo, essendo signore e sposo delle vergini, nella dottrina cristiana, nella quale è maestro e capo il medesimo Signor nostro.[7]

---

[5] In the print *confusiosie* (already corrected in *Demesse*, 1577).
[6] Ephesians 5. 23.
[7] Valier refers to certain Venetian charities, including the Casa delle Zitelle, founded in 1559 by three Venetian noblewomen: Isabetta Grimani, Isabetta Loredan and Adriana Contarini. The aim of the Casa delle Zitelle was to help poor unmarried young girls, saving them from prostitution.

3. Che non si dèe tornare a dietro nella via del Signore.

Ma quanto sono maggiori le grazie c'ha fatto e fa il Signor Dio al vostro sesso, e quanto più grandi sono stati i favori che questi ultimi anni s'è degnato mostrare ad alcune Sue serve della nostra patria, tanto più dovete voi, che per divina grazia nel loro numero sete stata chiamata, stare vigilante di non tornar a dietro nella via dello spirito, di non lasciarvi [A5ʳ] prender dal sonno della tepidezza. 'Torna a dietro nella via del spirito chi non va inanzi', disse un Santo.[8] S'adormenta facilmente chi non tiene aperti gli occhi, chi non si guarda dalle insidie del nemico commune, chi non ha per sospetto questo mondo insidioso, chi non s'aiuta con la considerazione delle proprie miserie, con la santa orazione, con la frequenzia delli santissimi sacramenti, potentissimi rimedi per le quotidiane nostre infermità nelle quali tutti incorriamo.

[A5ᵛ]

4. De' quattro stati laudabili delle donne.

Perché delle sopra dette cose dirò più distesamente, ora prima ch'io vi metta inanzi quelle cose che giudico convenirsi allo stato della vita vostra (che è di vergine di Dio e sposa di Gesù Cristo fuori del monasterio, nella vostra casa), voglio che consideriate, fra li quattro stati laudabili di donne (lasciando il quinto, che è stato infelicissimo, di quelle che vivono in disgrazia di Dio, contra la Sua santa legge, vicine, se non s'emendano, all'eterna dannazione),[9] ch'il vostro è in secondo grado perfetto, perciò che nella Chiesa di Dio sono alcune maritate, alcune vedove, [A6ʳ] alcune vergini, e tra le vergini alcune han fatto voto e si sono chiuse nelli monasteri, alcune vivono fuori nelle proprie case.

5. Del primo stato laudabile e dell'eccellenza del voto solenne.

Senza dubbio quelle donne c'hanno offerto il cuor loro a Dio e che hanno offerto (come dice Santo Anselmo)[10] l'arbero con i frutti, sono le più dilette spose di Cristo; e si può dire ch'in comparazione dell'altre siano ridotte più vicine al porto del tempestoso mare di questa travagliosa vita. E, come dicono i santi Dottori, è molto più nobil una cosa che si fa per voto che la [A6ᵛ] medesima fatta senza voto solenne:[11] perché dipende da più eccellente virtù, come è la castità delle monache, che ha origine da un atto di religione e da una virtù che si chiama latria, la quale è più nobile che non è la temperanzia, della quale nasce la medesima virtù di

---

[8] St. Augustine, *Sermones ad populum*, 169, 15, 18; the same passage is quoted in *Ricordi*, § 10.
[9] (lasciando [...] dannazione)] omitted in *Demesse*, 1577.
[10] St. Anselm, *De humanis moribus per similitudines (De similitudinibus)*, 8, 4; the same passage is quoted in *Ricordi*, § 10.
[11] St. Thomas Aquinas, *Summa theologia*, 2-2, 88, 6.

castità in quelle che non hanno fatto professione. Scrive un Santo[12] che li monasteri (se quelle persone che v'abitano sanno vivere in pace e carità) si possono domandare paradisi. Et una buona monaca può dire di cominciare in questa vita a gustare la dolcezza del paradiso, della patria celeste, ragionando ogni dì tante volte col Signore nel coro, dove Egli si diletta [A7ʳ] d'abitare, et avendo tante commodità d'inalzarsi e conversare con la mente in cielo, essendo libera a fatto delle perturbazioni e dalle miserie di questo mondo; dalle quali difficilmente possono esser libere quelle che abitano nelle proprie case dove, portando nuovi accidenti di questo mondo instabile sempre nuove cagioni o di dolore o d'allegrezza, o di speranza o di timore, e potendosi difficilmente in mezo il mare passare quietamente e senza nausea, per questa causa (e per molte altre che sarebbe longo e non molto a proposito dire) bisogna confessare[13] che le monache siano carissime spose di Cristo, spose e sorelle amantissime, [A7ᵛ] veramente regine, vivendo così quietamente col Re dei re, col Signor de' signori. Sono più tosto creature angeliche che umane, se conoscono il loro felice stato, se servano li santi voti d'obedienzia, castità e povertà, se vivono da monache, da sorelle e da spose di Cristo.

6. Della monica professa.

Monica vuol dire solitaria, vuol dire ritirata per piangere i peccati propri e degli altri. Esser sorella di Cristo vuol dire: riconoscere un medesimo Patre Dio, la medesima madre santa Chiesa; servare le medesime leggi, cioè le istesse regole delli padri [A8ʳ] Sant'Agostino o San Benedetto; procurar sempre l'onore della medesima casa di Dio, che è il monasterio; non aver cosa propria; sopportare et avere compassione l'una dell'altra. Sposa di Cristo è quella che si conosce regina dei suoi affetti, che quanto manco può si parte dal suo re e dal suo sposo che li parla quotidianamente in coro e nella sua cella, che fugge tutte quelle cose che potessero impedire i santi colloqui del suo sposo e signore, non aspetando da altra parte consolazione, stimando cosa molto indegna e molto pericolosa amare con Cristo alcuna cosa abietta e terrena. Preghiamo Dio, sorella carissima, che le monache nostre [A8ᵛ] parenti siano della maniera che ho detto, conoschino quello che vuol dire esser monaca e — per l'impedimento di qualche affetto umano, curiosità o poca pazienzia, e finalmente per lo difetto e poco spirito, non conoscendo la nobilissima condizione alla quale sono state chiamate da Dio — non siano più misere dell'altre donne e si vadino più allontanando dall'eterna quiete, facendo (come si suol dire) naufragio in porto. E non solo dobbiamo pregare per quelle che ci sono congionte di sangue, ma per tutte ch'abitano nelli monasteri: affinché nostro Signore Dio sia glorificato, et acciò le misere, vivendo

---

[12] Ps. St. Jerome, *Regula monacharum*, 1; the same passage is quoted in *Ricordi*, § 29.
[13] confessare] affirmare *Demesse*, 1577.

senza carità e pace, non siano rifiutate [A9ʳ] dallo sposo loro e non incomencino in questa vita a sentir parte delle pene dell'inferno. Perciò che (come diceva San Ieronimo),[14] li monasteri senza pace, senza osservazione della regola, molto propriamente si possono chiamare inferni, essendo senza pace e senza carità destitute dalla presenzia di Cristo e prive d'ogni consolazione. Desidero sommamente e prego dal Signor Dio che li monasteri dove abitano le vostre siano simili a questi qui di Verona, nelli quali essendo entrato quattro[15] volte nel tempo di questo mio governo episcopale, posso dire con verità d'essere ritornato sempre consolato, avendo potuto, con l'essempio delle mie figliuole, accendermi [A9ᵛ] allo spirito et alla devozione; et avendo avuto occasione di ringraziare (come ho fatto) la Divina Maestà che si degna conservar tanto numero di persone, con tanto spirito e con tanta carità, dalle orazione delle quali io sono per riceverne grand'aiuto. E dall'essempio loro li monasteri delle città circonvicine debbono essere eccitati a conservar la santa religione. Delle cose che si ricercano in una monaca e d'alcune usanze di questi monasteri forse ch'io scriverò un libretto alle vostre nezze,[16] prima che entrino nel monasterio: per ora basterà questo c'ho detto, acciò che voi e le vostre compagne sappiate che più nobile è lo stato delle monache che [A10ʳ] non è il vostro; et alquanto più accetto è il presente che esse hanno fatto al Signore della castità e voluntà loro, che non è di quelle che tuttavia abitano nelle proprie case.

7. Lo stato delle demesse è grato a Dio et utile alla santa Chiesa.

È cosa certa che lo stato vostro è gratissimo al Signore Dio, e Sua Divina Maestà si compiace mirabilmente della risoluzione che avete fatto di servirlo come potete fare in molte maniere fuora dal monasterio. Et in verità questa sorte di vergini, serve di Dio — che in alcune città si chiamano compagne della benedetta Compagnia di Santa Orsola,[17] in alcune altre [A10ᵛ] si nominano della Compagnia della Madonna,[18] con altro nome si dicono demesse[19] — è molto fruttuosa nella Chiesa di Dio, perché con le loro orazioni placano molte volte l'ira della Maestà Sua contra alcune case mal governate dalli padri e madri di famiglia,

---

[14] Ps. St. Jerome, *Regula monacharum*, 1.
[15] quattro] più *Demesse*, 1577.
[16] *Nezze*: nieces (Venetian word).
[17] The Company of St. Ursula, founded in 1535 by Angela Merici in Brescia, which became, under the influence of Carlo Borromeo, the most important instititution for catechistic teaching. The Company of St. Ursula in Verona was founded in 1586 by Valier himself, who also signed the prefatory letter to the *Regola della Compagnia della vergini di S. Orsola fatta nella magnifica città di Verona l'anno del Signore 1586* (Verona: Girolamo Discepolo, 1594).
[18] The Compagnia della Madonna in Verona, another pious institution for women named once more in this treatise (with the Company of St. Ursula: see below, § 15), but also in *Viduità*, §§ 8 and 32, and in *Maritate*, Proemio.
[19] As already mentioned (see *Introduction*, § 3.1), with the word *demesse* Valier does not refer to the Congregazione delle Dimesse, founded by Antonio Pagani in Vicenza in 1579.

che non temono Dio. Con la loro devozione e frequenzia de' santissimi sacramenti confondono molte volte i padri e le madri e le riducono al Signore; aiutano li fratelli e sorelle maritate, spesse volte innamorate pazzamente del mondo; amaestrano li figliuoli nelle case et in un certo modo vengono a fare beneficio al mondo instruendo nelli principi della pietà cristiana quelli che sono chiamati a governar [A11ʳ] altri; e finalmente queste tali diventano maestre delle vicinanze, coadiutrici dei parrochi e dei vescovi, ministre di Cristo negli ospitali dove giacene i poveri, e sono come camariere di Sua Divina Maestà nelle case dove si degna abitare con le Sue sante grazie. Giovano incredibilmente le monache alle città con l'orazione, perché si può dire che li religiosi et i contemplativi siano come gli occhi e l'altre sorte di persone come membri inferiori: ma sì come per conservazione del corpo, se bene gli occhi sono più nobili, aiutano anche mirabilmente le mani alla conservazione di tutto il corpo, così le vergini che abitano nelle città, se ben non sono di tanta [A11ᵛ] perfezione, sono però di grandissimo beneficio all'anime, e si possono chiamare per lo più discepole di Marta, la qual è stata favorita serva di Cristo, se ben più di lei è stata laudata Maria.[20]

8. Dello stato delle vedove.

Le vedove sono molto grate al Signore, quelle che sono veramente vedove; e perciò cantava David: 'Benedicendo, benedirò la vedova'.[21] E l'Apostolo San Paolo commanda che s'onorino.[22] La santa vedova Giudit fu gratissima a Dio;[23] e nel santo Evangelio di San Luca si lauda mirabilmente quell'Anna, figliuola di Fanuel, che fu vedova sino alli 84 anni e [A12ʳ] mai si partiva dal tempio, servendo con digiuni et orazione.[24] E la ragione che siano nel terzo ordine è perché facilmente possono congiungersi in spirito col Signore. Onde diceva l'Apostolo: 'La donna non maritata pensa come dèe esser casta di corpo e di spirito; la maritata pensa le cose del mondo e come possi piacere al marito'.[25]

9. Dello stato delle maritate e loro travagli, e come possono seguitar Cristo.

Il santo[26] matrimonio fu ordinato da Dio e confirmato da Messer Gesù Cristo et instituito sacramento come[27] gli altri sacramenti. Le donne maritate sono

---

[20] Luke 10. 38-42; the model of Martha is also mentioned in *Viduità*, §§ 8 and 25, and in *Ricordi*, § 25.
[21] Psalms 132 (131). 15.
[22] 1 Timothy 5. 3.
[23] Judith 8-16; the model is also mentioned in *Viduità*, §§ 2, 5, 8, 11, 15, 22, 24.
[24] Luke 2. 36-37; the model is also mentioned in *Viduità*, §§ 2, 5, 9, 11, 24, 32.
[25] 1 Corinthians 7. 34; the same passage is quoted in *Viduità*, § 3.
[26] In the print: *sento*.
[27] e confirmato [...] come] et instituito sacramento da nostro Signore Gesù Cristo come *Demesse*, 1577.

chiamate da Santo Agostino 'madri del popolo di [A12ᵛ] Dio',²⁸ e debbono essere aiutate dall'orazioni delle vergini e delle vedove, poiché sono circondate da tanti travagli in questa maniera di vita. Perché (come scrive San Basilio)²⁹ l'angustie del parto sono grandissime, le molestie che patiscono per causa de' mariti sono moltissime:³⁰ se sono buoni temono della morte d'essi e di rimaner prive di tanto bene; se cattivi non sanno che desiderare, essendoli gran croce vivere sotto domestica tirannide, e pensando alla loro morte hanno in orrore la viduità, alli incommodi della quale, quando pensano, sentono affanno incredibile. Nella educazione de' figliuoli e nelli pericoli della vita alli quali sono sottoposti quanti [B1ʳ] cordogli sentono le misere madri? E se riescono (come talvolta avviene) uomini di mali costumi, come vivono sconsolate e misere? Questo poco discorso s'è fatto acciò, sorella, non cessiate mai di ringraziare il Signore che v'ha dato tanto del Suo spirito, ch'abbiate saputo risolvervi di conservarvi così prezioso tesoro della santa verginità; e che abbiate eletto di vivere (quanto comporta l'infermità umana) una vita angelica, ché tale è la vita delle vergini, più nobile porzione del gregge di Cristo e fiore di questa semenza ecclesiastica. Onde potrete voi, con l'aiuto del Signore (che non manca a chi gli ha donato il cuore), seguire l'agnello immaculato, il figliolo [B1ᵛ] di Dio, ovunque anderà, in compagnia di tante altre vergini che lo seguono. Potrete seguirlo ancora fin³¹ dove possono le vedove e le maritate: le quali, benché buone e sante, non lo possono però seguire mentre camina con l'ornamento e con la regia veste della verginità. Possono queste (come ben diceva Sant'Agostino nel libro *Della santa virginità*)³² seguire, cioè imitar Cristo fatto per noi povero, acciò che diventassimo ricchi delle ricchezze spirituali, con la povertà dello spirito, con l'umiltà, con la simplicità.³³ E sappiate che alcune l'imitano nella mansuetudine, imparando da quelle parole: 'Imparate da me che sono umile e mite di cuore';³⁴ alcune piangendo come [B2ʳ] Egli pianse sopra Ierusalemme;³⁵ altre avendo fame e sete della giustizia, sì come ebbe il Signore dicendo che 'l Suo cibo era fare la volontà del Padre.³⁶ Si può similmente da queste imitar il Signore che diede aiuto a quello che da' ladri fu lasciato nel mezo della strada³⁷ semivivo,³⁸ avendo compassione e servendo alli

---

²⁸ St. Augustine, *De sancta virginitate*, 1; the same passage is quoted in *Maritate*, § 2; but cf. also *Viduità*, § 2.
²⁹ St. Basil the Great, *De vera virginitatis integritate*, 23.
³⁰ moltissime] assaissime *Demesse*, 1577.
³¹ ancora fin] omitted in *Demesse*, 1577.
³² St. Augustine, *De sancta virginitate*, 28, which is the source of all the following quotations.
³³ II Corinthians 8. 9.
³⁴ Matthew 11. 29.
³⁵ Luke 19. 41–44.
³⁶ John 4. 34.
³⁷ Luke 10. 30–35.
³⁸ semivivo] mezo morto *Demesse*, 1577.

poveri, che nel pelegrinaggio di questa vita tanti incommodi sentono et a tanti pericoli sono esposti, così nelli bisogni del corpo, come dell'anima, che sono maggiori e più importanti. Possono ancora, sostentate dalla divina grazia, alcune anime elette, con la purità e mondizia del cuore imitare quello[39] c'ha detto: 'Beati li mondi di cuore, nella cui bocca [B2ᵛ] mai s'è ritrovato inganno',[40] essendo elle pacifiche e tolerando le imperfezioni de' padri, madri, sorelle, fratelli, parenti, seguendo il Signore che disse: 'Beati i pacifici', e pregò per quelli che più lo travagliarno.[41] Alcune altre donne sante, che per frequentare li santissimi sacramenti sono chiamate spesse volte ipocrite e sono perseguitate[42] da quelli che più le dovrebbono amare, seguono quel che disse: 'Beati quelli che patiscono per la giustizia',[43] e che ha tanto patito per noi nel legno della croce.[44] Ma, sorella, non possono seguire l'agnello ovunque va, poiché hanno perduto il tesoro della virginità, il qual perduto non si può racquistare. È ben d'avertire (come scrive San Ieronimo)[45] [B3ʳ] che nissuno può seguir il Signore quando camina con l'ornamento della virginità e va innanzi per dare quella corona, quel premio conveniente, se non l'ha prima seguitato nelle virtù numerate di sopra, nella povertà dello spirito, nella mansuetudine, nel pianto, nella misericordia, nella fame e sete della giustizia, nella mondizia del cuore, nell'animo pacifico, nella toleranzia delle persecuzioni. Onde avviene che molte vedove, molte maritate umili, mansuete, quiete e zelanti dell'onor di Dio, siano più grate a Sua Divina Maestà che alcune vergine superbe, vane, iraconde, curiose, le quali potendo essere spose di Gesù Cristo, e per consequenzia regine e più felici [B3ᵛ] delle altre in questa vita, diventano serve del demonio e vivono miseramente con poca speranza di goder mai l'eterna pace.

10. Come si custodisce la virginità del cuore.

Consistendo questo precioso tesoro della virginità principalmente nel cuore, è da custodire diligentemente, e hannosi da tenere (come dice il Savio)[46] ben chiusi i passi: perché quanto le vergini sono più care a Dio e più congiunte con Cristo Signor nostro, vivendo nello stato che Sua Maestà ha voluto vivere et imitando la Madre di Dio, tanto più il nemico del genere umano si sforza d'entrare in questa rocca del [B4ʳ] cuore per vie occulte e di vincere in qualche maniera. Studia l'inimico entrare per gli occhi nel cuore delle vergini, invitandole alle vanità, ai

---

[39] quello] colui *Demesse*, 1577.
[40] 1 Peter 2. 22.
[41] Luke 23. 34.
[42] perseguitate] ingiuriate *Demesse*, 1577.
[43] Matthew 5. 10.
[44] 1 Peter 2. 21.
[45] St. Jerome, *Epistolae*, 22, 3.
[46] St. Basil the Great, *Liber de virginitate*, 4.

luochi publici, agli spettacoli, ai conviti de' parenti, le quali cose molto prudentemente fa la demessa a fuggire, alzando gli occhi al cielo e considerando che quella è la patria sua e che ivi ha da sentire i piaceri perpetui e veri, non brevi e falsi come sono i piaceri del mondo. E quando è necessario che vada in publico per andare alla chiesa, alla santa messa, alle prediche, si convien alle vergini tener gli occhi bassi, dimostrando in verità d'andare per la strada come pelegrina in questa vita, la qual non è altro che una [B4^v] peregrinazione: miseri noi che l'amiamo tanto e ci dilettiamo in modo di questo viaggio e di questo essilio che ci scordiamo della patria nostra, la qual ha da essere (se non saremo nimici di noi stessi) il santo paradiso. S'affatica ancora il demonio d'entrare nel cuor delle vergini per l'orecchie, suggerendo maliziosamente una certa dolcezza che suole avere il mondo pazzo, udendo i fatti d'altri e più volontieri l'imperfezioni e le miserie dal prossimo che le buone qualità e le prosperità. Onde è molto a proposito che la demessa abbi custodia all'orecchie: non ascolti né fratelli, né sorelle, né cognati, né parenti che parlino cose che non siano in onor di Dio o di qualche [B5^r] utilità all'anima sua. Studi di troncar i ragionamenti col silenzio, non rispondendo o entrando modestamente in altro proposito più fruttuoso per l'anima di chi parla e di chi ascolta. È cosa disdicevole a serva di Dio dilettarsi d'odori, il che sminuisce grandemente l'estimazione che seco apporta lo stato virginale. Onde da tutti quegli odori che possono essere odorati da altri dèe astenersi, sì perché in quella maniera il demonio cerca d'entrare nel cuore delle vergine, sì ancora per non dar scandalo a quelle persone con le quali gli occorre parlare. Ha parimente da tener custodita la strada del gusto e prender il cibo necessario per conservazion della vita, e contentarsi [B5^v] delli più vili e più ordinari cibi che si trovano: perché la sobrietà è custode di molte virtù e chiude mirabilmente la strada al demonio, ché non entri a far preda del cuore nostro; e principalmente userà il vino molto temperatamente. Quanto al tatto, che è il quinto sentimento, diceva San Ieronimo in una epistola che scrive ad una vergine romana delle principali di quel tempo: 'Quel che maneggia la vergine sia un ritratto, una pittura di croce';[47] e perciò la demessa, la qual ha da esser specchio alli altri in tutte le cose, ha da mettere in essecuzione il ricordo di quel santissimo uomo[48] Dottore della Chiesa. Per nissuna via è più pericolo che si possi entrare per [B6^r] prendere questa rocca del cuore che per la lingua, essendo tanto pericolo d'offender Dio con quel membro che ci ha dato acciò che lo ringraziassimo: e però ha da guardarsi di non parlar mai in offesa di Dio in dettrazione del prossimo né per essaltazione de sé stessa. Et abbia sempre questa considerazione: ch'il Signore del cielo e della terra e Creatore nostro ha serrato la lingua dentro a due

---

[47] Valier refers, misunderstanding or misquoting, to the letter St. Jerome wrote to Eustochium: St. Jerome, *Epistolae*, 22, 37: 'Ad omnem actum, ad omnem incessum manus pingat Domini crucem' ('At every action, at every step, let thy hand depict the cross of the Lord').
[48] uomo] omitted in *Demesse*, 1577.

muri, uno di denti, l'altro di labra, e ci ha dato due orecchi; e con questa considerazione impari a parlar poco et ascoltar molto quelli che possono insegnare cose utili e fruttuose. Gran vituperio d'una vergine demessa è d'esser garrula e non aver imparato a domar la lingua, [B6ᵛ] sì come per contrario la modestia del silenzio opportuno apporta grandissimo ornamento, non solo alle vergini, ma eziandio a tutte le donne; e perciò scrive Santo Ambrosio a sua sorella Marcellina narrando i costumi della beata Virgine madre di Dio — nell'imitazione della quale consiste la perfezion delle donne e delli uomini ancora — che la Regina del cielo, nostra avvocata, parlava molto poco, leggeva assai, era intenta all'opera, vereconda, non ricercava altro arbitro[49] nelle Sue azioni e ne' Suoi pensieri che Dio, e finalmente non sapeva uscir di casa e non sapeva altra strada che quella che conduceva al tempio; era umile, cedeva a tutte, cara alle [B7ʳ] più vecchie, grata alle uguali, ammirabile a ogni stato di donne, tanta è la forza dell'umiltà e de' santi costumi.[50] Mirabilmente giova ancora a custodire il cuore della demessa s'ella conoscerà sé stessa e penserà che è fatta ad imagine e similitudine di Dio, redenta col preziosissimo sangue dell'unigenito Suo figliuolo Signor nostro Gesù Cristo, fatta partecipe della vita angelica quanto comporta l'infermità umana,[51] chiamata a conseguire quella corona nella celeste ierarchia; e, s'appresso questo, dall'altro canto considererà che tutte queste grazie l'ha da Dio, e che per sua natura è di terra, che questa nostra vita è un fumo et un'ombra e che in poco spazio di tempo [B7ᵛ] tutti abbiamo a finire questo corso; e finalmente se considererà che si chiama demessa, che non vuole dir altro ch'abbassata et umiliata sotto la man di Dio e sotto la cura di Sua Divina Maestà.

11. Delle virtù della demessa, e prima dell'umiltà.

Dice il savio Salomone che dove è l'umiltà, ivi è la sapienzia:[52] il che essendo verissimo, quelle che veramente sono demesse, cioè umili, si possono chiamar savie; e tanto le maritate e le vedove sono savie e grate a Dio, quanto veramente sono demesse, quanto sono umili e conoscono la miseria di questo mondo. La prima virtù adunque delle vergine [B8ʳ] demesse è l'umiltà, la quale ha da essere accompagnata dall'obedienza, dalla devozione, dalla discrezione e dalla carità. La vera umiltà è una inclinazione e quasi genuflessione della mente nel cospetto di Dio, sempre venerandolo;[53] e la causa d'essa nasce (come s'è detto)[54] dalla considerazione di noi stessi. Segni d'umiltà sono questi: amare le persone umili

---

[49] arbitro] giudice *Demesse*, 1577.
[50] St. Ambrose, *De virginibus ad Marcellinam sororem suam libri tres*, 2, 2, 7–9. Valier will translate another passage of this text at the end of the treatise: see below, § 26.
[51] quanto [...] umana] omitted in *Demesse*, 1577.
[52] Proverbs 11. 2.
[53] venerandolo] onorandolo *Demesse*, 1577.
[54] See above, § 3.

e dilettarsi della loro compagnia; fuggire d'esser laudata; allegrarsi del dispreggio di sé stessa, come fece David che, udendo che si diceva male di lui, rispondeva: 'Lassa che dica male, perché il Signore gli l'ha concesso'.[55] Segno d'umiltà è se voluntieri fa essercizi vili: in questa maniera si mostrò umile [B8ᵛ] Abigail quando, richiesta per moglie da David, disse: 'Ecco la sua fantesca per lavare li piedi delli suoi servi'.[56] E similmente possono dimostrarsi le donne demesse umili facendo nelli bisogni ogni sorte di servizi in casa. Si dimostra anco umile chi accetta voluntieri li consigli,[57] perché (come scrisse San Gregorio)[58] se non si credesse migliore non metterebbe inanzi il suo conseglio al conseglio degli altri, non vivrebbe (come si suol dire) di suo cervello. Un altro segno è quando non si teme di restar confusa presso agli uomini, e questa grazia è concessa a quelle creature che cercano la gloria di Dio. Finalmente tener ascose le virtù che s'hanno è segno d'umiltà, et obedire [B9ʳ] voluntieri com'ha fatto il Signor nostro Gesù Cristo, il qual è stato obediente fino alla morte della croce; e la cagione è stata perché s'era umiliato, s'era essinanito,[59] volendo dimostrarci che l'umiltà è causa dell'obedienzia.

12. Dell'obedienzia.

Si può dire con verità che l'umile sia obediente, anzi par che siano sorelle nate ad un parto umiltà et obedienzia.[60] L'obedienzia è necessaria virtù, perciò che conserva l'altre; oltra che dipendere da sé stesso, dal proprio parere, negli uomini è cosa molto pericolosa, e molto più nelle donne. E però le demesse hanno da dipender in tutto da Dio e dalli [B9ᵛ] Suoi santi precetti, e poi dalli Suoi ministri, e principalmente dal confessore. E sì come un segno principale che l'infermità sia mortale è quando l'infermo non vuole ammetter il medico o, ammesso, non gli vuole obedir in alcuna cosa, così parimente si possono chiamare infermi a morte quelli che non si curano degli medici spirituali e non gli obediscono. Con tanto maggior diligenzia s'hanno da cercare i buoni confessori di quello che si cercano li buoni medici, quanto è più nobile l'anima del corpo. Uomo dotto ha da esser il confessore, che sappi conoscere l'infermità e sappi darli convenienti rimedi. Ma la dottrina poco giova se non è congiunta con la bontà [B10ʳ] della vita e col zelo di giovar alle anime e di condurle al Signore. Si ricerca ancora, nel padre spirituale, una certa prudenzia o giudizio, che vogliamo dimandare,[61] il quale non si può facilmente imparare, ma è particolar dono di Dio, di saper

---

[55] II Samuel 16. 10.
[56] I Samuel 25. 41.
[57] li consigli] l'altrui consigli *Demesse*, 1577.
[58] St. Gregory the Great, *Regulae pastoralis liber*, 3, 18.
[59] *Essinanito*: abased, humiliated.
[60] A similar statement is in *Maritate*, § 8.
[61] che vogliamo dimandare] omitted in *Demesse*, 1577.

compatire alle miserie umane, medicare così destramente che l'infermo riceva la medicina e se la pigli voluntieri. Giova ad acquistare questo giudicio l'età et il longo uso che qualche buon servo di Dio abbi d'udire le confessioni: e perciò devono le demesse pensare molto a questa elezione e pregar il Signore d'esser ben indirizzate, perché veramente nella elezione del confessore consiste gran parte del profitto [B10ᵛ] che fanno l'anime nella via di Dio. Averebbe ad esser dotto, buono, essercitato in quel santo essercizio, più tosto vecchio che giovane, se ben (come scrive un Savio)[62] poco s'importa che sia giovane d'età e vecchio di costumi. Ho praticato io giovani santi et essendomi confessato con essi loro ho riconosciuto ammirabile giudizio et un consiglio senile. Nondimeno sarà sempra più sicura cosa e più laudata che il confessore sia vecchio e di riputazione.[63] È molto sicura cosa a tutti l'obedire, molto maggiormente alle donne, le quali, per l'imbecilità della natura e per una certa naturale tenerezza loro, sono facili ad esser ingannate. E miseri tutti, principalmente le donne che [B11ʳ] vogliono vivere di suo cervello. Mi piacerebbe ch'in quelle città dove sono le priore delle demesse, ch'ad esse s'obedisse, che se pigliasse il loro consiglio o almeno ch'ogni demessa eleggesse qualche santa vedova, con la quale si consegliasse di molte cose appartenenti allo spirito et ancora quanto appartiene alla vita sua. In Venezia molte ve ne sono le quali potrete, sorella, mettervi inanzi agli occhi come essempi, per indirizar la vita vostra all'imitazione della loro virtù.

[B11ᵛ]

13. Della devozione e come si nutrisca.

Sì come l'anima dà vita al corpo e senza la sua presenza il corpo resta un cadavero e li sensi restano privi dell'ufficio loro, così senza devozione la demessa è una creatura inutile e quasi morta nel cospetto del Signore, e tutte le azioni sue sono infruttuose, di nissun valore e non piacciono né in cielo né in terra. La devozione è la manna dell'anima con la quale si sostenta, et è come un balsamo che rende un mirabil odore d'una buona fama, non solo alle demesse ma a tutte le persone. La devozione è un voluntario servizio che si fa al Signore, una promessa[64] di [B12ʳ] servire alla Sua Divina Maestà nelle cose che si degna di mettere inanzi con le Sue sante inspirazioni o vero col mezo de' Suoi servi. Et essendo questa santa virtù un frutto suavissimo della santa religione, non può nascer in alcuna anima che non abbi fede, speranza e carità. Ha da credere la demessa, la buona serva di Dio, quel tanto che sumministra lo Spirito Santo per la santa Chiesa sposa

---

[62] Aristotle, *Ethica Nicomachea*, I, 3, 1095a, 5; but on the topic of the *puer senex* cf. Ernest Robert Curtius, *European Literature and the Latin Middle Ages*, trans. by Willard R. Trask (Princeton: Princeton University Press, 1953), pp. 98–101.
[63] se ben [...] riputazione] omitted in *Demesse*, 1577.
[64] promessa] prontezza *Demesse*, 1577.

di Cristo e maestra d'ogni verità; e mai ha da legger alcun libro senza conseglio del suo padre spirituale.[65] Non dèe sperare in altro che in Dio, nel quale nissun ha sperato che sia restato confuso, come scrisse David.[66] Non dèe sperar nel mondo che inganna quasi sempre, e dèe resignarsi[67] [B12ᵛ] nella voluntà del Signore del cielo e della terra, del nostro celeste Padre che ci governa paternamente, sapendo molto meglio di noi quel ch'è maggior nostro beneficio, per salute dell'anima, la qual ha creato ad imagine e similitudine Sua, per farla erede della patria celeste. La demessa ha da amar il Signore più che tutte l'altre cose, con tutta la mente sua, con tutta l'anima sua, con tutto il cuor suo, e non amare alcuna altra cosa se non in ordine a Dio, acciò che Sua Divina Maestà sia maggiormente onorata e glorificata. Amerà il padre, la madre, i fratelli, le sorelle, li nepoti in Dio, e non desidererà di loro se non quanto la gloria di Sua Divina Maestà che siano [C1ʳ] buoni servi Suoi e che faccino la Sua santa voluntà. E con questi principi la demessa potrà esser devota e sentirà gusto di quella mirabilissima virtù che si chiama devozione. Questa virtù tanto grata al Signor Dio, virtù propria della Madre dell'unigenito figliuolo Suo, Signor nostro, della Regina del cielo, della nostra avvocata, è fidelissima compagna della orazione; e par che senza essa non possa conservarsi, perciò che l'anima devota tiene elevata la mente in cielo, ragiona con Dio, si fa adito con la meditazione alla consolazione del santo paradiso. Nissuna cosa è temuta maggiormente dal perpetuo nimico della salute nostra dell'arme dell'orazione, [C1ᵛ] con la quale scrive Santo Ilario che si combatte con sì potente avversario.[68] Perciò la demessa dèe fare continue orazioni per sé e per altri.

14. Dell'orazione.

Oltra li *Pater nostri* e l'*Ave Marie* che si dicono nelle corone, nella qual maniera d'orazione la demessa deve esser essercitata, sarà bene per mio parere far orazione ancora e[69] recitar l'ore canoniche secondo l'ordine della santa Chiesa. Essendo in così nobil ordine, come è l'ordine delle vergini, però dirà l'uffizio continuamente e nelle ore entrerà nella meditazione delli misteri della passione del Signore, come fu tradito nell'orto, [C2ʳ] battuto, condoto ad Anna, a Pilato, ad Erode, come fu flagellato e finalmente crucifisso per li peccati nostri e per riconciliarci al celeste nostro Padre. E se ben non intenderà così chiaramente tutte le parole che sono nei *Salmi* e negli *Inni*, sentirà nondimeno gran dolcezza di spirito e sarà grata la sua orazione al Signore. È ancora l'orazion mentale grandemente accetta a Sua Divina Maestà e nutrisce mirabilmente la devozione,

---

[65] The same advice is below, § 16, and in *Viduità*, § 12.
[66] Psalms 25 (24). 3.
[67] *Resignarsi*: to rely on, to trust to.
[68] St. Hilary, *Tractatus super Psalmos*, 65, 4.
[69] far orazione ancora e] omitted in *Demesse*, 1577.

ma non conosce tanto bene chi non lo gusta. Ha da essercitarsi in questa sorte d'orazione, mettendosi nel suo oratorio a pensar: le miserie del mondo, la gran bontà di Dio che ci sopporta con tanti peccati, li molti e continuati [C2ᵛ] benefici che n'ha fatto e che ognora ci fa, la nostra troppo grande ingratitudine, la certezza della morte vicina, l'oribilità del giorno del giudizio, l'oribilissime pene dell'inferno, la consolazione e beatitudine degli angioli e delle beate anime del paradiso. Con queste considerazioni inalzando la mente sua, venirà a liberarsi dai pensieri di questo mondo et imparerà a non parlar vanamente et a non adoprare la lingua se non per laudar Dio o per giovare al prossimo. Non si potrebbe in un libro intiero scrivere quanti peccati nascono del non sapere tener in freno la lingua e quanta utilità apporti alla vera pace, alla pietà, il silenzio. Chi molto parla [C3ʳ] spesso erra.⁷⁰ Compagna della verbosità è la bugia o, almeno, la vanità. Chi assai ragiona non molto pensa e va pian piano, con lunghi ragionamenti, discostandosi da Dio. Scrisse un savio del mondo chiamato Sofocle che alle donne la taciturnità apportava grand'ornamento.⁷¹ E si vede per esperienza che le più savie donne più fuggono la garrulità, occasione di molti peccati. È ben da fuggire la rusticità et una certa incivilità che aliena l'animo dalle persone; ma sempre dèe aver custodia la demessa alla sua bocca, facendo che tutte le parole nascano del cuore e si proferiscano con qualche sentimento et a qualche fine, altramente non potrà esser devota. [C3ᵛ] Dà ancora gran nutrimento alla devozione l'udir assiduamente la parola di Dio, andar ordinariamente alle prediche delli più approvati predicatori che vengono o⁷² predicano nella città, usando diligenzia di metter in prattica quello che insegnano; e notare ancora, giunta a casa, qualche bella sentenza o qualche graziosa similitudine per ricordarla con buona occasione a tavola et esser quasi repetitora dello Spirito Santo che ha parlato poco prima per la bocca di quel predicatore. Mirabilmente anco nutrisce quella santa virtù l'udire frequentemente la santa messa, essere presente a quel santo sacrificio che s'offerisce ogni giorno al Signore.

[C4ʳ]

    15. Della frequenzia del santissimo sacramento
       dell'eucaristia e della preparazione a quello.

Nissuna cosa più induce, accresce e conserva questa virtù che la frequenzia del santissimo sacramento della eucaristia. Questo è il pane quotidiano del quale abbiamo quotidianamente a sovenirci e aiutarci. Ma tanta è la cecità d'alcuni che

---

⁷⁰ Motto probably based on Proverbs 13. 3.
⁷¹ Sophocles, *Ajax*, 293; the motto was very common in conduct literature for women (see *Introduction*, § 4).
⁷² vengono o] omitted in *Demesse*, 1577.

non ne fanno conto. Di questo diceva il Signore: 'Io sono il pane vivo che son disceso dal cielo'.[73] In tanti pericoli delli quali siamo circondati in questa vita, abbiamo tutti bisogno del conforto di questo cibo. E sì come [C4ᵛ] il corpo, se non è ristorato col cibo proporzionato, vien meno e diventa tabido,[74] così l'anima va sempre perdendo e diventa infruttuosa, sterile di buone opere, se non è aiutata da quel pane angelico, da quella manna celeste. Mi piace che ogni dominica almeno, in memoria del meraviglioso beneficio che il Signore ci ha fatto con la Sua santa resurrezione, la demessa si communichi, oltre tutte le solennità celebrate dalla santa Chiesa. E laudarei che pigliasse il santissimo sacramento, o vero[75] con le sorelle sue demesse, se però nella città si trovano alcune sante Compagnie, o di Santa Orzola o della Madonna;[76] e se non vi si trovano, potrà communicarsi nella parrochia [C5ʳ] sua, o vero dove sarà inspirata dallo Spirito Santo. Et avertisca la demessa, per la reverenzia che siamo tutti obligati aver al Signore Dio, di non ritirarsi per le voci d'altrui, ministri del demonio, li quali vanno dicendo che queste anime di Dio vogliono esser tenute sante e che non fanno bene a frequentar li sanctissimi sacramenti, che farebbono meglio a star in casa. Ufficio di Satana è continuamente opponersi alla gloria di Dio, impedir il profitto dell'anime, chiuder il passo a quelli che sono indrizzati alla via del paradiso. Quando vi risolverete di non metter mente a quel che dicono le persone di poco spirito, in breve tempo il Signore vi [C5ᵛ] accrescerà tanto la Sua santa grazia che vi piacerà d'esser sprezzata e d'esser vituperata per amor Suo. Non si può esprimere la consolazione che sente un'anima cristiana, congiunta col suo Signor Gesù Cristo, nutrita di quell'ambrosia e di quel pane di salute. E quanto meno o più volte dovete andare a questo santissimo sacramento, seguite il conseglio et ordine del vostro padre spirituale. Bene avete da avvertire che bisogna andar preparati, liberi da ogni perturbazione, da ogni odio, da colera, da ogni vanità, avendo prima fatto la debita confessione et avendo pensato al misterio della passione del Signore et alla grazia che ci fa, dandoci [C6ʳ] il preciosissimo Suo corpo in cibo. Mirabilmente aiuta a disporre ben l'anima a prender questo cibo salutare il digiuno e la lezione.

16. Del digiuno e della lezione.

Il digiuno è venerando per la sua antichità, perché nacque nel paradiso dalla bocca di Dio. Mitiga, o più tosto mortifica, la cupidità, purifica la mente, inalza il nostro spirito sì che può meditare Dio, et impetra molte grazie da Sua Divina Maestà, come si legge nella sacra scrittura dei Niniviti.[77] Non lasci la demessa, né lasci

---

[73] John 6. 51.
[74] *Tabido*: afflicted with tabes and, by extension, ill.
[75] vero] omitted in *Demesse*, 1577.
[76] See above, § 7.
[77] Jonah 3. 5–10.

alcuna persona devota, d'aiutare la sua devozione con li digiuni comandati dalla Chiesa santa. [C6ᵛ] E conveniente cosa sarà che s'elegga, per digiunare, anco un giorno della settimana: o il venerdì in memoria della passione del Signore, o vero il sabbato per commemorazione della beatissima Madre di Dio, la quale ci ha lasciati tanti essempi al mondo e ci fa ognora tanti benefici, intercedendo per noi appresso il dilettissimo Suo figliuolo. Nutrisce la devozione la lezione de' libri santi, della qual lezione scrive San Ieronimo ad una gentildonna romana molto nobile in questo modo: 'Occupa l'animo tuo nella lezione sacra acciò che, dormendo il padre di famiglia (che è l'animo), l'inimico ch'è sempre vicino non semini zizania'.[78] Interpretiamo noi zizania [C7ʳ] i mali pensieri, perversi desideri. E dà un altro utile ricordo a quella vergine: che disponga quante ore del giorno abbia a leggere, non per fatica, ma per una santa dilettazione et instruzione della sua vita.[79] Il partire delle ore è molto fruttuosa cosa e molto sicura, molto più per far una santa resoluzione di non stare mai in ozio; e così divider il tempo, che o si faccia orazione, o si legga, o s'affatichi a beneficio del prossimo, o ragionando o vero operando. Bone sono per le demesse l'opere di quel santo padre fratre di San Dominico nominato Luigi di Granata.[80] Utile libro è quello che s'iscrive *Specchio di Croce*.[81] Dilletevole e giovevole molto è la lezione [C7ᵛ] della vita delle Sante e la considerazione delle azioni loro: come di Santa Caterina,[82] che tanto seppe che di 18 anni disputò con li più savi di quel tempo, e con tanta e così mirabil dottrina congiunse tanta umiltà et illustrò maggiormente la scienza col martirio; di Santa Lucia,[83] che mostrò tanta fortezza e così intrepido animo contra

---

[78] St. Jerome, *Epistolae*, 130, 7: the dedicatee of the letter is Demetrias.
[79] Ibid., 130, 15.
[80] Luis de Granada (Luis Sarría, Granada 1504-Lisbona 1588), Dominican, author of the *Rhetorica ecclesiastica*, first published in 1576, two years after the *De rethorica ecclesiastica ad clericos libri tres* by Valier. In this case, however, Valier refers to the pious works by Luis de Granada, texts immediately translated also into Italian, such as *Guida de' peccatori* (Florence: Giunti, 1561); *Trattato dell'oratione et della meditatione* (Venice: Gabriel Giolito, 1561); *Esercitii et meditationi spirituali, per tutti li giorni et le notti della settimana* (Venice: Michele Tramezzino, 1564); *Memoriale della vita del christiano* (Venice: Gabriel Giolito, 1567); *Pie e devote orationi, raccolte da diversi et gravi auttori* (Venice: Gabriel Giolito, 1567); *Specchio della vita humana* (Venice: Gabriel Giolito, 1568); *Trattato della confessione et communione* (Venice: Gabriel Giolito, 1568); these texts were collected shortly afterwards (see, for example, *Tutte l'opere del r. padre fra Luigi di Granata dell'Ordine di san Domenico* (Venice: Gabriel Giolito, 1568)), but were also incorporated into collections of *loci communes* or in *silvae clericales*, such as *Fiori pretiosi raccolti da tutte le opere spirituali del r.p.f. Luigi di Granata dell'Ordine de' predicatori* (Venice: Domenico e Gio. Battista Guerra, 1572).
[81] *Specchio di Croce* is the title of the treatise on the Passion written by Domenico Cavalca (Vico Pisano c. 1270-Pisa 1342), Dominican, author of moral and religious writings.
[82] St. Catherine of Alexandria (287-Alexandria 305), also mentioned as a model in *Viduità*, § 12.
[83] St. Lucy (Syracuse 283-304); the models of St. Catherine and St. Lucy are also mentioned in *Ricordi*, § 27.

quel tiranno, per conservar il tesoro della sua virginità. Come ho detto di sopra in altro proposito,[84] non dèe la demessa leggere nissun libro senza saputa del suo padre spirituale, perché sono sparsi in molti libri molti veneni: e quelli che più piacciono alle volte sono più mortiferi, e quelli che paiono più belli [C8r] libri alle volte sono più perniciosi.

17. Dell'orazione.

Quest'altro ricordo di quel beatissimo padre San Ieronimo è da esser oservato dalle donne e da voi, carissima sorella: che, uscendo di casa, v'armiate con l'orazione, ritornando v'incontri l'orazione, né prima si riposi il corpo che non sia alquanto pasciuto l'animo.[85] Il qual ricordo non si dèe osservare solamente nell'uscir di casa, ma nell'andar alla messa, nell'incominciare a leggere, acciò che nella lezione si faccia qualche frutto e la demessa diventi miglior leggendo. E sì come il leggere e non intendere è negligere, come s'insegna a' figliuolini,[86] [C8v] così ascoltare e non metter in prattica è un perder tempo. Abbi dunque questo costume, la demessa, di dire la sera doppo l'orazione e doppo la lezione: 'Son fatta io miglior ogi? Che ho imparato io in questo giorno che 'l Signore m'ha concesso di vita?' È scritto in un versetto di David, il qual fu uomo secondo il cuor di Dio: 'Dilettati nel Signore, ch'egli darà a te[87] tutte le tue dimande et essaudirà le tue orazioni'.[88] Voglio dire ch'il frutto della devozione, dell'orazione, è dilettarsi di Dio, parlare di Dio, rimettersi al voler di Dio, amare Dio sopra tutte le cose, non affaticarsi in altro che in piacere a Dio. Con questa santa dilettazione è congiunta una [C9r] mirabil pace e quiete dell'anima. Il dispreggio del mondo è una grandissima consolazione, onde si può chiamar beata quella demessa e quella creatura che si diletta del Signore.

18. Del dono delle lacrime.

Chi più si diletta del Signore è più inclinato a piangere. 'Come può star questo?' direte, udendosi che molti cattivi uomini e molte cattive donne piangono per li travagli ne' quali incorrono. È vero quel che io dico, perché il Signore lo disse nel santo Evangelio, quando insegnò quell'eccellentissima dottrina (ch'è il succo di quanto si può insegnare) appartenente alli costumi et alla [C9v] vera filosofia, dicendo: 'Beati quelli che piangono, perché saranno consolati'.[89] L'acqua delle

---

[84] See above, § 13.
[85] St. Jerome, *Epistolae*, 22, 37.
[86] The motto comes from the *Disticha Catonis* (1, Praefatio), texts used for teaching, as observed by Valier.
[87] a te] ti *Demesse*, 1577.
[88] Psalms 37 (36). 4.
[89] Matthew 5. 4.

lagrime irriga la terra del cuore e la feconda, scancella le lettere della morte, le quali il peccatore ha scritto di propria mano al demonio, essendo partito dallo stendardo di Cristo. Estingue (come scrive San Gregorio)[90] la fiamma delle suggestioni del nimico. Sono le lagrime grate al Signore, perciò che (come è scritto nel libro primo de' Re)[91] Anna, essendo piena d'amaritudine, pregò Dio e pianse longamente e fu essaudita da Sua Divina Maestà; da cui fu detto ad Ezechia:[92] 'Ho veduto la tua lagrima et ecco che t'ho sanato'.[93] In questo proposito, volendo esprimer la forza [C10r] delle lagrime, scrive San Gregorio che il Signore vuole che con li nostri pianti sia raperto[94] il cielo che non ci poteva esser dato per li nostri meriti.[95] E San Bernardo chiama le lagrime delli penitenti 'delicie delli angeli'.[96] Di nuovo mi direte: 'Che cosa è questo pianto al quale tanto mi essortate?' È una grazia di dolersi grandemente del male che occorre, cioè del peccato e del bene che si lascia di fare. Onde si comprende che non per povertà, né per infermità, né per alcuna cosa esterna s'ha da piangere, essendo tutte queste cose state ordinate dalla providenzia del Signore e potendosene cavar bene. Il vero pianto col quale è congiunta la dolcezza è piangere li peccati propri [C10v] e del prossimo. Abbiamo molte e grandi occasioni di piangere: gli inganni del mondo; la pazzia nostra ché, come pazzi, essendo nell'ospetale di questo mondo, ci dilettiamo del fettore (ch'ognora si sente) d'abitare tra amorbati di tante infermità contagiose e, miseri prigionieri, non pensiamo, o pensiamo con molto affanno, d'uscire dalla prigione di questo corpo. È da piangere che si nutriscano tanti odi nelle case, tanti dispareri tra mariti e mogli, che sono una carne istessa e dovrebbono aver una medesima anima, cioè un medesimo volere; tanta poca obedienzia da' figli verso li padri e madri loro, alle quali sono grandemente obligati; che s'apprezzino [C11r] tanto le ricchezze, le quali sono di Dio e sono state date alli ricchi come a dispensieri, a maestri di casa, et essi l'ascondono per doverne esser castigati. Sono da piangere tanti abusi del mondo, tante vanità delle donne, tante pompe, tanti teatri e, sopra tutto, tante calamità della santa Chiesa, sposa del Signor Gesù Cristo, che sia così lacerata in tante maniere. Ma particularmente dèe pianger ognuno li peccati propri e l'ingratitudine sua, che doppo tanti e così continui benefici non cessa d'offender il Signore con varie sorti de peccati. Voi, sorella, dopo ch'averete pianto li vostri peccati, piangete li miei

---

[90] St. Gregory the Great, *Moralia in Iob*, 33, 68.
[91] 1 Samuel 1. 10–20; the episode is attributed to 1 Kings also by Origen, *De oratione*, 4, 1.
[92] In the print *Ezechiel* (already corrected in *Demesse*, 1577).
[93] Isaiah 38. 5.
[94] raperto] rapito *Demesse*, 1577.
[95] St. Gregory the Great, *Homiliae in Evangelia*, 20, 15.
[96] St. Bernard, *Sermones in Cantica Canticorum*, 68, 5; this passage is also quoted in *Ricordi*, § 27, and in the *De occultis Dei beneficiis* by Valier (Agostino Valier, *Degli occulti benefici di Dio, libri tre*, trans. by Niccolò Antonio Giustiniani (Verona: erede di Agostino Carattoni, 1770), III, 1, p. 104).

principalmente, che vi son fratello, e per età e per amore padre. [C11ᵛ] Piangete il pericolo nel quale mi⁹⁷ ritrovo, avendo a render stretissimo conto al Signor Dio di tante migliara d'anime, le quali sono state raccommandate alla mia fede, acciò che le guardi dal demonio e le custodisca, ché non periscano. A me apartiene insegnare, e ho tuttavia bisogno d'imparare; debbo correggere, et a me sarebbe più necessaria ch'alli altri la correzione; avrei a sopportar l'infermità de' mei figliuoli molte volte paternamente, e non lo so fare; doverei adoperare con alcuni come buon padre la verga, e lo faccio tanto mal voluntieri; finalmente doverei esser essempio d'umiltà, di devozione, di diligenzia e di carità, e tutte queste virtù mi [C12ʳ] mancano. Piangete voi le mie imperfezioni e pregate il Signor Dio che mi dia il dono delle lagrime, acciò che possa pianger ancor io e, conosciuta la mia miseria, umiliarmi sotto la mano di Sua Divina Maestà. E dipenda in tutto e per tutto dalla Sua providenzia, acciò che questa preeminenzia, questo titolo di vescovo, non mi sia stato dato in pena maggior delli miei peccati e perdizione dell'anima mia, come alle volte sono permessi li titoli e le grandezze a quelli che non le sanno usare; ma si degni concedermi grazia ch'io pensi spesse volte che vuol dir esser vescovo e quant'io manchi dell'ufficio mio. E non solo avete voi ad aiutarmi con l'orazioni [C12ᵛ] e lagrime vostre, ma di più ammaestrar le figliuole di nostro fratello e di nostra sorella a far il medesimo ufficio per me. Ritorniamo a proposito e ripigliamo il ragionamento dell'altre virtù convenienti alla demessa.

19. Della virtù della discrezione.

La terza virtù propria della demessa è la discrezione, la quale si nomina communemente matre delle virtù,⁹⁸ sorella del giudizio, tanto congiunta con la prudenzia che vanno sempre insieme e non si conoscano una dall'altra. Bella laude è esser discreta, laude non solo di vergine demessa, ma di monica, di vedova e di maritata; [D1ʳ] et è tanto a dire discreta come prudente, savia e giudiciosa. Molte creature hanno spirito, hanno zelo del timor di Dio, ma un certo zelo indiscreto (che non è di giovamento né a sé, né ad altri), il qual zelo è chiamato non secondo scienzia: come sarebbe a dire digiunare tanto e così aspramente che la persona fosse omicidiale di sé stessa; riprender in ogni tempo et in ogni ora tanto l'usanza del mondo che non avanzi tempo d'andar alle prediche, di governar sé stessa e la casa sua;⁹⁹ esser tanto veemente nel detestar i vizi, che non si conservi la carità e l'amorevolezza.

---

⁹⁷ In the print *mi mi* (already corrected in *Demesse*, 1577).
⁹⁸ The motto, also quoted in *Ricordi*, § 7, is mentioned in the Rule of St. Benedict (64, 19).
⁹⁹ riprender [...] casa sua] omitted in *Demesse*, 1577.

[D1ᵛ]

20. Della virtù della discrezione circa l'afflizione del corpo.

Il corpo (come scrive San Gregorio Nazianzeno)[100] è tanto congiunto con l'anima, che è cosa maravigliosa e difficile da regolare, perciò che s'è accarezzato et è gagliardo, insulta contra l'anima e recalcitra; s'è maltrattato e fatto debile, debilita et afflige l'anima, la quale diventa quasi inutile a tutte le cose. Onde bisogna usar gran discrezione in domarlo. Discrezione è quella ch'insegnerà alla vergine demessa tenerlo castigato in modo che l'anima non resti oppressa et afflitta; e sopra tutto avvertirà di non lasciarlo prender forza, o più tosto [D2ʳ] tiranneggiar l'anima. I digiuni, l'orazioni continue, le discipline, vivificano l'anima se si fanno con discrezione, col consiglio del medico spirituale, del padre confessore, e se si usano questi come rimedi contra le tentazioni del demonio infernale, con nissun altro fine che per servir al Signore et a Lui solo piacere. Negli abiti, nelli vestimenti conviene alla demessa usar discrezione, che non siano tanto delicati che dia sospetto di vanità, né tanto sordidi che para (come scrive San Ieronimo)[101] che in quella maniera voglia esser stimata santa: siano di poco prezzo, di color negro, ma proporzionati all'animo della vergine; non sordidi, cioè sporchi; sia conforme la [D2ᵛ] mondizia degli abiti alla mondizia dell'animo.

21. Della virtù della discrezione intorno al conversare
e parlare con le altre e di riprendere gli errori.

Ha da usare la demessa discrezione con l'altre, massime con le sorelle maritate, cognate, cugine, germane, con le vicine e, finalmente, con tutte: che subito non voglia far con esse la maestra e riprendere le loro maniere. Sospiri prima sopra d'esse e preghi il Signore che gli faccia veder l'errore nel quale si ritrovano, non contendandosi molte d'esse della forma che gli ha dato il Signore, sforzandosi mutarla con nuovi [D3ʳ] colori e vari artifici del demonio, acciò che vadano depredando li cuori degli uomini per ridurli con quel mezo sotto la sua tirannide. Sospiri come pazzamente vanno procurando l'incommodo e ruina della sua casa e de' suoi figliuoli con nuove spese, e come non s'accorgono che quanto più invecchiano più impazziscono, non lasciando a fatto la vanità. Di poi, con qualche buona occasione o di infermità di mariti o di figliuoli, con l'essempio di qualche calamità d'alcune, potrà entrar a ragionare dell'incostanzia e miseria del mondo. E nel primo ragionamento non ragionerà tanto che non si riserbi da parlare dell'altre volte, perché [D3ᵛ] per lo più soavemente e molto destramente il Signore suole ridurre a Sé le creature con diversi mezi. Né si dèe parlar tanto in un ragionamento che l'anima che non è capace di tanto cibo non riceva alcun

---

[100] St. Gregory of Nazianzus, *Orationes*, 2, 3.
[101] St. Jerome, *Epistolae*, 22, 27.

nutrimento. Consiste queste virtù in saper discernere con chi si parla — altramente con donne, altramente con uomini, altramente con vecchie, altramente con giovani, diversamente con parenti — da quel che si parla con l'altre. Si scopre ancora la discrezione in trattar con le fantesche. Rare volte ha da parlare con uomini la demessa e, s'occore parlare con parenti stretti, o non mai riprenderli, o rarissime volte e che nissuno odi, perché non è ufficio [D4ʳ] suo; più tosto dèe procurare, per mezzo delli confessori, che siano avertiti quelli parenti che ella sapesse di certo esser immersi in qualche grave peccato, et in questo modo non dèe creder a lievi sospizioni. Con le vecchie parlerà con modestia e riverenzia, non riprendendole ma pregandole come madri e con poche parole e secretamente, perché par cosa strana ch'una giovane voglia amaestrar una vecchia, e ciò gli apporta gran confusione. Col silenzio, rispondendo o niente o brevissimamente, si riprendono molte volte le vecchie, non approvando i loro discorsi vani, mutando ancora con buona occasione proposito, entrando a ragionare della predica o di [D4ᵛ] qualche cosa di Dio. Il primo et il secondo anno le maritate sono degne di grandissima compassione per gli ornamenti che portano, perché quello è il costume della patria o, più tosto, abuso, e li mariti pare che se ne dilettano; et in questo dèe usare discrezione, chiudendo gli occhi a molte vanità, non le lodando né biasmando. Con le fantesche dèe usare gran modestia e grande umiltà la vergine demessa, ricordandosi che sono creature insieme con lei di Gesù Cristo, che disse a tutti: 'Imparate da me, che sono mite et umile di cuore'.[102] Questa virtù, che si chiama mitità o mansuetudine, è una dolcezza dell'anima, la quale non è vinta da amaritudine alcuna e è gran [D5ʳ] virtù non solo in le demesse ma, eziandio, in tutte le donne e tutti gli uomini: consiste in vivere sopportando nel bene li cattivi et in tolerare quel ch'avviene. Ogni parola non vuol risposta.[103] E ha da guardarsi molto, la demessa, dalla colera e dalle parole impertinenti, perché la colera è un instrumento che molte volte usa il demonio per levar via l'anime da Dio, per farle impazienti e ministre sue. Scrive il padre San Ieronimo che dalle fantesche si conoscono li costumi delle patrone:[104] e perciò doverà metter diligenzia che nella fantesca sua si scopri verecondia e quella modestia e devozione ch'è tanto grata al Signore et è ornamento di tutte le donne. [D5ᵛ] E quando le parerà esser offesa in qualche modo o provocata, consideri l'umana imperfezione e ch'è sorella sua, figliuola del medesimo padre Dio, della medesima santa madre Chiesa, redenta col medesimo sangue di Gesù Cristo, chiamata alla medesima patria celeste. Farà bene di servirsi da sé più che potrà et aver cura continua della salute della fantesca, come che le sia

---

[102] Matthew 11. 29.
[103] Another motto, very common in collections of proverbs: cf., for example, Giulio Cesare Croce, *Selva di esperienza nella quale si sentono mille e tanti proverbi, provati et esperimentati da' nostri antichi, tirati per via d'alfabeto* (Bologna: Bartolomeo Cochi, 1618), no. 795.
[104] St. Jerome, *Epistolae*, 54, 13.

raccomandata tacitamente dal Signore; e l'ammaestrerà nelle medesime sue divozioni, aiutandola di continuo con buoni ricordi.

22. Della virtù della carità, anima di tutte le virtù.

Insomma, sorella, accorgendomi c'ho scritto assai, dico [D6ʳ] che nella quarta virtù che ho detto ricercarsi nelle demesse è posta la forza di tutte l'altre: perché l'umiltà senza la carità è una bassezza o viltà d'animo, l'obedienzia è una dapocaggine,[105] la devozione non si può ritrovare, la discrezione è una accortezza vana et inutile. La carità è perfezione di tutte le virtù: e però, sia pur vergine, sia umile nell'esteriore, sia in apparenza obediente, si dimostri discreta e molto giudiziosa, se non sarà caritativa non sarà grata a Dio, perderà il tempo e non conseguirà il premio della vita eterna. La carità è la più eccellente virtù di tutte l'altre et è regula d'amare. Direte: 'In che consiste questa regola?' In amare Dio Creator nostro, [D6ᵛ] Padre nostro, Redentor nostro, sopra tutte le cose; eleggere di patire ogni cosa, anco di morire, prima ch'offender Dio mortalmente e contravenire alli Suoi precetti. Doppo Dio dèe amare l'anima sua, cioè desiderare e procurare la salute della sua anima, il santissimo[106] paradiso, fuggendo tutte quelle cose che gli possono impedire il camino alla celeste patria. Dèe amar l'anima del prossimo in terzo grado et averne più cura che del corpo suo e di tutte l'altre cose che si chiamano eterne. Nel quarto luoco dèe amare il suo corpo in tanto in quanto possi aiutar l'anima a servir a Dio, esseguendo la Sua santissima volontà. Dipoi ha da sovvenire a' corpi [D7ʳ] delli suoi prossimi. E questo è l'ordine della carità proposta a tutti li cristiani.

23. Della virtù della carità verso i prossimi.

Lasciando di parlare dell'amor di Dio, il qual anderà acquistando con la santa divozione, con la frequenzia del santissimo sacramento dell'eucaristia, dirò brevemente come la demessa abbia a dimostrarsi caritativa verso il prossimo. È gran carità e grand'elemosina pregar il Signore per altri, e pregarlo con le lacrime, le quali sogliono aver molta forza. Pregarà adunque la demessa ogni giorno per li suoi più stretti parenti; e sopportando le sue imperfezioni, le [D7ᵛ] parole anco ingiuriose, dimostrerà aver questa nobilissima virtù della carità. Perché non è veramente povero chi è privo di ricchezze, ma chi molto desidera[107] e chi non cognosce Dio, Signore del cielo e della terra e donatore di tutti li beni. Però gran carità s'usa, grand'elemosina si fa a quelli figliuoli a' quali s'insegna la dottrina cristiana, li dodici articoli della santa fede, li sette sacramenti di santa Chiesa,

---

[105] una dapocaggine] infruttuosa *Demesse*, 1577.
[106] santissimo] omitted in *Demesse*, 1577.
[107] The classical motto (from Seneca, *Epistulae morales ad Lucilium*, 2, 6) is reinterpreted by Valier.

instituiti dal Signore Nostro Gesù Cristo, li dieci precetti che ha dati il Signor nel *Decalogo*, l'orazione fatta dal figliuolo di Dio, cioè il *Pater noster*, essemplare di tutte l'orazioni, la qual contiene sette dimande che comprendono in sé quanto può dimandare [D8r] un buon cristiano. E facendo questa carità alli nepoti suoi, oltra che si fa benefizio all'anima loro, si fa anco benefizio alla patria, essendo troppo gran danno e troppo gran vergogna che molte volte una republica così nobile e così ben instituita sia governata da persone che non sanno che vuol dir esser cristiano e che non hanno mai imparati li fondamenti della santa religione, dalla quale sono nominati cristiani. Mi piacerà che voi non solamente insegnate alli figliuoli di casa, ma ancora alli vicini; e che le feste vi riduciate in qualche chiesa a far questo santo uffizio, a fare questa così segnalata elemosina, conducendo li figliuoli di nostro fratello con [D8v] voi, per invitare con questo essempio i padri e le madri delli figliuoli vicini a condurli alla chiesa. Et in questo non mancarete d'offerirvi a quelle buone serve di Dio, c'hanno preso cura d'accrescere molto più questa santa opera della dottrina cristiana; e tener per fermo ch'essendo tanto necessaria e tanto laudabil cosa imparar le cose c'ho detto necessarie alla salute, parimente molto meritoria cosa e molto grata al Signor è l'insegnarle. E quelle parole che si soglion dire: 'Quello non è mio figliuolo né mia figliuola: questo appartiene a suo padre o a sua madre, faccino essi', non sono parole di buon cristiano né degne di buona cristiana, perché [D9r] il Signore ha comandato a tutti del suo prossimo.[108] In una cristiana città, in una buona republica (come per Dio grazia è Venezia), li vecchi doverebbono tenere i figliuoli delli suoi vicini per suoi propri, ammonirli con occasione, riprenderli, dir le loro imperfezioni alli padri et alle loro madri, e considerar loro molte volte quanto gran peccato commettono a non indirizzarli nella via del Signor Dio. E quanto meno s'usa a farlo, tanto è più accetta a Sua Divina Maestà la cura ch'alcune devote persone si pigliano di ciò fare. Possono le vergini demesse essercitar la carità verso le maritate ascoltando pazientemente le miserie ch'ognora sentono, tenendo [D9v] secrete le passioni che scoprono, essortandole a sopportar la croce che portano allegramente; e d'affaticarsi di ben governare la casa sua, bene ammaestrando li figliuoli, sforzandosi con l'orazioni continue al Signore, con l'umiltà, con ossequi alli mariti loro, fargli diventar migliori. E, non potendo, tolerarli facendo molte volte venir a proposito che il Signor Dio governa questo mondo con mirabile providenza, che noi stessi non sappiamo quel che domandiamo, che d'ogni accidente si può cavar bene pur che s'abbi l'occhio a Dio, e che si pensi al fine ch'è la vita eterna. Visiterà la demessa gl'infermi e l'inferme del parentado, et userà loro questa [D10r] carità — la qual è tralasciata spesse volte da quelle che più dovrebbono usarla — di ricordar all'infermo che s'aiuti col medico spirituale, ch'è il confessore; di ricordare ch'accommodi le cose

---

[108] Mark 12. 31; Matthew 22. 39; Luke 10. 27.

sue col Signore, perché facil cosa sarà poi accommodare il resto; che il vero medico è Gesù Cristo Signore Nostro, medico dell'anima e del corpo; che conferisce mirabilmente a ricuperar anco la sanità del corpo aver acquetata l'anima; che questa vita è come un peregrinaggio; che il Signor Dio è padrone della vita e della morte. E tal uffizio alcune sogliono fare con tanta purità e simplicità ch'apportano grandissima consolazione agli infermi. Grand'opera ancora di carità è visitar le [D10ᵛ] monache et entrar a ragionare con esse loro della grazia ch'il Signore gli ha fatto a liberarle da tante miserie del mondo, da tante e sì varie sorti di travagli; dirgli che li monasteri sono paradisi se v'è pace. Parlerà volontieri della morte, con l'essempio di qualche parente ultimamente morto; e come nissuna cosa è più certa e ch'è incerta dell'ora della morte, perché il Signore vuole con l'incertitudine che tutti stiamo preparati e che s'osservino tutti li giorni, potendo essere ch'in ciascuno d'essi il Signor ci chiami. Entrarà poi a parlare delli misteri della santissima passione di nostro Signore patita per li nostri peccati e per aprirci la porta del cielo; parlerà della Madre [D11ʳ] di Dio, delli santissimi costumi Suoi e come si degna essere madre et avvocata, essendo regina del cielo e madre di Gesù Cristo. Entrerà a discorrere delle sante vergini e del martirio col quale hanno fatto sacrificio dell'anima e del corpo loro al Signore. Inviteralle alla frequenzia del santissimo sacramento, pane celeste e cibo salutare dell'anima. E passando quel tempo che starà alli monasteri in questi ragionamenti, si guardi di non parlar di vanità, di vestimenti pomposi, di teatri, di feste, di giuochi, perché farebbe gran peccato et averebbe a render conto al Signore nel giorno del giudicio della distrazione ch'avesse fatto con li suoi vani ragionamenti. [D11ᵛ] Sorella, è cosa mirabile e degna di molte lagrime pensare quanti peccano nelli ragionamenti che si fanno alli monasteri, li quali andarebbono molto più inanzi nello spirito, se più rare volte le monache fussero visitate e fussero proibiti certi inutili ragionamenti del mondo. Molto più ama Gesù Cristo le Sue spose che non fanno le sue li migliori mariti del mondo; e ha per nimici grandissimi quelli ch'in cosa alcuna studiano di separarle da sé; quelli ancora che vogliono dividerle il cuore, mettendoli inanzi vani ragionamenti. E perciò rimovendo queste distrazioni d'animo, e conservandosi le spose di Cristo unite al suo sposo, si fa gran servizio a Sua Divina Maestà.

[D12ʳ]

24. Della elemosina.

Per continuare questa parte della carità che si ricerca nella demessa, non è dubbio che molto accetta a Dio è l'elemosina e molto utile a chi le fa. Essercitar la virtù della misericordia, far elemosina, è imitare Dio, perché proprio della Maestà Sua è l'avere misericordia e far continuamente elemosina al genere umano, donandoci senz'alcuno nostro merito (anzi con tanti nostri demeriti) tante grazie, facendo movere il cielo, lucer il sole, crescere e decrescere la luna, germogliar la terra, produrre tanti frutti per beneficio nostro, accordando insieme gli elementi et avendo fatto ritrovar [D12ᵛ] tante arti per le commodità nostre, e finalmente avendo mandato il Suo figliuolo unigenito di cielo in terra per sodisfar a quell'obligo, a quello scritto per lo quale eravamo tutti obligati alla morte eterna et alle pene dell'inferno. Di più ha detto il nostro Redentore: 'Quel che farete ad un di questi minimi, avete fatto a me'.[109] Perciò, sorella, è molto savia cosa far elemosina, perché s'acquista la grazia di Cristo, di quello il quale con un cenno solo può farci beati. Far elemosina è dare santamente ad usura, è estinguere li propri peccati, è un dimostrarci veramente figliuoli et imitatori di Cristo. Scrive San Giovanni Crisostomo che questa è la maggior miseria: non aver [E1ʳ] misericordia.[110] Non sono miseri li poveri, perché Cristo è stato povero e perché più facilmente e con minor impedimento possono incaminarsi al cielo; e li peccatori con l'aiuto del Signor Dio, col santissimo[111] sacramento della penitenzia si convertono. Usarsi a non aver misericordia è cosa miserissima e principio d'una calamità perpetua; e perciò fanno bene le demesse e quelle che ciò ch'avanza loro della superfluità delli vestimenti danno a' poveri. E se non hanno potere in casa, non debbono lasciar di dire che del Signor è il cielo e la terra; che li ricchi sono dispensieri di Dio; che non si perde quel che si dà per l'amor di Dio; e se non sono ricche, [E1ᵛ] diano quel poco che possono, ricordandosi ch'al Signore furno molto grati quelli dui minuti[112] che diede quella povera vedova, riguardando all'animo più che a quanto diede.[113] Dia adunque a' poveri quanto può e per l'amor di Dio, e faccia uffizio che quelli che possono diano con quella discrezione che il Signor Dio gli inspirerà. E tenga per certo che se ben fusse povera può nondimeno far elemosina del suo ingegno, essercitandolo in servizio delli poveri di Dio nelli ospitali e nelli altri lochi pii; del tempo può far elemosina, che gli è donato dal Signor Dio, spendendolo per li poveri; e finalmente in tutte l'opere della misericordia spirituali può [E2ʳ] dimostrarsi elemosiniera la demessa povera, consolando l'afflitte, insegnando a quelle che non sanno, ammaestrando le figliuole d'altri, sopportando le imperfezioni, facendo orazione per quelli che sono più lontani dal Signore. Di queste ne sono molte (come s'intende) a Venezia, le quali meritano esser amate e riverite. Onde io vi conforto che voi vi proponiate d'imitarle. Non si dèe scordar la buona serva di Dio di far elemosina anco alli morti, al padre, alla madre o a fratelli o sorelle, pregando il Signore che si degni liberare l'anime loro dalle pene del purgatorio, che sono molto maggiori di quello che si possa credere.[114]

---

[109] Matthew 25. 40.
[110] St. John Chrysostom, *In Matthaeum homiliae*, 52, 5.
[111] In the print *santissime* (already corrected in *Demesse*, 1577).
[112] minuti] quattrini *Demesse*, 1577.
[113] Mark 12. 42–44.
[114] credere] esprimere *Demesse*, 1577.

[E2v]

25. Della contemplazione.

Sono da essere molto laudate quelle vergini demesse che attendono alli ospitali et all'opere pie, e hanno da esser certe che non potriano spender meglio il tempo, né più fruttuosamente. Nondimeno non si può dire che quelle che, ritirate in sé stesse, si sono donate al Signore, non abbiano carità e che non giovino esse ancora al prossimo. E par che con la meditazione, congiongendosi con la mente al Signore, conseguiscono il fine di tutte l'azioni, perché sì come tutte le guerre si pigliano per godere la pace,[115] così tutte l'opere si pigliano per godere la quiete dell'anima et unirsi col [E3r] Signore. Debbono udire quello che parla in esse lo Spirito Santo et ascoltare le Sue voci, obedendo in ciò al parere del suo padre spirituale.

26. Dell'imitazione della beata Vergine madre di Dio.

Carissima sorella, il vostro specchio e di tutte le vergini demesse c'hanno donato il cuor suo a Gesù Cristo, ha da esser la[116] Madre di Dio, regina del cielo e della terra, madre di misericordia. In quello avete a mirare, per ricever lume di far il viaggio di questa vita sicuramente e condurvi al cielo. Così scrive Santo Ambrosio della Madre di Dio: 'Era vergine non solo del corpo, ma [E3v] di mente, umile di cuore, grave nelle parole, prudente e parca nel parlare, assidua nel leggere; collocava le speranze non nell'instabilità delle ricchezze ma nelle preghiere de' poveri; intenta ad operare, vereconda nel ragionare, solita a ricercare arbitro[117] delli Suoi pensieri Dio, non alcun uomo; mai offender[118] alcuno, voler[119] bene a tutti, far[120] riverenza alle più vecchie, non aver[121] invidia alle uguali, fuggire[122] la iattanzia, seguire[123] la ragione, amare[124] la virtù. Quando mai con la cera[125] contristò il padre e la madre? Quando ebbe mai dissensione con li parenti? Quando ebbe a schifo l'umile? Quando mai derise il debile? Quando fuggì il povero?'[126] E poco dipoi aggiunse che [E4r] mai desiderò dormire, se non quando la necessità la costringeva; e che non sapeva uscire di casa, se non per andare alla

---

[115] The motto, also quoted in *Viduità*, § 7, is based on St. Augustine, *De civitate Dei*, 19, 12.
[116] ha da esser la] ha da esser, come ho accennato di sopra, la *Demesse*, 1577.
[117] arbitro] giudice *Demesse*, 1577.
[118] offender] offendeva *Demesse*, 1577.
[119] voler] voleva *Demesse*, 1577.
[120] far] faceva *Demesse*, 1577.
[121] aver] aveva *Demesse*, 1577.
[122] fuggire] fuggiva *Demesse*, 1577.
[123] seguire] seguiva *Demesse*, 1577.
[124] amare] amava *Demesse*, 1577.
[125] *Cera*: look, face.
[126] St. Ambrose, *De virginibus ad Marcellinam sororem suam libri tres*, 2, 2, 7.

chiesa con la madre o con li parenti.[127] Imparate a mente, sorella, quanto quel gran padre Sant'Ambrosio scrive della Madre di Dio, et essercitatevi spesse volte da per voi, e considerate se imitate li Suoi santi costumi. E con questa considerazione andarete acquistando quel che vi mancasse. Il tempo è breve, sorella, et è appresso la morte. Perché tuttavia fugge il tempo, et il mondo è già decrepito, in tutte le vocazioni tutti hanno da stare avvertiti e pensar davero a quello ch'importa: il fine di questa vita. Piaccia al Signore, sorella e figliuola, che [E4ᵛ] io vi vegga nell'ordine delle vergini, in compagnia della Vergine, madre di Dio e madre nostra, seguire l'agnello ovunque anderà; e che vi vegga inalzata in quel santo coro; e che vi odi cantar laudi al Signore e ringraziarlo — con le vostre compagne di quella città patria nostra e queste mie figliuole e tutte l'altre del mondo — di tanta grazia che v'ha fatto, e conservarvi così prezioso tesoro, per coronarvi di quella gloriosa corona. Pregate il Signore che per Sua infinita misericordia vi doni grazia in quel tempo di veder me ancora, se ben da lontano, tuttavia nella medesima schiera di tanti santi vescovi c'hanno seduto nelle sedie ch'io seggo; e che [E5ʳ] io possi comparire seguitato da tante migliaia d'anime, raccomandate alla mia fede, e tutte rendiamo gloria a Dio, creator nostro e donatore di tutte le grazie e di tutti li beni.

Il fine del libro delle demesse.

---

[127] Ibid., 2, 2, 9.

[E6ʳ]
Di Monsignor Agostino Valerio Vescovo di Verona a Madonna Andriana Contarini

Della vera e perfetta viduità

Proemio.

Tomasetto[1] m'ha molte volte pregato a nome di sua madre[2] che dovessi scriver un libro di ricordi per le vedove. E pensando io che non poteva fare che non incominciassi da laudazione — essendo sua madre e sua ava[3] essempi alle vedove di Venezia et, al presente, alle mie sorelle di Verona — mal volontieri pigliavo questo carico, non essendo [E6ᵛ] necessario dar precetti a chi li osserva, e convenendo a ministre e rappresentante il Signore Dio molto rare volte e molto parcamente laudare, essendo con la laudazione congionto per lo più o l'inganno, o la vanità, o l'uno e l'altro. Mi sono poi ricordato d'aver promesso scrivere questo libretto in altro tempo, così richiesto da alcune mie sorelle vedove, le quali, dandomi tanta consolazione e tanto aiuto in alcune pie opere,[4] meritano d'essere compiacciute da me in così santo desiderio, il qual è d'esser perfette vedove, buone serve di Dio, coadiutrici mie, maestre d'onestà, di devozione e di spirito. Considerando dunque quel ch'io avevo promesso, ho pensato di satisfare insieme alle mie sorelle di Verona [E7ʳ] et a questa mia sorella, nata nella medesima patria che son nato io, e che è stata moglie d'un gentiluomo ch'io amavo come figliuolo.[5] Tratterò questi pochi ponti: il primo, delle varie sorti di vedove; il secondo, ch'il

---

[1] Tommaso Contarini (Venice 24 August 1562-Rome 13 August 1614), son of Gasparo and Adriana Pisani, was *podestà* in Vicenza and Verona, Senator and ambassador at the papal court. Valier mentions him as a 'magnae spei adolescentem' ('a young man of great expectations') in his *De cautione adhibenda in edendis libris* (Valier, *De cautione*, p. 213). In his *Memoriale*, addressed to the uncle of Tommaso, the historian Alvise Contarini, Valier asks the dedicatee to 'chiamare ogni giorno Tommasetto', and 'piantare qualche bel fiore nel suo animo e qualche buona radice dicendogli qualche bella similitudine, qualche sentenza accomodata alla sua tenera età' (Agostino Valier, *Memoriale [...] a Luigi Contarini cavaliere sopra gli studii ad un senatore veneziano convenienti, pubblicato in occasione dell'ingresso di Sua Eminenza il signor Cardinale Lodovico Flangini [...] alla Sua Sede di Patriarca di Venezia e Primate della Dalmazia* (Venice: Gio. Antonio Curti, 1803), pp. 38-39).
[2] Adriana Pisani (Venice *c.* 1540) was the wife of Gasparo Contarini (married in 1561), and the mother of Tommaso. When her husband died in January 1572, she devoted her life to pious works.
[3] Adriana Contarini (Venice *c.* 1520-1593) was the daughter of Bernardo Contarini. She married Vincenzo Contarini, brother of the Cardinal Gasparo, and had two children. When her husband died in 1542, Adriana (together with her sister Marina Bernardo) devoted her life to institutions for the proctection of young girls, such as the Derelitti and the Zitelle.
[4] As indicated below, § 8, Valier refers to widows who worked in pious institutions in Verona, such as the Compagnia della Madonna.
[5] Gasparo Contarini (Venice *c.* 1540-1572), son of Vincenzo and Adriana, married Adriana Pisani in 1561.

stato viduale ha la particolar protezion di Dio e de' Santi; il terzo, ch'è molto util al mondo; ultimamente, descriverò l'essemplare d'una vedova, acciò quella ch'avesse quelle parti sia eccitata a ringraziarne per sempre il Signor Dio, dator d'ogni grazia. Chi[6] conoscesse mancargli alcuna di quelle condizioni la dimandi al presente e[7] s'affatichi d'acquistarla.

[E7ᵛ]

1. Di varie sorti di vedove e della commodità commune a tutte, ch'è unirsi con Dio.

Tra le vedove, alcune sono vecchie, alcune giovani, alcune restano con figliuoli, alcune senza figliuoli, alcune ricche, alcune povere, alcune restano di maritarsi per amor di Dio, alcune per amor de' figliuoli. Ma questa ultima distinzione che diremo è di maggior importanzia: alcune servono al Signore e hanno congionto il suo spirito col spirito di Dio; altre sono vedove del mondo, delle quali il beato Apostolo dice che, se ben vivono, sono morte,[8] morte[9] per li peccati, nelli quali vivendo s'incaminano alla morte [E8ʳ] eterna, che è cagionata da essi. Di questa sorte di vedove non voglio scrivere, credendo che ve ne siano poche in questa mia dilettissima città; pregarò solo la mia carissima sorella, conoscendone de tali nella nostra patria, o avendo notizia d'alcune in questa città, che preghi il Signore per esse, non lasciando d'usar carità in ammonirle o in farle ammonire con buona occasione, se spererà poterne far frutto. Quest'è la principal commodità di tutte le vedove, che libere dalli impedimenti che suol apportare il matrimonio e da molte perturbazioni e distrazioni ch'arreca la compagnia o più tosto imperio del marito, possono unirsi con Dio, parlando con Sua Divina Maestà per [E8ᵛ] mezo della santa orazione e udendolo[10] parlar ne' santi libri per mezo di persone spirituali. E più sicuramente possono navigar in questo travaglioso mare del mondo, e con più prospero vento incaminarsi e gionger al porto della beata patria, là dove continuamente aspirar debbono.

2. Che le vedove son grate a Dio, e quali di esse sieno veramente nobili e quali non, con alcuni ricordi per sapere instruir li figliuoli.

Ma senza alcun dubbio le vedove giovani tanto più son grate al Signor Dio e meritano maggior laude, quanto più nobile e più gloriosa vittoria riportano di sé

---

[6] Chi] E quella che *Viduità*, 1577.
[7] al presente e] al presente a Sua Divina Maestà e *Viduità*, 1577.
[8] 1 Timothy 5. 6. This passage is also quoted by St. Augustine, *De bono viduitatis*, 14, 18 and 21, 26, a text Valier explicitly refers to (see below, § 2).
[9] morte] omitted in *Viduità*, 1577.
[10] udendolo] udendo *Viduità*, 1577.

stesse e [E9ʳ] delle cupidità che son nutrite con la natura umana. E quelle più dell'altre sono nobil vedove che per amor di Dio solo e per salute dell'anima sua[11] hanno rifiutato le seconde nozze, avendo sepolto in la sepoltura de' suoi mariti tutti li piaceri di questo misero mondo, et avendosi datto in cambio delle delizie umane le delizie angeliche, che sono l'orazioni e le lagrime. Scrive il beato padre Sant'Agostino[12] che alcune vedove, avendo rifiutati li piaceri della carne per l'onor del mondo e per beneficio dei loro figliuoli, liberate da un laccio s'hanno lasciate stringer da un altro, che tuttavia le tien lontane da Dio e le fa serve del demonio: e questo è il laccio dell'avarizia, [E9ᵛ] perciò che, essendo restate senza marito, et essendo di natura molto tenere e molto timide, s'affaticano in ogni modo di far ch'i suoi figliuoli siano ricchi. Onde con una sordida illiberalità e quasi crudeltà verso i poveri, si sforzano d'accumular tuttavia più robba a' suoi figliuoli, e alle volte fanno delli contratti ingiusti che sono vituperati e castigati nelli uomini. Questo avvertimento di quel santo Padre[13] s'è veduto esser vero in Venezia et anco in Verona, e perciò desidero grandemente che giovi a chi n'avesse bisogno: tutte le possessioni, tutte le facultà sono di Dio.[14] Di Dio Signor nostro è la terra e tutta la sua pienezza, il mondo e tutti quelli ch'abitano [E10ʳ] in esso, come scrisse il profeta David.[15] Sono figliuoli di Dio i poveri, son i ricchi, e par che siano più simili a Cristo i poveri che i ricchi. Et i ricchi, se non diventano poveri di spirito e se non communicano le ricchezze che sono di Dio, fidelmente come buoni maestri di casa, non sono grati alla Sua Divina Maestà; sì che alcuni imprudenti padri et alcune sciocche vedove s'affaticano con molta diligenzia, con perdita anco delle anime loro, per far ricchi i suoi figliuoli, per metterli in maggior pericolo della salute dell'anime loro, e per dargli occasione di diventar più insolenti e di darsi in preda a molte voluttà. Però sieno avvertite le mie dilettissime sorelle vedove [E10ᵛ] ch'avessero bisogno di questo ricordo a metter studio principalmente in questa parte, ch'i suoi figliuoli temino Dio: perché, come disse il medesimo profeta David: 'I ricchi hanno avuto bisogno e hanno avuto fame; a quelli che temeno Dio non manca alcun bene'.[16] S'affatichino ch'abbino buoni costumi, cioè che siano umili; ch'imparino a ceder al compagno; che non dicano buggie; et abbiano cura che sieno bene ammaestrati e ben instituiti nelle lettere, dove useranno gran diligenzia — conseglindosi con i suoi parenti e pigliando informazione dalle persone spirituali — per ritrovargli buon maestro, che con la dottrina abbia congionta la bontà e santità [E11ʳ] della vita. E sopra tutto si guardino dall'indulgenzia, infirmità gravissima de' padri e delle madri di questi

---

[11] sua] loro *Viduità*, 1577.
[12] St. Augustine, *De bono viduitatis*, 21, 26.
[13] santo Padre] San Paolo *Viduità*, 1577.
[14] Romans 11. 36; but cf. also Colossians 1. 16–17.
[15] Psalms 24 (23). 1.
[16] Psalms 34 (33). 10–11.

tempi, ben considerando quelle parole del savio Salomone: 'Chi perdona alla verga ha in odio il suo figliuolo'.[17] E perciò non hanno da essere così tenere le vedove, come quasi tutte sono, ché[18] proibiscono a' maestri il castigar loro figliuoli; piuttosto li doveriano essortare a ciò fare, pregando di continuo il nostro Signore Dio che, poiché è[19] piacciuto alla Sua Divina Providenzia di levargli il padre carnale, che[20] li voglia per Sua Divina Bontà governare paternamente. E potranno esser certe che le loro preghiere gioveranno mirabilmente a' suoi figliuoli, scrivendosi[21] che la beata Monica, [E11ᵛ] madre di Sant'Agostino, intendendo che il figliuolo suo era nell'eresia di Manicheo, fece tante orazioni e con tante lagrime che si scrive ch'il beato Sant'Ambrosio diceva: 'Non è possibile che un figliuolo di tante lagrime perisca'.[22] Debbono far il medesimo le buone vedove, procurando queste ricchezze principalmente a' suoi figliuoli: il timor di Dio, l'umiltà, la modestia, cognizione della legge di Dio, varia dottrina e liberazione da quelli vizi alli quali sono più inclinati. Né per questo il beato padre Sant'Agostino né alcuno altro dirà che non meritino esser laudate quelle vedove che governano bene la loro famiglia, e che conservano et accrescono ancora giustamente [E12ʳ] il patrimonio de' suoi figliuoli; purché ciò facendo non si scordino (come molte fanno) di Dio, non aborriscano i membri di Cristo che sono i poveri, e non studino tanto di far più ricchi i loro figliuoli, che lascino di darli buon essempio e di farli ben ammaestrar nelle vie di Dio. Le vecchie vedove che sono senza figliuoli hanno da pensar che li figliuoli delle loro vicine e di tutta la città siano figliuoli suoi, e hanno da ricordar modestamente alle loro madri la sua educazione. E quanto sono più libere dalle sollecitudini ch'apporta il governo di casa, tanto più hanno da elevarsi in spirito e d'adoperarsi in servizio delli membri di Cristo che sono i poveri, [E12ᵛ] communicando le facultà che gli sono state date in governo da Dio con li suoi servi. Se sono povere giovano maggiormente con l'orazione, essendo certe che sono grate a Dio. Possono conoscere d'esser grate a Sua Divina Maestà perché d'esse è scritto: 'Benedicendo, benedirò la vedova',[23] e perché il Signor nel Profeta ha raccomandato lo stato vedovale, dicendo che s'avessero in protezione e che se gli facesse giustizia.[24] Alla Vergine madre nostra e madre di Dio fu mandato il più nobil angelo del cielo,[25] a quella vedova Sareptana il più nobil profeta, che fu Elia,[26] per dimostrar il nobil

---

[17] Proverbs 13. 24; this passage is also quoted in *Maritate*, § 12.
[18] ché] poiché molte volte *Viduità*, 1577.
[19] poiché è] essendo *Viduità*, 1577.
[20] che] omitted in *Viduità*, 1577.
[21] scrivendosi] essendo scritto *Viduità*, 1577.
[22] St. Augustine, *Confessionum libri tredecim*, 3, 12, 21.
[23] Psalms 132 (131). 15.
[24] Isaiah 1. 17.
[25] Luke 1. 26–38.
[26] 1 Kings 17. 9–24; but also Luke 4. 25–26.

INSTITUZIONE D'OGNI STATO LODEVOLE DELLE DONNE CRISTIANE 87

stato delle vedove, e per significare che tiene il Signore gratissima conversazione [F1ʳ] con le vedove, poiché le manda a visitar da' più nobili suoi servi. Di quella santa vedova Giudit è scritto che, non avendo voluto conoscer altro uomo che il suo marito, perciò il Signor ha confortato il suo cuore;[27] e di quell'Anna figliuola di Fanuel, che conservò la viduità fino alli 84 anni, si narra che fu gratissima al Signor Dio, avendola eletta per specchio di santità, et avendo udito le sue orazioni gratamente per sì longo tempo.[28] Dimostrando questa cura particulare che 'l Signor Dio ha delle vedove, il beato padre San Ieronimo nota ch'essendo inferma di febre la suocera di San Pietro, pregorno per lei San Giovanni e Sant'Andrea:[29] da che possiamo comprendere [F1ᵛ] la cura che non solo il Signor Dio ha dalle vedove, ma ancora tengono i Suoi Santi, poiché per ordine di Sua Divina Maestà sono disposti nelle loro necessità interceder per esse. Ha cura il Signor Dio di tutto il mondo, l'ha creato di nulla, lo conserva con mirabil providenzia, ha santificato il matrimonio, li congiugati sono patri e matri del popolo di Dio,[30] gli è gratissima la virginità poiché il Redentor del mondo Suo figliuolo è stato vergine, è nato di vergine, e poiché (come scrive il medesimo padre San Ieronimo),[31] sì come il matrimonio empie la terra, così la virginità empie il cielo. Ha particular cura delle vedove et ama il stato vedovale, tanto più quanto ch'è [F2ʳ] manco impedito dal servizio suo; e perciò ha disposto (come scrive il beato Apostolo San Paolo)[32] che la sposa di Cristo, la santa Chiesa, provedesse alle necessità delle vedove.

3. Che il beato[33] Paolo permette alle vedove giovani le seconde nozze ma
non le conseglia; e che vuol significare con quelle parole: 'Voglio che
le vedove giovani si maritino e siano madri di famiglia'.

Et a questo proposito è di avvertire quando scrive l'Apostolo San Paolo: 'La vedova sia eletta de 60 anni, ch'abbia educati suoi figliuoli, ch'abbi posto le sue speranze in Dio'.[34] E poco dopoi, quando dice: 'Voglio che le vedove giovani si [F2ᵛ] maritino, siano madri di famiglia e non diano occasione al demonio di suggerir

---

[27] Judith 8. 1–8; the example of Judith is also mentioned below, §§ 5, 8, 11, 15, 22, 24, and in *Demesse*, § 8.
[28] Luke 2. 36–38; but cf. St. Augustine, *De bono viduitatis*, 13, 16, text quoted by Valier in this same chapter. This example is also mentioned below, §§ 5, 9, 11, 24, 32, and in *Demesse*, § 8.
[29] St. Jerome, *Commentarii in Evangelium Matthaei*, 1 mentions the episode (cf. Mark 1. 29–31, but also Luke 4. 38), but he names neither John, nor Andrew; the two apostles are, however, named in relation to the sick mother-in-law of Peter by St. Ambrose, *De viduis liber unus*, 9, 53–55.
[30] A similar statement is in *Demesse*, § 9, and in *Maritate*, § 2.
[31] St. Jerome, *Adversus Jovinianum libri duo*, 1, 16.
[32] 1 Timothy 5. 16.
[33] il beato] l'Apostolo San *Viduità*, 1577.
[34] 1 Timothy 5. 9–10.

maledicenzie'.³⁵ Il santo Apostolo intende di quelle vedove le quali abbino a esser sovenute dalla Chiesa, accennando che le giovani possono vivere con le loro fatighe; e quando dice: 'Voglio che si maritino e che siano madri di famiglia', intende delle vedove giovani non mortificate a bastanza; e non loda questo precetto, ma permette che si maritino come ministro di Dio e patre amorevole, che studia in ogni modo di levar li peccati e li scandali e condurre l'anime al Signore. E questo che³⁶ permette che si maritino le giovani è³⁷ acciò che non diventino di quelle oziose curiose che [F3ʳ] vanno circuendo la città vanamente. Quando conseglia il beato Apostolo in questo proposito alli Corinti dice: 'La vergine e la non maritata può meglio pensar le cose di Dio'.³⁸ Et espressamente dice, parlando con gli uomini: 'Sei sciolto dalla moglie, non voler cercarla',³⁹ che molto ben dimostra quanto abbino d'esser lodate quelle vedove che con la morte di loro mariti hanno estinti tutti i desideri carnali; e tanto più quanto convertono quelli pensieri e quelle sollecitudini ch'avevano per piacer al marito, in unirsi con Dio e piacer alla Sua Divina Maestà.

[F3ᵛ]

4. Che le vedove più giovani meritano maggior laude quanto più son tentate.

E tanto più debbono esser lodate e meritano presso a Dio, quanto sono più giovani, quanto più combatteno col domestico nostro nimico, con la carne, e quanto più per commodità de' beni del mondo avrebbono potuto senza alcuna vergogna di nuovo maritarsi. E se si trovano senza figliuoli o con pochi figliuoli, tanto più meritano,⁴⁰ perché veramente dimostrano conoscer il vero Dio delle consolazioni. Laonde, oltre che debbono esser lodate e che meritano appresso a Dio, vincendo sé stesse e le proprie cupidità, e facendo oblazione [F4ʳ] dell'anima sua a Dio, vivendo in questa carne fuor della carne, dimostrano ancora gran giudizio e gran prudenzia, come il padre San Geronimo, scrivendo a due giovani vedove in due epistole, a Salvina e Fulvia, con molte ragioni dimostra.⁴¹

---

³⁵ 1 Timothy 5. 14.
³⁶ questo che] omitted in *Viduità*, 1577.
³⁷ è] omitted in *Viduità*, 1577.
³⁸ 1 Corinthians 7. 34; the same passage is quoted in *Demesse*, § 8.
³⁹ 1 Corinthians 7. 27.
⁴⁰ più meritano] maggior è il lor merito *Viduità*, 1577.
⁴¹ St. Jerome, *Epistolae*, 79 and 54; the two letters are mentioned together by St. Jerome himself: 120, 1, and 123, 17. The letters to Salvina and Fulvia are also mentioned by Valier below, § 11.

INSTITUZIONE D'OGNI STATO LODEVOLE DELLE DONNE CRISTIANE

5. Che il matrimonio è santo, ma che molti sono gl'incommodi ch'apporta.

E se ben il matrimonio è santo, essendo ordinato da Dio e confirmato[42] dal nostro Signor Gesù Cristo, sono però moltissimi li travagli de' matrimoni, e certi brevi piaceri sono contrapesati da molti cordogli. Un marito cattivo, di mala natura, sospettoso, colerico, è [F4v] tiranno delle misere moglie; e chi avesse esperimentato questa tirannide, gran pazzia sarebbe, essendone liberata, mettersi di nuovo a pericolo d'esser oppressa dalla medesima o più crudele. E chi avesse avuto buon marito (che è gran grazia di Dio in questa perversità de' costumi del mondo), poco savia cosa è non temere di non incontrare nella medesima bontà, poiché la bontà è così rara. E se ha figliuoli del primo marito, molta molestia apporta dubitar de esser sforzata con figliuoli del nuovo marito; et ancora senza che nascano figliuoli, esser sforzata dissimular con suoi figliuoli l'amore che conviene che sia grandissimo. Ma per nessuna causa si dimostrano più prudenti le [F5r] vedove astenendosi dalle seconde nozze che, se[43] avendo più commodità di servire a Dio e d'unirsi con la Sua Divina Maestà, la sanno pigliare. E sì come molto avveduti si stimano quelli che, avendo passato un gran pericolo in mare, e ridotti al porto nel quale possono vivere quietamente, godeno della quiete fugendo d'esponersi ai venti et alli pericoli manifesti di far naufragio; così molto savia è quella donna che, essendo uscita delli sospetti, delli travagli, delle sollecitudini, della soggezione, delle varie molestie che occorrono nella vita coniugale, non s'allaccia di nuovo ma, pensando alla brevità del tempo et alla celeste patria, rivolta la sua mente a Dio, come [F5v] han fatto molte sante donne, Giudit, Anna.[44]

6. Che non possono esser vituperate le vedove che se maritano la seconda volta, ma molto più laudate quelle che lasciano di farlo.

Non può (come disse il padre San Ieronimo)[45] alcuno né dèe dannare il santo matrimonio, perché (come s'è detto di sopra)[46] egli è ordinato da Dio e confirmato dal nostro Signor Gesù Cristo. E quando le vedove si maritano, non possono esser vituperate, perché usano il rimedio che gli ha lasciato il Signore per le loro infermità. Ma sì come è più desiderabil cosa esser così sano di corpo che [F6r] non s'abbi bisogno de' medici, così è più laudabile e più desiderabile aver l'animo così temperato, et aver così vinte le cupidità, che nel restante della vita la vedova non voglia esser legata con altro nodo che col nodo di Cristo; quelli ossequi che prestava al marito, prestarli tutti molto maggiori col spirito al nostro

---

[42] confirmato] instituito sacramento *Viduità*, 1577.
[43] se] omitted in *Viduità*, 1577.
[44] See above, § 2.
[45] St. Jerome, *Epistolae*, 48, 4; but see also 123, 9.
[46] See above, § 5.

Signore e Re, Gesù Cristo, servendo alli membri Suoi nelli ospitali e nelli luochi pii. E questo era il terzo ponto ch'aveva da considerare: quanto siano utili alla Chiesa di Dio le vedove.

[F6ᵛ]

7. Che le donne vedove sono molto utili al mondo.

Sono stati alcuni che hanno giudicato che li uomini attivi solamente sieno utili al mondo, e di qui hanno giudicato che quelli che si danno alle contemplazioni fossero stupidi; e si sono ingannati perché, come tutte le guerre si pigliano per la pace,[47] così tutte le azioni s'indirizzano alla contemplazione delle cose celesti. Ma nella nostra santa religione cristiana molto più s'ingannano quelli che si persuadeno che alcune sante anime devote e dedicate al servizio di Dio siano inutili, e per questo fanno poca stima d'esse, poco avvedendosi che le creature spirituali [F7ʳ] sono come gli occhi nel corpo della santa Chiesa: li quali, se ben non oprano tanto quanto i piedi e le mani, indirizzano nondimeno tutti i membri, e più giovano che tutti gli altri insieme. Così le sante persone con le sante orazioni al Signor Dio continue e ferventi che fanno, e con l'essempio d'una santa vita, giovano incredibilmente perché mitigano la giusta ira di Sua Divina Maestà, e con la buona loro conversazione e vita irreprensibile rimoveno li altri dalli peccati. Onde, se ben tacciono, insegnano con la vita et ammaestrano molte volte le case e le contrade e gran parte della città. E quelle persone che da principio sono dimandate ipocrite et inutili, [F7ᵛ] in poco spazio di tempo sono conosciute e tenute sante, ammirate et imitate da quelle medesime che le dispreggiavano.

8. L'utilità ch'apportano al mondo li servi e le serve di Dio che stanno chiusi nelli monasteri.

È alcuna persona così poco intendente che non avvertisca quanta utilità apportino i servi e le serve di Dio, che stanno chiusi nelli monasteri, parlando ogni giorno col Signore et isponendo alla Sua Divina Maestà le miserie del mondo, impetrando molte volte perdono de' tanti peccati che si commettono? Possono con verità chiamarsi i monasteri fortezze [F8ʳ] delle città,[48] perché le difendono da molte calamità, delle quali sariano oppresse, se la giusta ira di Dio non fusse retardata dalle sue orazioni.[49] Più oltre, che cosa sono li ospitali se non abitazioni di Cristo? La Casa delle Zitelle e delle Convertite,[50] nelle quali si diletta il

---

[47] The motto, also quoted in *Demesse*, § 25, is based on St. Augustine, *De civitate Dei*, 19, 12.
[48] A similar statement is in *Ricordi*, § 2
[49] dalle sue orazioni] dalle orazioni loro *Viduità*, 1577.
[50] The Casa delle Zitelle is also mentioned in *Demesse*, § 2. The Casa delle Convertite is another pious institution, dedicated to prostitutes who decided to change their lifestyle, and to spend the rest of their days in the Casa.

medesimo Signore e Re nostro d'esser laudato, e l'altre opere pie, che sono li muri di Venezia e li antidoti contra il veneno de' tanti peccati, sono aiutate, accresciute e conservate col mezo delle vedove, imitatrici di quella Santa Marta che con tanta consolazione riceveva il Signore e tanto allegramente s'affaticava per ministragli.[51] Et oltra che in Venezia molte vedove ministrano a Cristo in questa maniera. È [F8v] eccitato un spirito nelle medesime vedove serve di Dio di procurare che Sua Divina Maestà sia conoscitura,[52] e così attendendo alla dottrina cristiana fanno molti progressi nella via del spirito in quella città, che ne ha gran bisogno, essendo così nobil città e così favorita da Dio con tanti e così continuati benefici. La medesima utilità apportano in questa città molte mie sorelle vedove, adoperandosi in queste sante opere, e tuttavia conservando et accrescendo quella santa Compagnia della Madonna,[53] nella quale si può dire che consista non piccola parte della buona educazione di questo mio dilettissimo popolo. E si può chiamare un seminario de' buoni costumi nelle case di [F9r] Verona, vedendo chiaramente, per isperienza, che li figliuoli e le figliuole e li nepoti conservano quelle prime creanze e quelli primi ricordi di pietà che ricevono dai padri e dalle madri loro, e molto più alle volte dalle madonne e dalle suocere. Sì che si può dire che le vedove siano camariere di Cristo, abitatrici de' Suoi palazzi e maestre del Suo popolo,[54] molto utili alle città et alle republiche, sì come sono utili quelli c'hanno buona educazione a quei che sono per governare le case e famiglie loro, et ancora li altri.[55] A quella santa vedova Giudit, vedova gloriosa (com'è scritto nella Sacra Scrittura)[56] perché dopo il marito suo non avea conosciuto altro, diede [F9v] molte grazie il Signore, gli confortò il cuore e la benedisse in eterno. Perciò ella, donna,[57] nella infermità del suo sesso vinse et amazzò il potentissimo e crudelissimo Oloferne; di onde nacque la salute de Israel e furno udite quelle voci in laude di lei: 'Tu sei la gloria di Gerusalem e la salute del popolo de Israelle'.[58] Sopra il qual atto di Giudit considera un santo uomo,[59] accommodando questa istoria al senso morale, che sotto la benedizione di Giudit sono comprese tutte le vedove cristiane, imitatrici di quella santa viduità, le quali sono benedette dal Signore; e gli è data grazia di vincer Oloferne, che s'interpreta il demonio infernale, cacciandolo dalle case e dalle città [F10r] con l'arme dell'orazione, del digiuno e delle altre sante opere.

---

[51] Luke 10. 38-42; the model of Martha is also mentioned below, § 25, in *Demesse*, § 7, and in *Ricordi*, § 25.
[52] conoscitura] conosciuta *Viduità*, 1577.
[53] The Compagnia della Madonna is also named below, § 32, in *Demesse*, § 7, and in *Maritate*, Proemio.
[54] A similar statement is below, § 11.
[55] sì come [...] li altri] omitted in *Viduità*, 1577.
[56] Judith 8. 1-8 and 15. 10.
[57] donna] omitted in *Viduità*, 1577.
[58] Judith 15. 9.
[59] St. Ambrose, *De viduis liber unus*, 7, 37-42.

9. Che le vedove buone riportano anco molte volte il premio delle loro fatiche.[60]

Maestra de' santi costumi fu una vedova chiamata Noemi, la qual riportò premio della fatica ch'avea presa nell'insegnare, perciò che fu poi nutrita da sua nuora, la qual lasciò la casa del padre e de' fratelli per aiutar la suocera; come fece anche Ruth.[61] Degno premio (come scrive il padre Sant'Ambrosio)[62] della santa disciplina delle vedove esser amate e nutrite da quelle che instituiscono. Però non solo le vedove ricche, [F10ᵛ] ma le povere ancora sono grandemente utili alla Chiesa di Dio: perché, se ben non possono far limosine de' beni temporali, fanno limosina di cose molto più importanti, insegnando, conseglando e compatendo et aiutando l'anime de' prossimi, il che è molto maggior aiuto ch'aiutar il corpo solo. Tacciano adunque quelli che, volendo persuader le vedove a maritarsi di nuovo, si sforzano con questa ragione: per non essere inutili al genere umano. Anzi perché son vedove, sciolte e sbrigate da tanti ligami et obligazioni del matrimonio, possono esse maggiormente in quel stato giovar al mondo ch'in ciascun altro. Poiché sono[63] imitatrici d'Anna[64] e di quelle Sante [F11ʳ] che sono maestre della vera disciplina di Cristo, e moderatrici de' costumi delle case et essemplari con la loro vita alle vergini et alle maritate ancora, consolazioni nelle avversità, prudenti consigliere nelle prosperità, eccitatrici alla santa orazione, alla frequenzia dei santissimi sacramenti et a tutti i buoni instituti, consigliatrici,[65] finalmente, e basi fermissime della concordia e della pace non solo nelle case, ma nelle contrade; e quanto più sono mortificate, tanto più son savie, perché in questo consiste gran parte della perfezion umana, ch'è morir al mondo e cominciar in questa vita a conversar con Dio, nel modo che comporta questa nostra umana miseria.

[F11ᵛ]

10. Come il mondo, perpetuo nimico dell'anime nostre, insidia alle vergini, alle maritate et alle vedove ancora.

Ma perché quell'insidioso e perpetuo nimico dell'anime nostre, che in vari modi studia d'avelenar le azioni umane, si sforza di corromper tutti i stati, per accrescer tuttavia la sua tirannide — onde avviene che molte si trovano vergini di corpo e non di spirito e, non avendo congionta con la virginità l'umiltà, la pazienza e

---

[60] fatiche] fatiche in questa vita *Viduità*, 1577.
[61] Ruth 1-4.
[62] St. Ambrose, *De viduis liber unus*, 6, 33-34.
[63] In the print *poiché se sono*.
[64] See above, § 2.
[65] consigliatrici] consultrici *Viduità*, 1577.

sopra tutto la carità, se ben sono vergini, non sono grate a Dio e sono più tosto spose del demonio che di Cristo — così nelli matrimoni sforzandosi di seminar in diversi [F12ʳ] modi discordie, e riducendo l'amor coniugale (che doverebbe esser casto) molte volte in gelosia et in insania, o vero inducendo tedio e sazietà che mai dovrebbe per nissuna longhezza di tempo nascere, fa ch'il santo matrimonio ordinato da Dio e confirmato[66] da Gesù Cristo (ch'avrebbe ad esser un seminario di pace, di carità e di tutte le cristiane virtù) diventa occasione di risse, di discordie e di miserie. Così si sforza l'insidioso nimico dell'anime nostre tirare ancora a sé molte vedove: le quali, se ben servano la continenza viduale col corpo, astenendosi delle voluttà carnali, non la conservano nondimeno nell'anima, desiderando molte volte cose illicite; [F12ᵛ] e con la curiosità, superbia e vanità loro diventano più tosto vedove del demonio che di Cristo.

11. Descrizione o vero idea della perfetta vedova.

Essendo già entrato al quarto et ultimo capo di questa operetta,[67] giudico che sia molto ispediente — per consolazione della mia carissima sorella (o più tosto figliuola) per la quale mi son mosso a scrivere, et ancora per beneficio delle vedove di questa città, alle quali voglio che questo libretto sia commune — far una descrizione della vera vedova cristiana imitatrice di Giudit.[68] E questo ritratto e questa forma[69] di perfetta vedova servirà a far conoscer a ciascuna [G1ʳ] che legesse questo libretto le proprie imperfezioni, e sarà come stimolo alle buone vedove per diventar migliori, et a quelle che non fossero così buone per accostarsi alla perfezione. In tal guisa adunque descriveremo la vedova che veramente si possi chiamar vedova, e la descriveremo con animo d'esplicar tutte le parti. Vedova vera è una serva di Dio, liberata dal vinculo del matrimonio, c'ha posto li suoi pensieri in piacer a Dio, non pensando principalmente ad altro che a Sua Divina Maestà; che essercita l'intelletto per contemplar la sapienza, potenzia e bontà di Dio; la volontà per osservar li santissimi precetti di Sua Divina Maestà, li comandamenti della [G1ᵛ] santa Chiesa, come oraculi dello Spirito Santo, sottoponendo la sua volontà al voler di Dio, e ricevendo le tribulazioni per amaestramenti; che essercita la memoria nel commemorar li gran benefici di Dio verso il genere umano, et in pensar la santa passione del Signore Gesù Cristo; che non essercita la fantasia e l'imaginazion sua, se non in pensar bene et imaginarsi il coro delli santi angeli e la celeste ierarchia; che non sa servirsi della colera, se

---

[66] confirmato] instituito sacramento *Viduità*, 1577.
[67] Valier described in the Proemio (see above) the organization of the treatise, divided into four parts: 'Il primo, delle varie sorti di vedove; il secondo, ch'il stato viduale ha la particolar protezion di Dio e de' Santi; il terzo, ch'è molto util al mondo; ultimamente, descriverò l'essemplare d'una vedova'.
[68] imitatrice di Giudit] omitted in *Viduità*, 1577. See above, § 8.
[69] e questa forma] omitted in *Viduità*, 1577.

non per zelo dell'onor di Dio e contra sé stessa; ch'avendo mortificate tutte le concupiscenzie, non si diletta d'altro che desiderar il ben del prossimo; c'ha gran custodia delli occhi, con essi mirando il cielo e la terra, il cielo come patria, [G2ʳ] alla quale aspira, la terra come valle di lacrime, in poca porzion della quale s'hanno da convertir tutti li nostri corpi fino al giorno dell'universal giudicio; che adopera l'orecchie per udir il verbo di Dio e le miserie de' suoi prossimi; che non si diletta d'altro odore che dell'odore della buona fama; che tanto gusta quanto può bastar alla conservazion del corpo, per potersene servir come istrumento dell'anima per gloria di Dio; che non sa servirsi del tatto in altro che nelle cose necessarie per la vita, et in nutrir la devozione toccando la santa croce spesse volte e le corone e reliquie sante; che avendo figliuoli o non avendo, essendo povera o ricca, essendo vecchia o [G2ᵛ] giovine, vuol esser desolata, cioè non aver altra consolazione che Gesù Cristo, cameriera e famigliara (come s'è detto)[70] di Sua Divina Maestà (poiché non è stata Sua sposa nelli santi monasteri), maestra delle case, coadiutrice delli parochi delle contrade, consolatrice delle vicinanze, dedita alla santa orazione, alla lezione de' libri spirituali, alla frequenzia de' santissimi sacramenti, nemica delle parole oziose, buona madre di famiglia e severa con suoi figliuoli, desiderosa di farli più tosto buoni che ricchi, stimandosi felice e misurando la sua felicità dalla santità della sua famiglia; che mai si spoglia l'abito viduale; che non conosce altro ornamento che l'ornamento dell'anima. Vedova di [G3ʳ] questi costumi fu Giudit, della quale ho parlato di sopra;[71] fu quella santa Anna evangelica, figliuola di Fanuel;[72] sono state molte altre alle quali i santi Padri han scritto, come il padre Sant'Ambrosio[73] et il padre San Geronimo, il quale scrivendo a Salvina et a Fulvia, vedove molto nobili, fa onorata menzione di Marcella,[74] nella morte della quale scrisse ancor una bella orazione[75] e la descrive nel modo quasi che noi abbiamo fatto di sopra.

[G3ᵛ]

12. Della servitù che dèe far la vedova a Dio, e come ha da essercitar il suo intelletto alla contemplazione di Sua Divina Maestà.

Serva di Dio è quella vedova ch'indirizza tutte le sue azioni e tutti i suoi pensieri a servizio di Sua Divina Maestà. E se mi fosse detto: 'Che servizio si può far a Dio che non ha bisogno di cosa alcuna?' Servir a Dio è procurar la Sua gloria, accrescer il numero dell'anime nel santo paradiso, procurar la salute nostra propria. E non

---

[70] See above, § 8.
[71] See above, § 8.
[72] See above, § 2.
[73] Valier refers to the aforementioned text by St. Ambrose, *De viduis liber unus*.
[74] See above, § 4; St. Jerome names Marcella only in the letter to Fulvia (*Epistolae*, 54, 18).
[75] St. Jerome, *Epistolae*, 127.

si trova altra nobiltà vera che quella che consiste nel servir a Gesù Cristo, perché quest'è cosa verissima che tutte le creature [G4ʳ] sono serve in molti modi. Serve perché Dio solo è Signore, avendo creato il mondo e conservandolo. Ma oltra di questo molti servono alle proprie cupidità, alle ricchezze, e servono miserabilmente a un metallo: e più che par a loro di possedere, più cresce in loro la cupidigia, e vanno diventando più poveri. Altri servono agli onori e, affaticandosi per commandar ad altri, adulano e vilissimamente s'abbassano, comprando la laude; e quando han conseguito di commandar alli altri, più sono servi, non essendo patroni d'un'ora di tempo e potendo fare pochissime cose con loro gusto. Più infelici servi delli altri sono quelli che servono alla carne, a cui servendo perdono [G4ᵛ] l'uso della ragione e diventano simili alle bestie. Da questo misero servizio, o più tosto da questa tirannide del demonio, è oppressa la maggior parte del mondo. Beati quelli che sanno servir a Dio, perché quelli soli regnano, tenendo in freno le loro cupidità e riconoscendo il giusto imperio et il paterno governo di Sua Divina Maestà. E tanto son buoni li imperatori, i re, i principi, i senatori delle repubbliche, li prelati della Chiesa di Dio, il sommo Pontifice, Vicario di Gesù Cristo e Capo della Chiesa, quanto che sono miglior servi di Dio e quanto con maggior carità servono alle commodità de' prossimi. E perciò il titolo ch'usa il Papa ordinariamente [G5ʳ] nelli brevi che suol scrivere non è 'Vicario di Cristo', 'Successor di San Pietro', 'Vescovo delli vescovi', 'Capo della Chiesa', (che sono titoli verissimi e che potrebbono esser usati convenientemente) ma, dice Gregorio, 'Servo delli servi di Dio',[76] per insegnar a tutti i membri della santa Chiesa che in questo consiste la nobiltà cristiana: in servir a Dio et alli servi Suoi. E miseri quei superiori d'ogni grado che voglion esser sempre serviti et essi non servir al Signore, del quale sono ministri et insieme all'anime ricomprate col prezioso sangue di Gesù Cristo. Pensi dunque la vedova spesse volte tra sé e dica: 'Io son serva di Dio, ho da servire (come diceva il Profeta)[77] con [G5ᵛ] timore di non offender il Signore, come sogliono servir le buone fantesche alle sue patrone, c'hanno sempre l'occhio a non offenderle, né in fatti, né con alcun minimo cenno'. Et a tutte l'ore pensi questo: se in quell'atto serve a Dio e se potesse, lasciandolo, servirlo in qualch'altra maniera.[78] E questa considerazione mirabilmente li giovarà: essercitar l'intelletto a gloria di Dio e contemplar la Sua Divina Bontà; et, inalzandolo dalle cose di questo mondo, affaticarsi di unirsi col Signore. Né pensi alcuna donna che l'intelletto, il quale Dio Signor nostro ha dato al sesso feminile, sia inetto alla contemplazione, perché

---

[76] In 595 John Nesteutes, patriarch of Constantinople, took on the title of Ecumenical Patriarch; Pope Gregory the Great chose the title of 'servus servorum Dei' ('servant of the servants of God'), a title used also in his writings, as mentioned, for example, by St. Bonaventure, *Sermones de diversis: reportationes*, 1, 32, 11.
[77] Psalms 123 (122). 2.
[78] e se potesse [...] altra maniera] omitted in *Viduità*, 1577.

si sono trovate molte Sante c'hanno avuto grandissimo [G6r] gusto delle cose di Dio e son giunte al colmo delle scienzie: e tra l'altre Santa Catarina,[79] la quale tanto seppe che di 18 anni ebbe a disputar et a confondere li primi filosofi di quel secolo. È cosa meravigliosa a creder quanto giovamento apporti all'acquistar dottrina l'innocenzia e santità della vita, e quanto più facilmente le creature devote imparino le medesime cose di quello che fanno quelli li quali non sono così accostumati. Narra il padre San Ieronimo di Marcella vedova, nobile romana, ch'avea in pronto tutta la Sacra Scrittura e ne parlava con tanta modestia che, interrogando sempre, pareva che tuttavia imparasse e che non insegnasse mai.[80] E tal umiltà, [G6v] o modestia, è il condimento del sapere non solo nelle vedove, ma in tutte le persone. Potrà legere, come faceva Marcella, diligentemente e continuamente i libri sacri, nelli quali si contengono li precetti di Dio e tutta la ragione[81] del ben vivere; ma non si metterà a leggere che non abbi prima fatto orazione, e non leggerà per altro fine che per pascer l'anima sua e per servirsene a dar qualche ricordo alla sua famiglia. E dei libri spirituali, che tanto si sono stampati et alla giornata si stampano, leggerà solo quelli che sarà conseglata dal confessore, dalli consegli del quale non dèe partirsi, come da consegli di padre:[82] poiché averà usata diligenzia per trovarlo buono, intelligente [G7r] e sufficiente per guidar anime a Dio, dèe obedirlo come rappresentante Sua Divina Maestà nel governo spirituale della sua anima.

13. In che modo voglia la vedova la volontà di Dio, e come debba osservar li Suoi santi precetti.

Era posto nella descrizione della vedova che volesse sempre quel che vuol Dio, che sempre s'acquetasse alla Divina Volontà e dicesse di buon cuore quelle parole ch'insegna il Signore: 'Fiat voluntas Tua';[83] e dimostrasse veramente d'amar Dio con tutto il cuore, diventando un spirito con Sua Divina Maestà, non sentendo altro gusto in questa vita ch'in obedir [G7v] a' Suoi santissimi precetti, amando li suoi prossimi come sé stessa, non più di sé stessa, come fanno alcune pazze vedove che, essendo libere dall'impedimento de' mariti, quasi ch'adorano i loro figliuoli o le loro figliuole, et amano più le commodità loro che la propria anima. Dal che hanno grandemente da guardarsi le vedove, essendosi osservato, come s'è detto di sopra,[84] che l'amor il qual portavano ai mariti, aggiungendosi a quello che portano naturalmente a' loro figliuoli, diventa in alcune vedove pazzia:

---

[79] St. Catherine of Alexandria, also recommended as a model in *Demesse*, § 16, and in *Ricordi*, § 27.
[80] St. Jerome, *Epistolae*, 127, 4.
[81] tutta la ragione] tutto il modo *Viduità*, 1577.
[82] The same advice is in *Demesse*, §§ 13 and 16.
[83] Matthew 6. 10.
[84] See above, § 2.

poiché, per far ricchi i loro figliuoli e per ben collocare le loro figliuole, si dan quasi in preda del demonio.

[G8ʳ]
14. Come dèe astenersi da giuramenti la vedova, e dell'osservazione dei precetti della Chiesa.

Molto indegna cosa è in una vedova giurar anco[85] con verità; molto peggio nominar il nome di Dio in vano, senza profitto alcuno. Però si guardi dall'altercazioni e dai giuramenti, et i giorni delle feste non lasci di santificarli, udendo il verbo di Dio e sopra tutto la santa messa, facendo le debite meditazioni et orazioni. E doppiamente ha da esser osservatrice de' santi commandamenti di Dio, e per salute propria della sua anima, e per l'essempio ch'è tenuta a dar a' suoi figliuoli, se ne ha, o vero alli suoi [G8ᵛ] prossimi. E saperanno le mie carissime sorelle, le quali averanno a leggere questo libretto, che debbono parimente obedire alli precetti della santa matre Chiesa, perché d'essi è maestro il Spirito Santo, ponendo la medesima cura per osservarli.

15. Come si dèe governar la vedova nelle tribulazioni.

Ma in questo consiste gran parte della perfezion delle vedove: se[86] nelle tribulazioni vogliono a ponto quel che vuol Dio, e se le sanno ricever dalla man Sua. E veramente è cosa molto strana d'alcune creature c'han sempre in bocca: 'Signore, Signore', e pur non si contentano del governo di Dio e non [G9ʳ] osservono li Suoi comandamenti; alle quali disse nell'Evangelio: 'Perché mi chiamate voi Signore, Signore e non fate quel che dico?'[87] Possiamo noi aggiungere: 'E non volete quel ch'io voglio?' E pare ancora più assurda cosa viver contra la volontà de chi ci dà la vita, e non voler quello che può volere contra il voler nostro quel che gli piace. Mandino a memoria le vedove tribulate quelle parole che diceva la virtuosa e savia Giudit: 'Dobbiamo esser ricordevoli com'il nostro padre Abraam fu tentato e, per molte tribulazioni esperimentato, divenne amico di Dio. Così Isaac, Iacob, Moisè e tutti quelli che sono piacciuti a Dio, sono passati per molte tribulazioni; quelli che [G9ᵛ] non hanno ricevute le tentazioni con timor di Dio e con pazienza sono stati esterminati e son periti. Noi dunque non vogliamo far vendetta delle cose che patiamo, ma stimando li supplici minori delli nostri peccati, come servi che siamo corretti, crediamo che ci sian dati per emendazione, non per nostra perdizione. Umiliamo dunque l'anime nostre innanzi a Dio, e serviamo col spirito contrito et umiliato, aspettando nell'avversità

---

[85] giurar anco] giurar senza gran necessità anco *Viduità*, 1577.
[86] se] che *Viduità*, 1577.
[87] Luke 6. 46.

la Sua[88] consolazione'.[89] E da queste parole impareranno che con le tribulazioni si conformano alli eletti di Dio, alli profeti, alli apostoli, alli martiri; appresso che diventano, sopportando, amiche di Dio, e che quelle le quali mancano [G10r] di pazienza sono esterminate dalla celeste patria. E quando sono tribulate per l'infermità o morte de' figliuoli, per perdita di robba, per calunnie che sian levate contra d'esse, si ricordino di quelle parole: 'Nella vostra pazienzia possederete l'anime vostre'.[90] Potran godersi delle tribulazioni come d'indici e veri testimoni dell'amor di Dio, il qual s'ha da stimar più che tutti li tesori del mondo, perché così parla il nostro Padre celeste per bocca di San Giovanni nell'*Apocalisse*: 'Quelli ch'io amo, correggo e castigo'.[91] Et abbino le mie sorelle compassione a quelle parenti o vicine che non hanno mai alcuna avversità, dicendo il profeta David in un salmo: 'Li ho lasciati [G10v] andare secondo li desideri delli suoi cuori'.[92] E come vere imitatrici di Giudit aspettino nelle tribulazioni consolazione: come diceva nel libro di Tobia quella devota Sara: 'Dopo la tempesta, Signore, induci la serenità e dopo il pianto induci l'allegrezza';[93] così dica la vedova: 'Dopo li travagli che m'han dato i miei figliuoli, Signore, gli farai buoni, se sarà meglio dell'anima[94] mia; doppo le oppressioni mi manderai delle prosperità se vedrai ch'io sia per usarle bene'. Ma che maggior prosperità si può avere che aver Dio seco, il quale per David disse: 'Con esso lui Io sono nelle tribulazioni'?[95] Et in altro loco: 'Il Signore è sempre appresso a quelli c'hanno il cuore tribulato'?[96] Né si può [G11r] aver maggior consolazione né maggior prosperità che aver questa certa caparra, patendo insieme con Cristo di dovere insieme regnar col Suo celeste Padre.

16. Come la vedova abbia a servirsi della memoria.

Abbiamo di sopra detto[97] che la vera[98] vedova voluntieri commemora li benifici ricevuti dal Signor Dio, per la qual cosa spesse volte si ricorderà come è creatura di Dio, redenta col prezioso sangue di Cristo, come è stata favorita dalla Divina Maestà, dandole questo buon proponimento di non sottoponersi più al giogo del matrimonio, per poter più speditamente incaminarsi alla celeste [G11v] patria. Narrerà voluntieri la passione di Gesù Cristo e li misteri a parte a parte, e tanto

---

[88] Sua] omitted in *Viduità*, 1577.
[89] Judith 8. 23–27; the same passage is quoted in *Ricordi*, § 6.
[90] Luke 21. 19.
[91] Apocalypse 3. 19.
[92] Psalms 81 (80). 13.
[93] Tobit 3. 22.
[94] dell'anima] all'anima *Viduità*, 1577.
[95] Psalms 91 (90). 15.
[96] Psalms 34 (33). 19.
[97] See above, § 11.
[98] vera] buona *Viduità*, 1577.

si ricorderà delli suoi peccati quanto basti a piangerli; potrà ancora recitar le virtù delle vedove sante, delle quali vi è memoria, et in quel modo esser utile a quelle con le quali conversa.

17. Della custodia et essercizio della fantasia.

E perché con la solita astuzia l'universale e crudel nemico dell'umano genere non cessa di suggerir per mezo della fantasia perniciose imaginazioni a tutte le sorti di persone, principalmente alle vedove, suggerendole i brevi e falsi piaceri che sentono le maritate e quelli ch'esse medesime hanno [G12ʳ] sentiti — mettendoli molte volte per via de sogni et imaginazioni che le possino allontanar[99] dal santo proposito — perciò usaranno non andar mai a letto senza aver fatto prima l'orazione. Et essercitino[100] a imaginarsi, prima che s'addormentino, ora la patria celeste, quei cori d'innumerabili angeli, de profeti, d'evangelisti, de martiri, de confessori, de vergini e di vedove; e ciò imaginandosi, nel modo che si può imaginare mentre che siamo nella prigione di questo corpo, riceverà[101] consolazione e tenerà[102] lontane le cattive fantasie. Così si metta inanzi con l'imaginazione quelli che già pochi mesi erano vivi, con i quali aveva ragionato, e pensi alle pene del purgatorio nelle [G12ᵛ] quali per avventura si trovano e quei grandi cruciati[103] che patiscono, e si sentirà a movere a pregar per essi et a non curarsi di quei piaceri li quali o veramente hanno da esser puniti con morte eterna, o vero purgati con tanti dolori et afflizioni. Parimente tallora potrà imaginarsi l'inferno, quell'insplicabile miseria e calamità che sentono l'anime dannate, essendo prive di Dio et essendo cruciate con tanti tormenti, senza speranza d'esserne mai libere. Con questa maniera tenerà[104] in freno la carne e farà[105] resistenzia alle tentazioni con le quali il demonio volesse rimoverle dal buon proponimento c'ha[106] fatto. Costume di alcune sante vedove è aver poco lontano dal letto sopra [H1ʳ] il qual riposano una sembianza della morte, per non lasciar passar giorno che non la veggano, per assuefarsi a non temerla e per fargli maggiore accoglienza quando le sarà mandata da Dio. E veramente che la imaginazione della morte e li accidenti ch'avvengono prima che esca il spirito giovano mirabilmente per mortificarsi. E quanto più la creatura vi si[107] applica l'imaginazione, tanto più si guarda d'offender Dio e d'inamorarsi, come molti fanno pazzamente, di questo mondo.

---

[99] che le possino allontanar] per allontanarle Viduità, 1577.
[100] Et essercitino] E si essercitino Viduità, 1577.
[101] riceverà] riceveranno Viduità, 1577.
[102] tenerà] teneranno Viduità, 1577.
[103] Cruciati: torments, tortures.
[104] tenerà] teniranno Viduità, 1577.
[105] farà] faran Viduità, 1577.
[106] ha] han Viduità, 1577.
[107] si] ci Viduità, 1577.

[H1ᵛ]
18. Come ha la vedova da servirsi della colera.

La colera è un principio di pazzia,[108] nemica del conseglio e del governo, perturbazione che rende odiose le persone. Da questa miseria han da guardarsi le vedove, e tanto più quanto che molte di esse sogliono lasciarsi vincere da questa grave infermità, parendole che le sia lecito tutto perché servano la castità viduale; e tanto gridano e tanto acerbamente riprendono la sua famiglia ch'inducono molte volte quelle che le servono in desperazione. S'adirino seco solamente con li suoi peccati, con l'indulgenzia con la quale nuoceno a' suoi figliuoli; s'adirino [H2ʳ] per zelo dell'onor di Dio con quelli che contrafacessero alli commandamenti di Sua Divina Maestà, che fussero di mal essempio in casa loro, ch'adulassero e ch'insegnassero mali costumi a' suoi figliuoli, se ve n'hanno; se non ve n'hanno, con quelli ch'insegnassero cattive creanze alli figliuoli altrui. Questo è adirarsi e non peccare, servirsi di quella potenzia dell'anima come d'ancilla per servir a Dio.

19. Come la vedova ha da odeperar la parte concupiscibile.

Hanno scritto alcuni savi che la colera e la concupiscenzia sono come doi cavalli i quali precipitano quelli che conducono se non sono ben [H2ᵛ] governati dal cocchiero, cioè dalla ragione.[109] Che ha a desiderare altro la vedova santa che quel che desiderava il beato Apostolo: 'Uscir di questa vita et esser con Cristo'?[110] Uscir di questa perpetua e pericolosa battaglia? Viver come morta al mondo? Unirsi ogni giorno più con Cristo? Scrive San Ieronimo che le delicie di Marcella eran l'orazion, il suo gioco era il digiuno, la sua cantilena era 'In corde meo abscondi eloquia Tua, ut non peccem Tibi'[111] ('ho ascoso nel mio cuore le Tue parole affinch'io non pecchi').

[H3ʳ]
20. Come ha da servirsi delli occhi la vedova.

Gran dono ha fatto il Signor Dio all'uom donandogli gli occhi, con i quali potesse mirare il cielo e procurar la conservazione et i commodi di tutto il corpo, e come istrumenti che potessero mirabilmente servire a imparar molte cose, e molte volte commover l'anima alla carità del prossimo. Ma questi occhi che ci son dati da

---

[108] Motto, also mentioned in *Maritate*, §§ 11 and 12, attributed by Cicero to Ennius: *Tusculanae Disputationes*, 4, 23, 52.
[109] The original source is Plato, *Phaedrus*, 246a-249d.
[110] Philippians 1. 23.
[111] St. Jerome, *Epistolae*, 127, 4; the line is from Psalms 119 (118). 11.

Dio come custodi del nostro cuore diventano ladri per nostra[112] negligenzia dell'anima nostra (come dice il Profeta: 'L'occhio mio ha depredata la mia anima'),[113] poiché ci portano veneni e l'infetano talmente con varie concupiscenzie che [H3ᵛ] la misera anima resta depredata. Gl'occhi sono fenestra de' nostri cuori,[114] onde s'han da tener chiusi contra i pestiferi venti della concupiscenzia, acciò che la casa del cuor nostro non si vadi infettando. E le vedove molto diligentemente l'han da fare, custodendo e moderando in modo gli occhi suoi che non risvegliassero in sé stesse li già morti desideri, o vero che non li accendessero in altri.

[H4ʳ]

21. Del fuggir li spettacoli e le comedie.

Si guardino le vedove e tutte le devote persone da comedie e da spettacoli, delli quali i carnali ancora sempre ritornano mal contenti et aggravati da molti peccati, come dimostra il padre San Crisostomo in un sermone;[115] et in un altro il medesimo Padre, facendo comparazione da quelli che ritornano dalla visita d'un prigioniero e da quello che viene da un spettacolo, dimostra chiaramente quanto pazza e perniciosa cosa sia pascer li occhi di simil vanità, esser spettator delle feste del demonio, mancator di fede a Cristo, non attendendo a quel che s'ha promesso nel battesimo, [H4ᵛ] ch'è di rinonciare al demonio e alle sue pompe.[116] Pazza scusa d'alcune vedove che dicono: 'Bisogna pur aver alcuna ricreazione, e massime in alcuni tempi'; pazza scusa è ancora quella d'accompagnarvi o sue sorelle o sue figliuole, perché non debbono per causa alcuna scordarsi la nobiltà del loro stato viduale.

22. Che dèe la vedova mirar spesso la sepoltura del marito, et in che altro dèe essercitar gli occhi.

Essercitino le vedove gli occhi in mirare il cielo come propria patria, la terra come sepoltura del corpo suo. E farà bene la vedova s'andarà a visitar spesso la sepoltura del suo [H5ʳ] marito, dove verà in questa considerazione: 'Quivi è una parte della mia carne, poco posso tardare io di mettermegli al fianco, essendo questa vita, per longa che possa essere, com'un momento'. Mirino le vedove spesse volte con gli occhi le croce di Cristo; mirino quei chiodi, quella faccia battuta, quel costato aperto, tutto per gli peccati del mondo. Mirino ancora la beata faccia della Madre di Dio, essemplare di modestia, d'umiltà, di devozione e di tutte le sante virtù.

---

[112] per nostra] per la nostra *Viduità*, 1577.
[113] Lamentations 3. 51.
[114] Motto based on Jeremiah 9. 21.
[115] St. John Chrysostom, *De Davide et Saule homiliae*, 3, 2.
[116] St. John Chrysostom, *In Acta Apostolorum homiliae*, 13, 4.

Abbino (come avea la Santa Giudit)[117] separato (se possono) dalli altri in casa un oratorio,[118] nel qual possino ancora essercitar gli occhi suoi, mirando l'imagine di Cristo, della beata Vergine, de' santi apostoli, martiri [H5ᵛ] e confessori e de molte sante vergini, perché le sante imagini mirabilmente eccitarano l'anima loro e gli apporteranno[119] grandissima consolazione. Conosco io un santo uomo, che nell'infermità sue e negli travagli suoi sente mirabilissimo alleviamento mirando l'imagini de molti Santi, le quali soleva[120] farsi mettere inanzi alli occhi, dipinte sopra semplici carte. Di questa ricreazione, con questa vista, recrei li suoi occhi la vedova, e li custodirà, o più tosto se ne servirà per salute dell'anima sua.

[H6ʳ]

23. Della custodia dell'orecchie.

E perché il demonio con tutte le vie s'affatica d'acquistare anime, induce alcune vedove che vivono onestamente e sono di buon essempio a dilettarsi d'udire a dir male delle sue vicine. Però debbono custodir le sue orecchie et adoperarle per udire il verbo di Dio e per ricever buoni ammaestramenti per esse e per i suoi figliuoli. Non debbono credere il male facilmente né ascoltare alcune lingue serpentine che, detraendo alli suoi prossimi, imitano a ponto i serpenti che caminano de dietro[121] e tortuosamente e mangiano della terra; così le male lingue, che [H6ᵛ] propriamente si possono chiamar serpentine, mordeno il suo prossimo da dietro, cioè in sua assenzia, caminando astutamente, incominciando molte volte dalle laude per vituperare e, sotto specie di carità, infamano li suoi prossimi, nutrendosi della terra, cioè de' peccati e de' falsi rumori. Osservi questa regola la buona vedova: di chiuder l'orecchie alle detrazioni, come commanda il savio Salomone con quelle parole: 'Chiudi le tue orecchie con le spine, e non udir le persone cattive';[122] et in un altro loco: 'Siano lontane da te le bocche di quelli che detraono'.[123] E tanto più si debbono guardar da questo peccato, quanto che molti v'incorrono, non pensandosi, per un cattivo costume. [H7ʳ] E se non dèe udir la vedova le detrazioni, molto più dèe esser lontana dal detraere, ricordandosi quel versetto di David che contiene queste parole dette in persona del Signore: 'Ho in odio quello che secretamente detrae al suo prossimo'.[124]

---

[117] Judith 8. 5.
[118] The same advice is below, § 27.
[119] apporteranno] apportano *Viduità*, 1577.
[120] soleva] suole *Viduità*, 1577.
[121] In the print *dentro* (already corrected in *Viduità*, 1577).
[122] Ecclesiastes 28. 28.
[123] Proverbs 4. 24.
[124] Psalms 101 (100). 5.

INSTITUZIONE D'OGNI STATO LODEVOLE DELLE DONNE CRISTIANE 103

24. Della moderazione de' cibi e del digiuno.

Per mezo del gusto fa grandi insidie il demonio a tutte le creature et alla vedova ancora: perciò ha d'astenersi dai cibi troppo delicati, come saviamente ammonisce il padre San Ieronimo alcune vedove giovani.[125] Si diletti de' cibi ordinari e ne pigli tanto quanto può bastare per conservazione della vita. [H7v] E si guardi sopra il tutto dal vino potente: tanto ne pigli, quanto basti per conservazione del suo stomaco e per fuggir l'infermità, perché li cibi molto delicati e l'uso immoderato del vino sono cose molto contrarie a ogni sorte di continenza e sogliono produrre mille mali effetti. Per questa causa adunque ha da dilettarsi molto la vedova della sobrietà e del digiuno, et imitare anco in questa parte la santa vedova Giudit[126] et Anna,[127] che passavano la lor vita con digiuni et orazioni. Molte grazie suol concedere il Signor Dio per il digiuno: liberò altre volte il popolo de' Niniviti,[128] rese più grati a Sua Divina Maestà Moisè[129] et Elia.[130] Ma ben avvertisca che non si [H8r] diletti tanto del digiuno che rendi il corpo infermo; del qual corpo ha pur bisogno per poter servir più prontamente al Signor Dio, considerando quel che nota il padre San Basilio de alcuni spirituali:[131] i quali, mentre che fuggono il duro dominio del corpo, pure allora diventano servi del loro corpo perché, diventando infermi, gli convien cessare dalle opere pie e servire al corpo per ricuperar la sanità. E però le mie carissime sorelle che digiunassero tropo e tropo macerassero il loro corpo sappino che il Signore da esse ricerca ossequio e servizio ragionevole, e che vuole servirsi ancora del corpo come di compagno o più tosto instrumento dell'anima.

[H8v]

25. Della custodia della lingua.

E perché parlando del gusto è necessario che ci venga nella mente la considerazione della lingua, voglio avvertir tutte le vedove e tutte le persone che potessero legger questo libretto, che gran parte della perfezion cristiana consiste in saper moderar la lingua, la qual da San Giacomo è stata chiamata 'fuoco':[132] perché, sì come il fuoco è più potente elemento per distruggere, così la lingua è più potente membro per distruggere le case, le città, le province et i regni ancora;

---

[125] St. Jerome, *Epistolae*, 54, 9–10, and 79, 7; the dedicatees of these letters are Fulvia and Salvina.
[126] Judith 8. 5–6.
[127] Luke 2. 37.
[128] Jonah 3.
[129] Exodus 34. 28; Deuteronomy 9. 9.
[130] 1 Kings 19. 7–8
[131] St. Basil the Great, *Sermo X de ieiunio*, 1.
[132] James 3. 6; the same passage is quoted in *Ricordi*, §§ 9 and 17.

e dal medesimo è chiamata 'tutta la iniquità',[133] perché col mezo della lingua tutti li peccati o vero [H9r] si determinano, o si commettono, o si defendono. È veramente com'un cortello pongente, sì che si dèe adoperar la lingua molto prudentemente, perché la bocca della persona da bene, come diceva il Savio, è la vena della vita.[134] Molte vedove sarebbono donne rare se non ragionassero tanto, se non volessen tanto far professione d'aver giudicio e di voler insegnare all'altre. Bella similitudine è quella che diede il savio Salomone: 'La persona che non sa contener la lingua è come una città grande senza mura, la quale può facilmente esser presa'.[135] Così possiamo dire che il cuore delle vedove loquaci facilmente è preso dal demonio e che esse facilmente perdono tutte le [H9v] buon'opere c'han fatto, se non sanno tacere. Ho io conosciuto alcune vedove simili alle galline, le quali, dove han fatto l'ovo, sempre gridano sinché gli è loro levato: così esse, doppo c'han fatto una buon'opera, se ne gloriano tanto che il demonio, col mezo della vanagloria, se la piglia.[136] E d'alcun'altre ho inteso ch'in quel medesimo giorno c'han servito a Cristo, come discepole di Marta, adoperandosi nell'opere pie, servono al demonio come sue discepole, maledicendo per loro mala consuetudine le fantesche, le sorelle, tallora anco le figliuole; et alle volte con un certo zelo indiscreto sono così accerbe e così moleste che diventan intolerabili nelle case dov'abitano.

[H10r]
26. La dolcezza del parlare conviene alla vedova et usar la lingua per ringraziar Dio.

La purità e la dolcezza nel parlare si convien a tutti li veri cristiani, principalmente alle vedove; le quali, volendo congiongersi col suo[137] Dio et esser perfette, hanno da procurar di non offendere in parole, nel che (come diceva il santo Apostolo Giacobo)[138] consiste la perfezione. Per il che[139] siano le vedove dolci et amorevoli nel ragionare, dimostrino con la piacevolezza e sincerità esteriore delle sue parole la candidezza e bontà interiore dell'animo. E si guardino, quanto più possono, dall'asperità e sfrenata furia [H10v] d'alcune che, tutte precipitose con immoderato sdegno e parole ingiuriose, riprendendo ciascuna di ogni cosa leggera, sono a guisa di quelli che volessero con una spada ammazzar una mosca. Et acciò fuggano le vedove tale inconvenienza,[140] gli giovarà sommamente il

---

[133] James 3. 6.
[134] Proverbs 10. 11.
[135] Proverbs 25. 28.
[136] The same simile is in *Ricordi*, § 16.
[137] suo] Signor *Viduità*, 1577.
[138] James 3. 2.
[139] Per il che] E perciò *Viduità*, 1577.
[140] inconvenienza] inconveniente *Viduità*, 1577.

considerare che quello al quale serve e serviamo tutti, Gesù Cristo, fu molto mansueto. E senza dubio dalla composizion dell'animo e dalla dolcezza delle parole si conoscono le vere vedove. La lingua è un nobil membro che ci è dato da Dio per ringraziarlo di tanti benefici ricevuti dalla Sua Divina Bontà, e per pregarlo che si degni soccorrer alle nostre necessità et aver cura di noi in questo essilio. [H11ʳ] Di qui è che il profeta David diceva: 'Benedirò il Signore in ogni tempo e la Sua laude sarà sempre nella mia bocca'.[141] Perciò spesse volte dèe dire col cuore la vedova in presenzia de' suoi figliuoli e della sua famiglia: 'Sia ringraziato Dio, sia benedetto Dio', e fargli conoscere li moltissimi oblighi che abbiamo alla Sua Divina Maestà, avendoci fatti a imagine e similitudine Sua, donandoci l'intelletto, la voluntà e la memoria, e facendoci signori di tutti gli animali: creando in una parola tutto il mondo per commodità nostra. Ma di nissuna cosa più abbiamo da ringraziare la Sua Divina Bontà, che d'esser nati cristiani, d'esser stati riscattati col precioso sangue del nostro Signore [H11ᵛ] Gesù Cristo, liberati dalle catene del demonio, di servi infelici fatti liberi, capaci dell'eterna felicità e, non solo liberi, ma figliuoli adottivi di Dio, fratelli e coeredi di Cristo; e non solo coeredi, ma membri di Cristo, non solo fratelli di Cristo, ma tempi dello Spirito Santo. Le quali cose ben considerate ci danno ognor materia d'usar queste parole: 'Sia ringraziato Dio', e di laudare in tutte le maniere la Divina Bontà poiché ci ha fatto e ci fa di continuo tante e così segnalate grazie. E perciò farà ben la vedova cantar spesse volte con la sua famiglia quel salmo: 'Laudate Dominum de coelis, laudate eum in excelsis',[142] e quello: 'Laudate, [H12ʳ] pueri, Dominum',[143] e quello: 'Laudate Dominum, omnes gentes, laudate eum, omnes populi'.[144]

27. Dell'orazione e della preparazione.

E perché la lingua ci è data non solo per ringraziar Dio, ma per pregarlo che si degni aver cura di noi e provedere alle nostre necessità, sappi la vedova et ogni creatura di Dio che l'orazione è grandemente necessaria alla vita cristiana. Perché, essendo noi tutti bisognosi di tanti aiuti, et essendo esposti a tanti pericoli, con l'orazione si parla con quel solo che ci può soccorrere, che è Dio, e che ci può difendere dalli domestici nostri nimici, dal demonio, [H12ᵛ] dal mondo e dalla carne. Ragiona con Dio chi fa orazione, penetra il ciel, elevando la mente la devota anima. Ma è d'avvertire che, sì come prima che s'entri a parlar con un re o vero con una persona grande, l'uom si prepara, così ha da prepararsi inanzi che parli con Dio; e la preparazione consiste in scacciare i pensieri vani et in raccogliersi. E chi facesse altramente et incompositamente et inconsideratamente trattasse con

---

[141] Psalms 34 (33). 2.
[142] Psalms 148. 1.
[143] Psalms 113 (112). 1.
[144] Psalms 117 (116). 1.

le gran persone del mondo, certo è che perderebbe la grazia e resterebbe confuso. Or così diceva il beato Basilio,[145] che non si doveva chieder l'aiuto a Dio freddamente e vagando col cuore, perché ciò era più tosto un irritar la Sua Divina Maestà. Alla [I1ʳ] preparazione giovarà molto avere alcune ore terminate per l'orazione, et aver (com'è stato detto di sopra)[146] un oratorio, in un luoco più secreto e separato dagli altri. Una vedova santa, chiamata Proba, pregò il reverendo padre Sant'Agostino che gli insegnasse il modo di fare orazione,[147] leggendosi in San Paolo quelle parole: 'Non sappiamo quel che ci bisogna domandare, ma lo spirito prega per noi con gemiti innumerabili'.[148] Le quali parole si debbono intendere delle cose indifferenti che si possano usar bene e male, come ricchezze, onori, sanità, prosperità del mondo, amicizie e questa nostra vita: le quali cose, quando veniranno in mente alla vedova da dimandare [I1ᵛ] per sé o per suoi figliuoli, stii prima sospesa sopra di sé e v'aggiunga quelle parole[149] del Signore, insegnateci nell'orazione dominicale: 'Fiat voluntas Tua',[150] con questa clausula appresso: 'Se dèe essere in beneficio dell'anima mia e de' miei figliuoli'.[151] Perché molte volte non sanno le povere vedove quel che dimandano, dimandando al Signore alcuni per mariti, che siano come padri de' suoi figliuoli, con li quali esse poi vivino miseramente, e sono tiranni suoi e de' suoi figliuoli; et ancora pregando Sua Divina Maestà che dia alli medesimi suoi figliuoli ricchezze con le quali diventano poi insolenti. E non è maraviglia s'alle volte non gli è concesso ciò che dimandano, [I2ʳ] e le sono resposte quelle parole che rispose Cristo alla madre de' figli di Zebedeo: 'Nescitis quid petatis'.[152] Però farano bene a voltarsi di cuore al Signore con quelle parole: 'Fiat voluntas Tua', perché sa Egli molto meglio quello che abbia da esser meglio per noi che noi medesimi.

28. Compendio dell'orazione c'ha da far la vedova.

Potrà la vedova fare orazione in questa maniera: 'Signore io sono desolata poiché non voglio altra consolazione che da Te, e l'anima mia ha rifiutata ogn'altra consolazione fuor di quella che gli dai con la Tua santa gloria.[153] Tu sei il protettore [I2ᵛ] della viduità mia. Tu sei fatto lo sposo della mia anima, poiché tutte le delicie del mondo ho sepolte nelle sepolture del mio marito. Ora godo le vere delicie, perché ho donato il cuore alla Maestà Tua: custodiscilo Signore,

---

[145] St. Basil the Great, *Homilia in Psalmum XXVIII*, 3.
[146] See above, § 22.
[147] St. Augustine, *Epistolae*, 130, 14, 25–26.
[148] Romans 8. 26; innumerabili] inenarrabili *Viduità*, 1577.
[149] In the print *parolle* (already corrected in *Viduità*, 1577).
[150] Matthew 6. 10.
[151] con questa [...] figliuoli'] omitted in *Viduità*, 1577.
[152] Matthew 20. 22.
[153] gloria] grazia *Viduità*, 1577.

reggilo, dammi forza di voler ciò che Tu vuoi, abita la casa mia, insegnami a ben governar la mia famiglia, supplisca la Tua bontà alla debbolezza del mio sesso. Sii Tu padre, Signore, de' miei figliuoli, che non hanno altro padre; fa che sian buoni, perché saranno assai ricchi, essendo buoni; fa ch'abbino la grazia Tua, perché saranno onorati d'avantaggio; fa che Ti possino servire in qualche maniera, ché saranno savi a bastanza. Quella parte [I3ʳ] di me ch'è piacciuta alla Maestà Tua separare, con levarla da questo mondo, Ti piaccia, Signore, averla per raccomandata'. E sopra quest'ultima parte, ch'è raccomandar l'anima del suo marito, deve la vedova (come ricorda un Santo)[154] ogni giorno far particolare orazione, e tanto più efficacemente, quanto più conosce che fussero stati maggior diffetti nel marito suo. Né può mostrare maggior segno d'amore la vedova verso il marito morto che raccommandandolo spesse volte al Signor Dio, che affaticandosi d'aiutarlo con l'orazioni e con elemosine. E sarà ben fatto s'oltra l'orazioni consuete, cioè l'Offizio della Madonna (o vero l'Offizio ordinario, che [I3ᵛ] molto meglio è dirlo), dirà ancora la vedova certi giorni l'Offizio de' morti. E ricordi spesso ai figliuoli et alle figliuole l'obligo che tenevano al loro padre: al quale, non avendo potuto sodisfare in minima parte, s'affatichino mostrar qualche gratitudine, facendo orazione per esso, dicendogli che dagli etnici[155] ancora sono stati laudati quelli c'han tenuto longamente viva la memoria de' padri loro e che d'essi volontieri hanno fatto menzione.

[I4ʳ]

29. Gran parte della perfezione della vedova consiste in frequentare i santissimi sacramenti.

Ma gran parte della perfezione della vedova consiste nella frequenzia de' santissimi sacramenti, dalli quali, ricevendo la grazia, riceve il spirito del governo e del buon conseglio. E perciò dica chi vuole altramente, la verità sta così: che la santissima eucaristia è un pane il qual nutrisce e conforta l'anima nostra, e che ci dà forza per vincere le tentazioni e per resistere a tanti nimici dalli quali siamo oppugnati. Pigliando il santissimo sacramento si piglia la guida in questa vita tenebrosa, s'illumina la [I4ᵛ] verità nell'ombra e nelle tenebre di questo mondo, e si vivifica in modo che va fuggendo la morte de' peccati che ci soprastanno, dicendo esso Signore: 'Io sono via, verità e vita'.[156] Quando quel santo uomo di David piangeva e diceva: 'Il mio cuor è fatto arido, perché mi son scordato mangiare il mio pane',[157] diceva anco a quelli cristiani che si scordano cibarsi di

---

[154] Tertullian, *De monogamia*, 10 (although Tertullian is not a saint).
[155] *Etnici*: non-Christian people.
[156] John 14. 6.
[157] Psalms 102 (101). 5.

questo vero e prezioso pane che è disceso dal cielo. Né credi la vedova, o alcun'altra persona, che per aiutarsi spesse volte con li santissimi sacramenti e per esser frequenti alle predicazioni, la sua famiglia sia per patir alcun detrimento; anzi dèe più tosto esser certa dover ricevere più sante e più utili [I5ʳ] inspirazione, poiché si conseglia con l'auttore di tutti i buoni consegli, e con quello che può in un ponto indrizzar a buon fine tutti i suoi negozi.

30. Che non si dèe far conto delle voci del volgo, et alcune belle e salutari sentenzie.

E quando per questa assidua frequenzia de' santissimi sacramenti sentisse qualche travaglio per la mormorazione d'alcuno che suole interpretare il bene per male, stimi questa essere una tentazione; più tosto ne ringrazi il Signor Dio et abbi sempre nella mente queste due belle sentenze di San Ieronimo: 'che la vera nobiltà e reputazione consiste in esser virtuoso [I5ᵛ] davero, e non esser stimato dalle persone';[158] l'altra: 'che la perfezione de noi cristiani si giudica dal fine e non dal principio, come possiamo con l'essempio di molti conoscere: Giuda nel principio fu discepolo del Signore, finì poi miseramente; diversamente San Paolo, prima persecutor della Chiesa, e poi vaso d'elezione; la Maddalena, prima peccatrice, fu poi tanto grata al Signore'.[159] E considerando queste due sentenzie scritte da quel padre San Ieronimo della vedova, s'affatichi la mia sorella, e tutte quelle che leggeranno questo libro, d'esser reputate da Dio e non dalli uomini, e di perseverare sin al fine servendo puramente a quel Re che non lascia [I6ʳ] mai senza rimunerazione chi lo serva. E non solamente servendo, ma inducendo altri a servirgli, guardandosi dall'ozio come dalla peste dell'anima, et insegnando con le parole il timor di Dio e l'umiltà, con gli occhi la modestia, con l'orecchie la pazienzia, con la taciturnità il santo silenzio, con l'abito negro e coperto il dispreggio del mondo e la verecondia cristiana.

[I6ᵛ]

31. Perché le vedove portano l'abito negro.

Portano le vedove gl'abiti negri et, in alcuni luochi, il velo, dimostrando per avventura che sono meze morte al mondo poiché una parte d'esse, ch'era de' loro mariti, l'è stata levata dal Signore portando quello abito; essendo fatte dal Signore Dio maestre del pianto, tanto utile e salutare al mondo, poiché li nostri peccati e del mondo, e tant'altre miserie, invitano grandemente alle lacrime. E poiché il pazzo mondo non s'accorge di questa necessità dell'anima, nelle case e nelle

---

[158] St. Jerome, *Epistolae*, 10, 7; but St. Jerome frequently stresses this idea: see also 22, 15; 54, 13; 123, 14; 128, 15.
[159] Ibid., 54, 6; but see also 148, 32.

contrade spargi il Signore alcune vedove, quali con l'abito ancora possino esser maestre a quelle ch'amassero troppo il [17ʳ] mondo. Gran vituperio della vedova è mutar l'abito della sua viduità, dilettarsi di varietà de' vestimenti, sì come non sarebbe laudabile la sordidezza et una certa dapocagine, la quale rende contemptibile la persona e quasi ridicula.

32. Conclusione del libretto et orazione al Signor Dio che faccia che il libro sia fruttuoso.

Piaccia al Signore Dio che questi pochi ricordi, li quali in tante occupazioni ho scritto a voi, carissima sorella nel Signore Gesù Cristo, v'aportino qualche consolazione e siano di qualche utilità alle vedove di questa città: acciò che continuino nelle santi essercizi che molte [17ᵛ] d'esse hanno incominciato nella dottrina cristiana,[160] nella santa Compagnia della Madonna[161] et in altre compagnie. E poiché il Signore ha mandato voi in quella città per Sua gloria e per introdurre buone consuetudini, ch'elle sappino conoscere questa grazia e questa buona occasione che 'l Signore Dio le dimostra. A Madonna vostra suocera[162] potete far leggere questo libretto, perché vegga un ritratto di sé stessa e ringrazi il Signore del dono che le ha fatto, facendola così buona ministra e maestra delle altre, com'è stata Anna.[163] Benedica il Padre celeste voi e tutte le vedove di questa città, acciò che doppo avere avuta buona cura dell'anima vostra e [18ʳ] delle vostre case, siate mie coadiutrici, aiutandomi col vostro essempio e con i vostri santi essercizi e con le vostre orazioni ancora a condurre anime a Cristo, che è scopo di questo mio governo et il principale (anzi solo) desiderio che io ho e debbo avere in questa mia vita.

Il fine del libro della vera e perfetta viduità.

---

[160] Valier refers to the different schools of Christian doctrine founded in Verona by Gian Matteo Giberti and by himself (see Ventura, p. 82).
[161] See above, § 8.
[162] Adriana Contarini.
[163] Anna] vostra *Viduità*, 1577. See above, § 2.

[I9ʳ]

Instruzione delle[1] *donne maritate di*
Monsignore Agostino Valerio Vescovo di Verona

[I10ʳ]
Instruzione del modo di vivere delle donne maritate di Monsignore Agostino Valerio Vescovo di Verona a Madonna Laura Gradenigo sua sorella

Proemio. La causa perché sia stato scritto questo libretto.

Perché le buone madri di famiglia son[2] fermi fondamenti della disciplina delle città, onde poi nasce l'obedienzia, il buon reggimento e la tranquillità delli popoli, con onore e gloria di Dio, alcuni uomini pii mi hanno essortato[3] che io pensassi a questo e dessi ricordi [I10ᵛ] anco alle madri di famiglia della città di Verona e diocese, come ho dato alle demesse et alle vedove. E questo diceva non esser molto necessario peccandosi tanto nella educazione de' figliuoli et in molte vanità dalle donne di questo tempo. Le mie sorelle della Compagnia della Madonna,[4] che sono in gran numero, mi hanno fatto ricercare spesse volte che io pigliassi questa poca fatica per beneficio e consolazione loro. Ho considerato di non poter mancar di satisfare a dimanda così onesta di uomini religiosi, et insieme al pio desiderio delle mie carissime sorelle; e ho voluto indirizzare il libretto a voi,[5] ragionando in questa maniera con voi, poiché [I11ʳ] per le occupazioni del mio ufficio di vescovo posso vedervi rare volte. E se dalla lezione di questo libretto prendesse qualche giovamento, riceverò grandissima consolazione, amandovi io come convien amare una buona sorella.

1. Che della benedizione delle spose si può comprendere qual sia l'ufficio della donna maritata

Che posso dire io, sorella, che sia più a proposito di quello che insegna lo Spirito Santo il giorno che si benedicono le spose? E perciò odino, o più tosto si ricordino, le mie sorelle carissime quelle condizioni che dimanda la santa Chiesa al Signor Dio per le maritate [I11ᵛ] il giorno che son benedette dal sacerdote: 'Risguarda Signore (suol dire la santa Chiesa)[6] sopra questa Tua serva, che è congionta nel

---

[1] delle] del modo di vivere delle *Maritate*, 1577.
[2] In the print *con* (already corrected in *Maritate*, 1577).
[3] A similar sentence is in *Ricordi*, § 7.
[4] The Compagnia della Madonna is also mentioned in *Demesse*, §§ 7 and 15, and in *Viduità*, §§ 8 and 32.
[5] Laura Valier, sister of Agostino: she married (27 January 1560) Giorgio Gradenigo, Senator and patron, and had three daughters (all nuns) and two sons.
[6] This is a passage from the *Benedictio sponsae* (the benediction of brides), which can be read in *Missale Romanum* (Venice: Domenico Nicolini da Sabbio, 1575), fol. 34ʳ.

consorzio maritale: desidera esser difesa dalla protezione Tua; sia in lei il giogo della dilezione e della pace; sia fedele; sia maritata in Cristo; sia imitatrice delle sante femine, amabile al suo marito come Rachelle, savia come Rebecca, di lunga vita e fedele come Sara; dalli suoi movimenti e gesti l'autore della prevaricazione, il demonio, non pigli alcun imperio in lei; sia sempre fedele; conosca un solo marito; difendi l'infirmità sua con la forza della disciplina; sia grave per la verecondia, venerabile per un santo rispetto; sia [I12ʳ] erudita delle celesti dottrine'. Di cui pensate che siano queste parole? Del Spirito Santo, perché sempre assiste, sempre illumina la sposa di Cristo, madre e maestra nostra; essaudisce il Signore senza dubio le preghiere della Sua Chiesa; benedice tutti i matrimoni, se le persone maritate con li peccati non fan resistenza.

2. Lode e beni del matrimonio e come si conservino.

Sorella, il matrimonio è santo, ordinato da Dio, instituito poi sacramento dal Signor nostro Gesù Cristo, et onorato con la Sua presenza e col primo miracolo, quando a quelle nozze in Cana di Galilea [I12ᵛ] fece di acqua vino.[7] Il quale, se ben apporta tallora molti incommodi, nondimeno non possono esser tanti che non debbano sempre le donne maritate ringraziar il Signor Dio di servirgli in quel stato, avendo occasione di aiutar col buon esempio e con le orazioni li mariti, di ben educar li figliuoli, di far buone le città, le republiche, li regni, educando buoni padri di famiglia, buoni cittadini, buoni gentiluomini, buoni prencipi e, finalmente (che più importa), essendo (come scrive il beato Santo Agostino) 'madri del popolo di Dio'.[8] E hanno la protezione di Sua Divina Maestà. Onde possono dire col profeta Davide: 'Signore, Tu sei la mia protezione: che ho [K1ʳ] io a temere?'[9] E per conseguir tanto bene debbono osservare i Suoi santissimi precetti: spesse volte confessarsi e communicarsi, esercitarsi nelle opere pie, dando essempio di santa vita alla propria famiglia, alla vicinanza et a tutta la città nella quale son nate, mettendo studio in ben educare suoi figliuoli, se ne hanno; se non, in ammonire li figliuoli delli suoi prossimi, principalmente vicini, o parenti, come se fossero suoi propri.

3. Che la donna maritata dèe aver dilezione e pace et obedir al marito.

La perfezione della donna maritata consiste in gran parte in aver dilezione e pace, amando prima Dio con tutto [K1ᵛ] il cuore, con tutta l'anima e con tutta la mente, et in Dio amar il suo marito, ricordandosi quelle parole di San Paolo scritte agli Efesi: 'Donne, siate soggette alli vostri mariti come al Signore, perché l'uomo è

---

[7] John 2. 1–11.
[8] St. Augustine, *De sancta virginitate*, 1; the same passage is quoted in *Demesse*, § 9; but cf. also *Viduità*, § 2.
[9] Psalms 27 (26). 1.

capo della donna, sì come Cristo è capo della Chiesa'.[10] La Chiesa, sorella, è sogetta a Cristo, e sarà fino alla consumazion del secolo: così le maritate han da riconoscer il marito loro per capo in tutte le loro azioni, e per tutto il tempo della vita loro hanno da depender da lui. Onde possono accorgersi quelle, che usano imperio nelli lor mariti, quanto offendino il Signore e come, ragionevolmente, possino temere di essere punite da Sua Divina Maestà. Ma per [K2r] amar constantemente il lor marito, hanno da guardarsi di non amarlo troppo, di non lasciarsi entrar nell'animo vani sospetti et alcune frenesie, dalle quali si lasciano prender alcune miserabili donne vivendo, in continua gelosia, cruciando sé stesse e li parenti. Questo tale affetto è affetto diabolico da essere grandemente fuggito, perché è indizio di animo mal composto e poco pudico. Et oltra che suole partorire lagrimosi effetti, si converte in odi, è origine molte volte di cose orribili, di omicidi e di altre calamità. Gran virtù della donna è esser pacifica, perché una donna rissosa[11] è come un serpente, come un dragone, sì come in molte parole il beato padre San [K2v] Giovanni Crisostomo dimostra parlando di quella Erodiade,[12] che fu cagione di quella iniquissima e veramente tragica determinazione che fece Erode di farsi portar il capo di San Giovanni Battista nel convivio, cosa tanto insolita nelli convivi e tanto fiera. Laude propria della donna maritata è esser pacifica, conservar la pace col marito, tra il marito e fratelli e sorelle, conservarla nella famiglia e patire tutte le cose più presto che romper la pace, madre della concordia, sorella dell'allegrezza e compagna di tutte le virtù, consolazione nelle avversità, condimento di tutte le prosperità. E se in mano di alcuna venesse questa operetta, che fosse stata occasione di discordie [K3r] tra fratelli, tra fratello e sorella, molto più tra figliuolo e padre o madre, pianga il suo gravissimo peccato, faccia penitenzia, correga l'errore, sappi che se le conveniva esser pacifica, sopportar tutte le cose più tosto che esser instrumento del demonio per umor proprio, facendo divisioni nelle case. E quanto più le donne avessero portato buone doti, volendo insolentemente perciò soprastar al marito e tiranneggiarlo, tanto più offendono il Signor Dio, poiché usan i doni di Sua Maestà così malamente e con tanta rovina del prossimo e di quella casa nella quale sono entrate per consolarla et accrescerla, non per contristarla e deprimerla.

---

[10] Ephesians 5. 22–24.
[11] In the print *ritrosa* (already corrected in *Maritate*, 1577).
[12] St. John Chrysostom, *In Matthaeum homiliae*, 48, 3–4; but cf. also *Homilia in decollationem praecursoris et Baptistae Joannis et in Herodiadem*.

[K3ᵛ]

4. Come la donna maritata dèe rendersi amabile e grata al suo marito.

Desidera la santa Chiesa che la donna maritata 'sia amabile e grata al suo marito, come Racchele', per la quale Iacob ha tanto servito.[13] È grazia di Dio esser amata dal suo marito: a che molto giova la conformità della complessione, la similitudine di costumi. Ma nissuna cosa è più amabile che la bontà, che è una dolcezza di cuore che si diletta sempre del bene e sempre lo cerca e lo procura in tutti i modi et in tutti i tempi. È amabile la modestia. È ancora amabile la bellezza del corpo: la quale, se non è accompagnata dalla vera bellezza dell'anima, [K4ʳ] poco conserva l'amore, diventa più tosto occasione di odi e di calamità. Debbono le donne maritate desiderare e procurare di esser amate dalli mariti suoi, et invitarli ad amarle con la virtù e con tutti gli ossequi convenienti; sopra tutto invitarli con un puro e cordial amore, non avendo altro occhio che servire a Dio, e dare loro sodisfazione, stimandoli savi, buoni, e pregando di continuo il Signore per l'accrescimento in essi delli Suoi santissimi doni. E debbono in ogni modo astenersi di consigliar i mariti senza essere dimandate, molto men di riprendergli audacemente, come molte fanno; ma se pure talora avviene che commettono [K4ᵛ] qualche errore, con molta modestia, quando si ritrovano soli, dicano loro in terza persona che si potrebbe dire di loro questa e quell'altra cosa, che non portarebbe lor onore e che è contra l'onore del Signor Dio. Ma questi simili offici avvertiranno di non fare spesse volte e di certificarsi bene prima che venghino a questa correzione. E potranno servirsi talora, per far questi uffici, degli confessori dei mariti e delli communi parenti. Conviene che quelle mie sorelle che non fossero così amate dalli suoi mariti ringrazieno il Signor Dio e mai cessino di pregar per essi, ricevendo questa lor poca grazia presso il marito per punizione [K5ʳ] di qualche peccato, e per una essortazione a pensar alle celesti consolazioni; come han saputo fare molte savie donne, le quali non è necessario commemorare, per non fare menzione delli mariti loro, in questa parte degni di gran riprensione.

5. Come dèe esser savia e conoscer sé stessa.

Conviene che la donna maritata sia savia e conosca sé stessa, conosca che è soggetta al marito, che ogni minima cosa può macchiarle l'onore. Perciò dèe mostrare in tutte le parti l'onestà sua: negli occhi, tenendoli sempre bassi; nella bocca, non parlando se non necessariamente; nelli vestimenti, inducendo rispetto [K5ᵛ] nelli uomini più tosto che desiderio; con le orecchie, dilettandosi di udire se non cose utili; fuggendo le feste publiche, li spettacoli, le comedie, nei quali luoghi il demonio trionfa e va sempre acquistando anime et accrescendo la sua tirannide. La sapienzia è una virtù che comprende la cognizione di tutte le cose:

---

[13] Genesis 29. 15–30.

ma, communemente pigliandosi, questo vocabolo si attribuisce a quelle persone che si governano in ogni cosa con la guida della ragione, con discrezione e moderazione, considerando bene le occorrenze umane e giudicandole sanamente. E però dalle cose passate pigliano essempio per governarsi meglio nelle presenti. E da quelle preveggono [K6ʳ] alle future e pensano a quel che potrebbe accadere. E per questo fanno bene schifare li mali che soprastanno. Perciò la santa Chiesa desidera la sapienzia nelle maritate, dicendo: 'Sia questa sposa savia come Rebecca', la quale mostrò gran saviezza in molte azioni sue, ma principalmente consigliando Iacob, suo dilettissimo figliuolo, a fuggire il furore[14] di Esaù.[15] Così averanno le maritate da considerar sempre li mali che potessero venire e provedervi, affaticandosi sopra tutto di levare l'occasione. Et in questo proposito non sarà inutile considerare che quanto sono meno le donne che propriamente si possino chiamar savie per la molta debolezza [K6ᵛ] della lor natura, tanto più sono grate a Dio e degne di esser molto stimate. Scrivono li Santi che una savia moglie è consolazione del marito e conservazione e ricchezza della casa.[16]

6. Della fedeltà e lunga vita.

E perché possi esser lungamente utile alla famiglia, conservando la fedeltà verso il marito et apportandogli lunga consolazione, dice la santa Chiesa: 'Sia fedele e di lunga vita come Sarra'. Nel che, sorella, debbono tutte le creature esser preparate a far la[17] volontà del Signore et ad amar in tanto questa vita, in quanto possino sperare che apportino utilità alle [K7ʳ] case loro et a tutti i lor prossimi; nel resto non amar tanto di stare nella peregrinazione di questo mondo, nel quale siamo esposti a tanti peccati et a tante miserie. La bontà si trova così rara, le amicizie così incerte e mutabili, sempre soprastanno molte miserie; e, quel che più importa, siamo combattuti da così potenti inimici che si sforzano di levarci da Cristo. Onde chiamava il Savio 'beato quello che moriva giovane',[18] prima che la malizia prevertesse l'intelletto suo. E questo è un gran bene che apporta la morte, che leva affatto le occasioni di peccar più.

---

[14] furore] servizio *Maritate*, 1577.
[15] Genesis 27. 41–45.
[16] Ecclesiastes 26. 1–4.
[17] a far la] ad acquietarsi nella *Maritate*, 1577.
[18] Motto mentioned also by Cicero, *Tusculanae Disputationes*, 1, 114; but on this proverb cf. Sergio Audano, 'Dall'epigramma al sonetto: variazioni umanistiche su [Posidippo] A.P. 9.359 (*133 A.-B.)', in *Harmonia. Scritti di filologia classica in onore di Angelo Casanova*, ed. by Guido Bastianini, Walter Lapini and Mauro Tulli, 2 vols (Florence: Firenze University Press, 2012), I, pp. 41–54.

[K7ᵛ]
7. Che la maritata si dèe guardare che 'l demonio non pigli imperio di essa per gli acconci et abbellimenti.

Grande imperio si piglia il demonio nelle donne, suggerendole ad acconciarsi et abbellirsi e spender il tempo in nuove fogge e nuovi ornamenti. In questo proposito scrive il beato San Cipriano[19] alcuni concetti, ancora scritti da altri Santi, li quali (non riferendo[20] le parole puntualmente) è a proposito commemorare: 'Donna come ti pingi la faccia? È quella la faccia che ti ha fatto il Signore Dio? Quando sarà il giorno di quel tremendo giudicio e che 'l giusto Giudice dirà: "Questa non [K8ʳ] è la faccia ch'io feci", che risponderai?' Et un altro Dottore diceva: 'Il Signore ha detto: "Amerai il prossimo tuo come te stesso". Come osservi il precetto di Dio, donna, se tu ti affatichi con la tua faccia prender gli uomini e far preda al demonio dell'anima loro?'[21] Non voglio con questa occasione molto estendermi in deplorare, come sarebbe necessario, il perverso costume di questa misera età in queste parti del mondo, principalmente nella nostra patria. Non voglio, perché non avete bisogno di questa ammonizione, avendovi fatto grazia il Signore di conoscer per tempo che l'onestà e la verecondia sono veri ornamenti delle donne nobili, e che 'l fuco[22] nella faccia malamente può stare con la candidezza [K8ᵛ] dell'anima cristiana. Ho ben spesse volte lagrimato sopra alcune mie sorelle di qua, che non hanno ancora ben conosciuta questa verità: che è cosa molto legera affaticarsi per esser tenuta più bella; di più, ch'è cosa pazza, con affanno de' mariti e danno delli propri figliuoli, consumar in superflui vestimenti quelle facoltà che 'l nostro Padre celeste ha concesso alle case loro, acciò che fossero ben educati i suoi figliuoli e che fossero aiutati del sopravanzo i poveri di Cristo. E tra queste alcune son più degne di compassione ché, per notrire questa vanità, non impoverendo i figliuoli, si contentano di patire, astenendosi dalle cose necessarie. La qual sorte di vanità è [K9ʳ] escusata da alcune donne, le quali dicono che in ciò mettono tanto studio per piacere alli mariti; cosa che non pare molto probabile, perciò che se questa fosse veramente la causa, non si curarebbono di uscir di casa ornate e di esser vedute dagli altri. Io non credo che la vanità delle donne sia sempre accompagnata da disonestà, anzi che molte donne vane siano oneste; ma ben affermerei che non potessero esser chiamate donne savie e buone madri di famiglia.

---

[19] St. Cyprian, *De habitu virginum*, 15 and 17.
[20] riferendo] trasferendo *Maritate*, 1577.
[21] St. Ambrose, *De virginibus ad Marcellinam sororem suam libri tres*, 1, 6, 8; for the quotation see Mark 12. 31; Matthew 22. 39; Luke 10. 27.
[22] *Fuco*: rouge.

[K9ᵛ]
8. Che la celeste disciplina, che la santa Chiesa desidera nella donna maritata, è conoscer Cristo et i doni i quali il Spirito Santo ha portati al mondo.

Finalmente hanno da considerar, tutte le donne maritate, quelle parole che sono scritte nell'ultima parte della benedizione che hanno ricevuto il primo giorno dalla santa Chiesa: che 'abbino ad esser erudite delle celesti discipline'. La celeste disciplina, sorella, è questa: conoscer Dio, Signor del cielo e della terra; ben sapere i Suoi santi precetti, gli articoli della santa religion nostra, la forza di santissimi sacramenti, principalmente [K10ʳ] delli più communi a tutti, come è il batesimo, la santa confessione, la communione e l'estrema unzione; sapere e dilettarsi di ragionare col Signore per mezzo della santa orazione; conoscer Cristo, re, maestro, medico del mondo, via, verità, sol di giustizia, salute del mondo, essempio, consolazion del Suo popolo, interpellator per li nostri peccati, reconcilazione nostra, sommo bene delle anime nostre, destruttor del peccato, vincitor della morte, trionfator del demonio e dell'inferno, amator della povertà, signor delle ricchezze, consolator degli afflitti, misericordioso e giusto Signor del cielo e della terra: venuto al mondo per aprir la porta del cielo; fatto uomo acciò che [K10ᵛ] l'uomo potesse accostarsi a Dio; crucifisso per satisfare alli nostri peccati e per insegnarci a portare la croce; sepolto perché sepelissimo li nostri peccati nella sepoltura Sua; risuscitato acciò che 'l genere umano cercasse le cose di sopra e non più s'affaticasse in queste cose basse del mondo; asceso in cielo per far adito a noi e per mandar lo Spirito Santo, che reggesse la Sua sposa, madre e maestra nostra. Il quale in tante miserie del mondo consolasse et ammaestrasse i fedeli e desse loro la vera sapienzia, che consiste in conoscer la potenzia, sapienzia e bontà di Dio e la propria infirmità e miseria (il che conobbe Santo [K11ʳ] Agostino quando, dimandando questo dono al Signore, disse: 'Conosca me, conosca te':[23] essendo questi li fonti della vera sapienzia). Et il medesimo Santo Spirito desse agli uomini intelletto di conoscere a regger sé stessi, le lor case e le città e li popoli (se sono chiamati a governar altri) e, non essendo chiamati al governo d'altri, avessero intelletto di obedire, sentendo che la dolcezza è congiunta con l'obedienza, la quale è sorella dell'umiltà,[24] compagna della prudenza, madre della quiete e della tranquillità. Et in tanta infedeltà di consiglieri domestici (che sono i nostri appetiti) et estranei (che sono [K11ᵛ] gli uomini interessati del mondo), desse buoni consigli, che sono: amar Dio sopra tutte le cose del mondo; stimar l'anima sua più che tutti i commodi, onori e piaceri che si possono aver in questa vita; portar la croce voluntieri; cercare nelle azioni la mediocrità; non anteporsi agli altri; desiderare più di essere buono, che di essere stimato; fuggir l'ostentazione e la curiosità; incominciar a morir al mondo per

---

[23] St. Augustine, *Soliloquiorum libri II*, 2, 1, 1.
[24] A similar statement is in *Demesse*, § 12.

viver con Cristo; dilettarsi di ricever consiglio dagli altri più vecchi e migliori, e principalmente da quelli c'han cura delle anime, avendo questo principal scopo di servare i precetti di Dio e di mostrarsi buoni cristiani. E che insieme desse forza [K12r] agl'infermi animi nostri di combatter col demonio, col mondo e con la carne, e di risister a tante sorti di tentazioni, con le quali s'affatica quell'insidioso nemico delle anime nostre, avversario nostro e ribell di Cristo, di espugnar la rocca del cuor nostro. E che insegnasse la vera scienzia al popolo di Dio di conoscer quanto il mondo sia pazzo, instabile, incostante e vano, pernicioso consigliero o più tosto seduttore delle misere et incaute anime. Che insegnasse insieme come l'uomo è di terra et in brieve ha da ritornar in terra, essendo nondimeno un'opera di Dio fatta ad imagine e similitudine della Sua Divina Maestà, per dover esser compagno degli angeli, [K12v] e goder perpetuamente quella celeste visione. Perché levasse tante pazzie del mondo e tanti perniciosi dogmi, c'ha disseminato l'autor della falsità, Satana: esser felici quelli che possono saziar i lor appetiti, che son ricchi, che son potenti; esser cosa utile simulare e dissimulare; viver allegramente; non pensar mai alla morte; adular li principi; attender a sé stessi; non aver mai alcun amico, se non con animo di averlo anco nemico quando ritornasse commodo; e finalmente prender tutte le sue consolazioni in questo mondo, in giuochi, in feste, in spettacoli. E, levati questi errori, insegnasse che siamo esuli, che la nostra patria è il cielo, che siamo [L1r] peregrini, che la via non è sicura, che gran pericoli è a tutti, principalmente a donne, di esser vinti nel combattimento; e che perciò bisogna ben armarsi[25] per combatter sotto il stendardo di Cristo, contra il demonio, combatter fuggendo con la carne e con la buona custodia di sensi; fuggir i lacci del mondo, avendo l'occhio in questo travaglioso mare di navigare più sicuramente che sia possibile, accostandosi quietamente al porto, che è la morte in grazia di Dio; et insegnar la pietà, la quale è il vero ossequio verso Dio, così interiore come esteriore, e verso quelli che in qualche modo rappresentano la Sua Divina Maestà, come sono li sacerdoti, li [L1v] padri, le madri, li principi, li precettori, li vecchi. Et insegnasse finalmente il santo timore di Dio, il quale è principio d'ogni sapienzia e consiste in questo: in non prometter[26] nissuna cosa che appartenga all'onor di Sua Divina Maestà. Di questi celesti concetti desidera la sposa di Cristo, madre nostra, che siano erudite le donne maritate; le quali, per conseguire questa mirabil e salutare dottrina, devono aiutarsi con l'orazione e con la lezione dei libri spirituali.

9. Dell'orazione.

Gran forza, sorella, è quella dell'orazione santa, et è un condimento di tutte le altre [L2r] virtù cristiane. È necessaria a tutti, perché tutti abbiamo molte

---

[25] In the print *amarsi*.
[26] prometter] pretermetter *Maritate*, 1577.

imperfezioni, et abbiamo bisogno dell'aiuto di Dio e della divina misericordia; abbiamo bisogno della intercession di Santi, perché molte volte siamo indegni di comparire inanzi la Sua Divina Maestà. E principalmente conviene che la maritata s'aiuti e si consoli con la santa orazione, essendo esercitata da molte sorti di travagli, convenendole participare delle infermità e perturbazioni del marito, di figliuoli e della casa sua. Perciò farà orazione ogni giorno, e da sé sola et in compagnia con la sua famiglia, dicendo delle corone a onor della Madre di Dio, regina et avvocata nostra, [L2ᵛ] supplicandola che si degni aver protezione dell'anima sua e di tutta casa sua; e procurerà, per maggior divozione, di aver qualche corona benedetta dal Vicario di Gesù Cristo, per guadagnar, dicendola, qualche indulgenzia.

10. Della lezione e di fugire l'ozio.

E con l'orazione debbe congiongere la lezione dei libri spirituali, spendendo quel tempo che le avvanzasse dal servizio del marito suo, dal governo della casa e dalle opere pie, in legger o in qualche onesto essercizio, di modo che 'l demonio non possi mai trovarla oziosa. Mai tornano le maritate dai teatri, dalle feste e dalle [L3ʳ] pompe del mondo, se non con perdita, almeno con diminuzione della divozione e perdita del tempo. Perciò siano consigliate con questo mio libretto et esortate a servirsi di quel tempo in legger libri spirituali, la *Vita di Gesù Cristo*, le *Vite* delle Sante e molti altri utili libri, che le saranno somministrati dai loro confessori, principalmente quel picciolo libro che contiene l'*Instituzion cristiana*:[27] e lo devono imparar a mente per insegnarlo a' suoi figliuoli e anco alle loro fantesche, sapendo certo le mie sorelle che potrebbono inanzi al giusto giudice esser accusate di negligenzia dalle proprie figliuole e fantesche. E non s'ingannino in questo: che ognuno è obligato[28] ad aiutar in [L3ᵛ] cosa tanto necessaria il prossimo suo, e che di molte imperfezioni delle case saranno puniti molti padri e molte madri di famiglia. Attenderà che si essercitino in casa quelli arti a che[29] si danno le donne, come cuccire, filare e simili essercizi; e sapranno che Ottaviano Augusto imperator volse che le sue figliuole sapessero fare tutti gli essercizi, perché l'ozio non le potesse mai corrompere;[30] dal qual ozio nascono tutti i mali, sia accompagnato da povertà o da ricchezza, da bellezza o da brutezza.

---

[27] Felice Piaci, *Institutione christiana necessaria a tutti i fideli catholici* (Milan: Valerio e Girolamo Meda, 1570).
[28] In the print *oblitato* (already corrected in *Maritate*, 1577).
[29] a che] alle quali communemente *Maritate*, 1577.
[30] Suetonius, *Vita Augusti*, 64, 2.

[L4ʳ]

11. Come la maritata dèe trattare la sua famiglia.

Sappino le madri di famiglia che ad esse si convien trattar così la lor famiglia, come desidererebbono esse essere trattate, se fossero soggette. E per commandar meglio, bisogna che esse obediscano prima ai loro mariti, stimandoli buoni e temendo grandemente di contristarli, tenendo ascose le loro imperfezioni e conservandoli in riputazione appresso tutta la famiglia, principalmente appresso li figliuoli, dando essempio di umiltà, di obedienzia e di soggezione. E sì come la persona soggetta non ha ardire di inquirer[31] curiosamente [L4ᵛ] i secreti delli suoi superiori, così deve guardar la moglie di voler entrar nelli secreti del marito, principalmente in quelli che non appartengono alla casa, ma che appartengono a più importanti negozi. E quelle cose che sente uscire della bocca del marito, le quali risapendosi gli potrebbono acquistar fama di poco prudente, devono[32] molto tenirle secrete et affaticarsi principalmente in questo: in tener consolato il marito suo et in radoppiargli gli anni, come fa la savia donna secondo il detto di Salomone.[33] E per ciò fare dèe guardarsi da la colera, la quale è un principio di pazzia[34] et apporta grandissima afflizione alle case.

[L5ʳ]

12. Come dèe governare i figliuoli.

Gran parte del governo di casa consiste in ben governare i figliuoli, nel che è miserabil cosa pensare quanto errano per lo più le donne di questi tempi, non amando suoi figliuoli come devono, ma facendosigli idoli, non procurando che siano buoni, ma di lasciarli per ogni modo ricchi. È obligato il padre e la madre procurar bene agli figliuoli; et essendo il principio di tutti i beni il timor di Dio,[35] devono nella tenera lor età insegnarglielo, non perdonando alla verga: perciò che quelli che ciò fanno, hanno in odio li figliuoli e non gli amano.[36] Onde, sorella, fate [L5ᵛ] bene a usar la diligenzia che usate di insegnar la dottrina cristiana ai vostri, e tenere ascoso più che potete, con loro, il grande amore che lor portate, volendo in ogni modo esser obedita da essi, et a essercitar imperio in questa lor tenera età. Punite ogni minima bugia che dicano, perché il mentire è tanto proprio di questa nostra natura corrotta, che chi si vi avvezza da fanciullo

---

[31] *Inquirer*: to investigate.
[32] devono] deve *Maritate*, 1577.
[33] Ecclesiastes 26. 1.
[34] Motto attributed by Cicero to Ennius: *Tusculanae Disputationes*, 4, 23, 52; see also below, § 12, and *Viduità*, § 18.
[35] Ecclesiastes 1. 12.
[36] This is a quotation from Proverbs 13. 24; see also *Viduità*, § 2.

malamente si usa poi a dire la verità, che è proprietà di uomo da bene e di buon cristiano. Vedete d'avezarli a confessar gli errori che avessero commessi, per minimi che siano, perché è gran miseria umana, nella quale incorrono quasi tutti, escusar il peccato con nuovi [L6ʳ] peccati. E sopra tutto esercitateli a far quel che non vogliono molte volte, perché è molto utile nella vita umana sapersi accommodar alla volontà d'altri e cattivar il proprio intelletto. Ma nissun studio maggior avete a metter che in farli ben recitar il *Pater noster*, che è la orazion instituita dal Signor nostro Gesù Cristo, essemplare di tutte le orazioni e compendio di tutte le cose che si possono dimandare al Signor Dio e che si debbono desiderare e quelle che si debbono fuggire. Sappino ben il *Simbolo degli Apostoli*,[37] che contien i dodeci articoli, fondamenti della nostra fede cristiana; il *Decalogo*, che comprende i diece [L6ᵛ] precetti che 'l nostro Signor Dio ci ha dati, nell'osservanza dei quali è posta la felicità e tranquillità di questa vita e la speranza della celeste patria. Vadino ancora intendendo i santissimi sacramenti per intenderli poi più distintamente crescendo con l'età. E li usarete, sorella, quanto prima potrete, a confessarsi et ad aver riverenza e metter in uso il santissimo sacramento della penitenzia, raccommandandogli a qualche buon sacerdote, col mezzo del quale cercarete di levargli li vizi e le miserie alle quali fossero inclinati, affaticandovi di insegnargli ogni giorno qualche buona sentenza o qualche [L7ʳ] buon costume. E potrete usar di quelle che averete sentite a[38] dire dai predicatori, o da vostro marito, o ancora[39] che aveste letto nei libri spirituali. E vi contentarete dirgli la medesima cosa più di una volta, acciò che se la ricordino, come sarebbe a dire: che si debbe far più stima dell'anima che di tutti i tesori del mondo; che chi è uomo da bene è ricco perché ha la protezione di Dio; che nissuna bugia sta occulta; che la nostra vita è brieve, simile alla rugiata che la sera è seccata dal sole; che questa vita è come un viaggio e che la patria nostra è il paradiso; che questa vita nostra è come un [L7ᵛ] mare agitato da vari venti e che la morte[40] ci conduce in porto; che la persona savia è umile e cede a tutti; che l'andar in colera è principio di pazzia;[41] che 'l Signor Dio ha venduto le lettere con la fatica;[42] che l'uomo impara quanto vuole; che 'l virtuoso è sempre onorato. E gli andarete insegnando simili altre sentenze, le quali, esplicate con l'auttorità materna, hanno grandissima forza e sempre restano impresse nell'animo di fanciulli, come si vede in alcuni della nostra città, li quali tengono li buoni costumi nel mangiare, nel bere, nel caminare, nel tacere, nell'onorar i vecchi e simili buone creanze che

---

[37] The Apostles' Creed (in Latin *Symbolum Apostolorum*).
[38] a] omitted in *Maritate*, 1577.
[39] o ancora] omitted in *Maritate*, 1577.
[40] In the print *mente* (already corrected in *Maritate*, 1577).
[41] Motto already quoted above, § 11.
[42] The meaning of this sentence is not clear; Valier could refer to the need of educating through examples of behaviour, rather than stories (*lettere* should be interpreted as words, literature).

hanno imparate dalle [L8ʳ] lor madri. E con questa occasione, sorella, si potrebbe piangere la miseria di alcune donne della nostra patria e di questa mia diletissima città, le quali col loro mal essempio hanno mal instituito i suoi figliuoli e figliuole, onde sono diventati miseri. E sappiate certo che alcuni padri et alcune madri in quel orribilissimo giorno del giudizio — ove verrà il Signore di signori, il Re di re a giudicarci tutti — non sono per sentire maggior confusione di cosa alcuna che dai propri figliuoli, i quali gridaranno con molti eiulati[43] con queste e simili parole: 'Giustissimo giudice, averei io imparato la Tua santa fede, averei obedito alla [L8ᵛ] Tua santa legge, perché mi donaste assai capacità di poterlo fare; ma quelli che Tua Maestà mi diede per padre e madre e per regola delle mie azioni mi lasciorno la briglia et io, come polledro indomito, precipitai. Impaciti di me, si scordorno di Te e fecero che io ancora me ne scordassi. Essi della mia ignoranzia, essi delle mie vanità, essi della mia incontinenzia, essi principalmente delli miei odi sono stati causa, perché me gli han somministrati'. E mi pare di vedere alcune giovani voltarsi verso sua madre e dire: 'Signore, questa mi ha insegnato a mutar la faccia Tua, a saetar li cuori degli uomini con [L9ʳ] gli occhi, conducendomi ai spettacoli et ammaestrandomi in pompe et in vestimenti superflui; mi ha fatto mancare di quello che aveva promesso nel battesimo; mi ha instigato di nuovo a servire al demonio'. Vorrei, sorella, che tutti i padri e tutte le madri pensassero a questo orribile spettacolo, e comprendessero la confusione che sono per sentire dall'affanno e cordoglio che sentirebbono se avessero simil contese, o di altra maniera, inanzi li giudici del mondo; e pensassero quanto misera cosa sia aver nemica la carne propria in quel ponto principalmente, ove si tratta d'ogni cosa, e [L9ᵛ] che è della vita eterna. Si legge che Eli sacerdote, avendo doi figliuoli inclinati a questi doi vizi, alla gola et alla incontinenzia, s'affaticò per correggerli con parole, dicendo: 'Non vogliate, figliuoli, non vogliate far così. Non è buona quella fama che odo di voi'.[44] E perché quel buon vecchio non fece tutte quelle cose che poteva fare per riseccare questi vizi — perciò che (come scrive il beato padre San Crisostomo)[45] doveva cacciarli dalla sua faccia, e battergli, e procurar molto più instantemente che lasciassero quelli peccati — incorse nella disgrazia di Dio et, avendo perdonato fuor di tempo a' suoi figliuoli, fu nemico della salute loro e della sua [L10ʳ] propria. Onde, essendosi accorto che 'l Signore la voleva castigare, non usò quelle parole che sogliono usar alcun padri et alcune madri ('Io non son, Signore, della volontà d'altri; ho da render conto delli peccati miei. Miei figliuoli non sono in età conveniente.[46] Essi meritano di

---

[43] *Eiulati*: tears.
[44] 1 Samuel 2. 22–24.
[45] St. John Chrysostom, *Homilia in epistulam I ad Timotheum*, 9, 2; *Homilia in illud vidua eligatur*, 8; *Homiliae in Genesim*, 59, 5.
[46] non sono in età conveniente] sono in età che possono reggersi da sé stessi *Maritate*, 1577.

esser castigati'), ma disse: 'Il Signore faccia quel che gli piace'.[47] E ricevette la pena, acciò che fosse servata la giustizia di Dio. Questo essempio non possono li padri e madri di questo tempo considerar senza orrore, perché la maggior parte di essi non hanno ardimento di riprendere, né anco con parole, ma difendono molte volte li peccati delli figliuoli, onde diventano più licenziosi; e [L10ᵛ] quelli saranno puniti tanto più gravemente quanto che non conoscono il suo errore. E dèe esser considerato ancora questo essempio da quelli che han cura d'altri, come molte volte è considerato da me che conosco aver bisogno delle orazioni vostre per non esser principalmente punito dal Signore della punizione che fu punito Eli: sopra che non mancarete molte volte di raccommandarmi a Sua Divina Maestà. Le riprensioni e li castighi delli figliuoli e figliuole son medicine salutari. Ma sì come i buoni medici hanno l'occhio alla quantità del medicamento, acciò non purgassero troppo e non conducessero l'infermo a morte, così li padri e [L11ʳ] le madri hanno da avvertire di non esser così dure e così aspre a' suoi figliuoli, che l'inducchino a disperazione. Si scrive che Santo Silvestro Pontefice, al quale fu fatto sì nobil dono da Costantino Imperatore della città di Roma e di molti altri stati, soleva punire e premiare in parte li suoi sudditi con gli occhi, perché usava di non guardar mai con buon occhio quello del quale aveva sinistra relazione: et in questa maniera quel santissimo padre San Silvestro conteniva molti in officio.[48] Così deve fare il padre e la madre con suoi figliuoli: quando fanno cosa che non sia conveniente, devono mostrar mala satisfazione [L11ᵛ] et usarsi a ossarvar i minimi errori delli figliuoli, acciò che non incorrino negli grandi; mettendo in questo principalmente lo studio loro: che crescano col timore di Dio e che siano ben accostumati, perché (come scrisse David) 'li ricchi hanno avuto bisogno, ma a quelli che temono Dio non mancano tutti li beni'.[49] È vero che 'l padre e la madre devono conservar la facoltà a' suoi figliuoli, et accrescerle ancora, se paresse che non bastassero; e perciò scrive Santo Ambrosio che Naboth non volse vender il suo patrimonio al re de Israel, e perché gli fu levata la vita era da esser collocato nel numero delli martiri.[50] Ma sappi la madre che con le orazioni [L12ʳ] e con le lagrime, con le elemosine sue fatte per amor di Dio, può acquistar gran patrimonio a' suoi figliuoli, avendo il Signor Dio per raccommandati i figliuoli degli Suoi servi e delle Sue serve, remunerando molte volte le elemosine di padri nelli figliuoli. Senza dubio una madre stimerebbe

---

[47] I Samuel 3. 18.
[48] It was not possible to determine the source used by Valier, as the lives of Saint Sylvester (314-Rome 335) do not mention this episode: see the *Liber pontificalis*, an extremely popular early-medieval collection of biographies of the Roman popes; the *Vita Sancti Sylvestri* (also called *Actus, Gesta,* or *Legenda Sancti Sylvestri*), a text of the later fifth or early sixth century based on the *Liber pontificalis*; the *Legenda aurea*, a collection of hagiographies by the thirteenth-century Dominican Jacobus de Voragine.
[49] Psalms 34 (33). 10.
[50] St. Ambrose, *De Nabuthe Jezraelita liber unus*.

lasciar suo figliuolo felice se lo lasciasse in grazia d'un re, d'un imperator, d'un pontefice; pensi quanto più felice sia per lasciarlo se lo lasciarà erede delle sue elemosine, lasciandolo raccommandato a Dio, Signore del cielo e della terra. È officio di buona madre pregar sempre il marito che procuri buoni maestri per li figliuoli, e pregar [L12ᵛ] essi maestri che li castighino e che gli ammaestrino principalmente nell'umiltà e nell'obedienzia, virtù tanto grate a Dio e tanto necessarie nella vita civile. Alle figliuole insegni sopra tutto a tacere, e le tenghi in continuo essercizio con l'ago e col fuso, facendole tallora dire insieme delle orazioni, come la *Salve Regina*, *Ave maris stella*, *Veni creator Spiritus* et altre simili usate dalla santa madre Chiesa. Deve usar gran diligenzia la madre di famiglia in intendere e sapere quelli che praticano con i suoi figliuoli, e maggiormente con le sue figliuole, lasciandole pratticar manco che sia possibile [M1ʳ] con le fantesche, e non pigliando in casa alcuna persona senza buona informazione: perché s'è visto per esperienza quanta infamia abbiano apportato a molte case alcuni servitori et alcune fantesche che hanno servito infedelmente i loro patroni, facendo miseri molti padri e molte madri. E perciò conviene a buona madre di familia sopra questo star molto avvertita et esser la prima a levarsi di letto e l'ultima ad andar a riposare, dando conto di tutte le cose che avvertisce al marito, acciò con maggior auttorità si vi possa provedere.

[M1ᵛ]

13. Della elemosina.

E quanto al far l'elemosina, potrà invitar il marito suo suggerendogli spesse volte che 'l far l'elemosina è redimer li peccati propri, è un soccorrer ai membri di Cristo, è un dispensar quello che 'l Signor ci ha dato in deposito, è una santa usura. E se fosse povera, desideri di poter fare elemosine, e non manchi di far elemosine spirituali.

14. Di portar la sua croce.

E perché nelli giovani delle case occorrono molte cose che danno molestia alle povere[51] madri di famiglia, dèe esser essercitata la madre di famiglia [M2ʳ] a portar allegramente la croce, e stimar le cattive parole delli mariti esortazioni a pensar la miseria del mondo et alla morte; l'inobedienzia di figliuoli ricever per pena della sua troppa tenerezza; la lor morte per parte di loro felicità, poiché son usciti dalli pericoli e miserie di questo mondo e più non offendono il Signor Dio. Finalmente tutte le tribulazioni ricevi come voci di Dio, le prosperità della casa sua come inviti della Sua Divina Maestà a riconoscerla et a servirla.

---

[51] povere] omitted in *Maritate*, 1577.

[M2ᵛ]

15. Della carità.

Sia caritativa con le parenti, visitandole nelle loro afflizioni e consolandole, dandoli buoni ricordi per suoi figliuoli. Visiti ancora li monasteri delle monache e li luochi pii quanto più può, dimostrandosi in tutto buona serva di Cristo, sopportando li parenti più imperfetti e dimostrandosi in questo di aver carità, essendo benigna, lontana dalle invidie, dalle detrazioni, dalle maledicenzie, conservando con tutti una interiore et esteriore allegrezza d'animo, lontana da ogni simulazione. E si diletti di sapere in che maniera le più approvate donne e più savie della città governino le [M3ʳ] loro famiglie, e di imitarle. E procuri che sia onorato e riverito il marito, come s'è detto di sopra,[52] e che tutti facciano gli uffici loro di casa, a gloria del nostro Signore Dio.

[M3ᵛ]

16. Epilogo del libretto.

Questa benedizione del Spirito Santo, la quale ho con alcune parole dichiarata, desidero che caschi sopra tutte le madri di famiglia di Verona e sopra quelle della nostra patria e finalmente sopra tutte le donne maritate del mondo: acciò che, con la buona lor disciplina, si tenghino lontani gli odi e tutte le sorti di peccati. Siano tutte le case veramente di Dio alberghi di pace e di concordia. Nella vostra casa, sorella, se aveste da giunger alcuna cosa a gloria di Sua Maestà, non lasciate di farlo, servendovi di questo libretto, se non per altro, almen per ringraziare [M4ʳ] Iddio della disciplina che con l'indirizzo e l'aiuto Suo osservate nella vostra famiglia; ricordandovi sopra tutto di pregare il Signore ch'io sappi ben governare questa mia sposa, che non mi parta da lei, che continui in amarla così teneramente come faccio, et in aiutarla in tutti i modi che io posso. E pregate poiché il Signore mi ha dato così bella sposa, così nobil Chiesa e così catolica, che io sappi ben custodirla et appresentarla, quando sarà il tempo, a Gesù Cristo Signor nostro, che verà a discernere e giudicar le bellezze e brutezze del mondo. E farete fare ancora orazione a' vostri figliuoli: perché in nissun'altra maniera mi potete [M4ᵛ] mostrar maggiormente l'affezione che mi portate che aiutandomi con le orazioni, vivendo io in tanti travagli e pericoli continoi per il grandissimo peso ch'io porto. Si degni la Divina Bontà darci grazia, sorella carissima, che serviamo tutti nelle nostre vocazioni come fedeli servi, e che possiamo, finita questa peregrinazione, vederci nella celeste patria. Amen.

Il fine

---

[52] See above, §§ 3 and 4.

Ricordi di Monsignor Agostino Valerio Vescovo di Verona lasciati alle monache nella sua visitazione fatta l'anno del santissimo Giubileo 1575

∼

[A2ʳ]

Alla Clarissima Signora Viena Contarini,[1] Signora mia osservandissima.

Quando la santa memoria del Clarissimo vostro cognato Monsignor Pietro Contarini, meritissimo Vescovo di Baffo,[2] guidava gli ospiti et amici forestieri, de' quali era et è sempre piena la vostra illustrissima casa, per questa stupenda et amabilissima città di Venezia (la quale io nomino non l'ottavo ma il primo miracolo tra le più belle e maravigliose cose del mondo, [A2ᵛ] anzi albergo e seno e ricetto in sommo grado di tutte le cose più degne e maravigliose che tra mortali si trovino), soleva dire, mostrando loro le chiese e monasteri, e massime quelli delle vergini monache che per tutta la città e per le isolette le quali, a guisa di vaga corona di preziosissime gemme distinta, intorno la circondano, che quelli monasteri sono le torri, le rocche, i bastioni, le fortezze che rendono la Republica veniziana invitta et inespugnabile; e la conservano, [A3ʳ] come nata è, cristiana, vergine, intatta et inviolabile. Pensiero e sentenza in vero degna di quel sapiente e santo prelato. Or perché in tutti questi monasteri Vostra Signoria Clarissima ha del suo nobilissimo sangue, avendole io alli giorni passati presentato le belle e pie operette della *Instituzione d'ogni stato lodevole delle donne cristiane*, donatemi dal mio cortese signore, il reverendissimo Vescovo di Verona, è ben onesto che 'l dono sia perfetto e compito, aggiongendovisi [A3ᵛ] quello che gli mancava et è forse la più nobil parte, cioè il trattato delle monache e vergini claustrali, che è tra quelle opere l'occhio, il cuore e l'anima. Lo mando adunque a Vostra Signoria Clarissima sapendo certo che le sarà grato, quantunque ella sia occupata al presente in altre allegrezze, vedendo e sé stessa e la felice memoria del suo dilettissimo consorte, il Clarissimo Signor Polo,[3] rinovarsi e ringiovenire per le nozze della sua non meno graziosa e bella che vertuosa [A4ʳ] e gentile nipote, la

---

[1] Viena Gritti Contarini is also the dedicatee of the preface to the *Instituzione*.
[2] Pietro Contarini (Venice 1557–1563), son of Francesco, Bishop of Paphos (Cyprus) since July 1557; in 1562 he took part in the Council of Trent.
[3] Paolo Contarini (Venice c. 1505), son of Zaccaria, married Viena Gritti on 25 January 1525.

Signora Viena Vendramini,[4] col Clarissimo Procuratore il Signor Polo Nani,[5] fiore et ornamento della gioventù e nobiltà veneziana; copia veramente per ogni rispetto e condizione dell'una e l'altra parte rarissima e col favore divino felicissima. Non sono tuttavia tanto diverse queste allegrezze dal presente soggetto, che nel bello e divino spirito di Vostra Signoria Clarissima non si congionghino. Perciò che da questo nobile ramo del suo illustrissimo sangue spero che ella [A4^v] sia per vedere i desiderati frutti d'ogni stato lodevole dell'uno e l'altro sesso, che ornino et abbellischino il mistico corpo della sposa di Cristo, la santa Chiesa; della quale et esso sposo nella *Cantica* dice: 'Una es et tota pulchra, columba mea, sponsa mea, et macula non est in te'.[6] Et il suo paraninfo[7] San Paolo: 'Despondi enim vos uni viro virginem castam exhibere Christo',[8] la cui Divina Maestà supplico con tutto l'animo che conservi longamente sana, et ogni dì più felice Vostra Magnificenza Clarissima [A5^r] con tutti li suoi nella Sua santa grazia.

In Venezia alli 15 di febraio 1575.

Di Vostra Signoria Clarissima umil servitore Pier Francesco Zino canonico di Verona

[A6^r]

    1. Della fragilità della vita umana e della miseria del mondo.

Questa vita umana, dilettissime sorelle nel Signore nostro Gesù Cristo, è veramente un'ombra, la qual, quanto più seguiamo, tanto più fugge, e chi troppo la segue, precipita; è come un fiore che in poche ore marcisce e resta essiccato; è come una nebula, un vapore; è veramente un fumo che più che si va inalzando, più s'anichila; è come una tela che si tesse, nella quale non appare se non quel poco che si lavora, quel che si è fatto resta involto et ascoso, e quel che si ha a fare non si vede; la quale tela è spesse volte tagliata inanzi che sia finita da chi ha imperio sopra tutte le cose, [A6^v] che è il Signor Dio, dator della vita e della morte.

---

[4] Viena Vendramin (Venice *c.* 1555), daughter of Alvise, married Paolo Nani in 1574; she is also the dedicatee of the work by Cesare Vecellio, *Corona delle nobili et virtuose donne [...] nel quale si dimostra in varii dissegni tutte le sorti di mostre di punti tagliati, punti in aria, punti a reticello e d'ogni altra sorte, così per freggi, come per merli et rosette, che con l'aco si usano hoggidì per tutta l'Europa* (Venice: Cesare Vecellio, 1591-1594).

[5] Paolo Nani (Venice 1552-1600), son of Giorgio and Maria Vitturi, married Viena Vendramin in 1574; he was elected Procuratore di San Marco on 22 November 1573.

[6] Song of Songs 4. 7.

[7] *Paraninfo*: paranymph; in the Greek and Roman world, the man who attended the bride during the wedding; in the text, St. Paul is described as the paranymph of the Church, represented as the bride of Christ.

[8] II Corinthians 11. 2.

In questo mondo pieno di tribulazioni, d'inganni e di miserie viviamo; in questa peregrinazione, o più tosto essilio, ci dilettiamo; in questo ospitale pieno di tanti e così molesti fetori de' vizi andiamo vivendo senza conoscer l'infelice stato nostro e senza pensare a quella patria celeste che ha preparata il Padre Eterno e promessa a quelli che lo amano, alla quale ci ha fatto adito il figliuol di Dio con tanto Suo sangue sparso. La povera anima nostra, nobilitata con l'imagine e similitudine di Dio, redenta col sangue di Cristo, già dotata dal Santo Spirito di tanti doni, custodita dagli angeli qui in terra e deputata alla lor compagnia nella gloria celeste, giace quasi sepolta nel sepolcro di questo corpo. La ragione, constituita da Dio regina de' sensi e delle altre potenzie, serve come ignobile ancella, e non si conosce Dio per Signore, quasi combattendosi impiamente con Sua Divina Maestà, volendo così pochi acquietarsi nel Suo [A7ʳ] santo volere, et obedire ai Suoi divini precetti; onde aviene che nissuno, o pochissimi, in questa valle di lagrime si contentano del loro stato, e sempre resta lor materia d'affligersi: perché chi è ricco molte volte non ha figliuoli; e se, dopo averli desiderati, gli ottiene, sono le sue croci. Chi ha figliuoli non li pare d'aver tanta facoltà che basti per notrirli nel suo grado, e perciò s'afflige. E se si trova alcun ricco e con figliuoli buoni, non avrà spesse volte riputazione nella città, e quelli onori che desidera: averà disparere con la moglie, sarà molestato da qualche litigio, sarà ingannato da falsi amici, non sarà sano quanto desiderarebbe. Si odono molte volte querele de' poveri che non conoscono le ricchezze che Dio ha dato loro, avendoli dato ingegno, memoria, volontà et attitudine ad adoperare nelle azioni e nelle arti, ma molto più avendoli fatti cristiani, et avendoli dato modo di acquistarsi il cielo con la povertà pazientemente tolerata e con l'imitazione di [A7ᵛ] quello che con la povertà Sua ha arricchito la povertà di tutti che si lasciano guidare dal Suo santo governo. Ma, insomma, per lo più il povero è impaziente, querulo;⁹ il ricco è infedele dispensatore delli beni che gli ha dato Dio, è superbo et intolerabile; chi è sano molte volte adopera male la sanità e non pensa mai alla morte; chi è infermo non riconosce la visitazione e gran beneficio che li fa Dio; chi ha un poco più degli altri è gonfio e molto vano; l'idiota presume et erra; il nobile pare che communemente non stimi la nobiltà ch'apporta l'esser cristiano e si diletta di fumo; molti vecchi si scoprono fanciulli, non avendo ancora lasciate le vanità del mondo; i giovani son pazzi e precipitano come cavalli indomiti; le donne di questi tempi con le loro pompe e soverchie spese son le afflizioni de' mariti e calamità¹⁰ delle lor case; noi sacerdoti quanto più potressimo giovare con le orazioni e con li sacrifici nostri se fossimo degni di esser essauditi. Or, sorelle carissime, [A8ʳ] non è dubio che 'l Signor Dio è adirato col mondo, non può più lungamente sopportare la ingratitudine del popolo cristiano. È orribil cosa a pensare quel ch'abbi a succedere. Ha mostrato l'eterno Dio la Sua potenzia creando il mondo,

---

⁹ impaziente, querulo] impaziente e querulo *Ricordi*, 1577. *Querulo*: querulous, moaning.
¹⁰ e calamità] e le calamità *Ricordi*, 1577.

la Sua sapienza governandolo, la Sua misericordia redimendolo. È necessario che mostri anco la Sua giustizia contra quelli che l'offendono e già ne ha dati segni, castigando il popolo cristiano con tante guerre e con aggrandir le genti infedeli, nemiche del Suo santissimo nome, per vindicarsi, per[11] mezzo delli Suoi nemici, delli Suoi nemici. Ha mandato anco in pochi anni, principalmente in questa città, tante innundazioni de' fiumi, tante tempeste, e dimostrati tanti segni della Sua ira che si può temere qualche gran flagello vicino. È ben misericordioso il Signore, ma è anco giusto, come disse per il Profeta,[12] ché la misericordia e la verità (che è giustizia) s'incontrano insieme come amiche. Vedete, sorelle, quanto avete da ringraziar [A8ᵛ] Dio di esser libere, in gran parte, da tante miserie e, da un mare così travaglioso, esser ridotte quasi in porto dove, liberate da tanti travagli e pericoli, potete con molto maggiore sicurezza, aiutandovi la grazia di Dio, operare la vostra salute.

   2. Che le fortezze del mondo sono li monasteri e che perciò il demonio cerca di distrugerle per puoter più liberamente tiranneggiare.

Le fortezze del mondo, li bastioni del popolo cristiano sono li monasteri.[13] Questi tengono alquanto lontano la vicina ira di Dio; tengono ancora aperta la porta della Sua misericordia, la quale il Signor Dio minaccia di chiudere. Le orazioni, i digiuni, le discipline, le lagrime de' servi e serve[14] di Dio son le armi che resistono alla giusta ira di Sua Maestà e che combattono contro il demonio per il mondo misero et infelice, che per dapocagine di nuovo s'è fatto e va tuttavia facendosi infelice [A9ʳ] servo di quel crudelissimo tiranno; il quale, come è insidioso e nemico perpetuo di Cristo e di quelli che militano sotto il vessillo della Sua croce, così s'affatica di entrare in queste fortezze e di espugnare questa sola o principal difesa che ha il popolo di Dio, per poter più commodamente e più assolutamente essercitar la sua tirannide. Et essendo astutissimo, studia di entrar per molte vie nelle anime delle spose di Cristo, le quali, essendo spose dell'unigenito figliuol di Dio, sogliono aver grandissima grazia presso la Divina Bontà; e s'affatica in vari modi di adulterar l'animo loro e di intiepidire l'amore che sono tenute portare al loro sposo e re, donator di tutte le grazie; e pian piano s'affatica, di regine che sono (essendo spose di re), farle coaiutrici sue e, di serve del celeste Padre nostro Dio, farle serve sue, allontanandole più che può dalla conversazion degli angeli, suggerendo loro molte e varie distrazioni [A9ᵛ] et evagazioni della mente; onde perdino l'unione del lor cuore con Dio e, così alienate dal sposo, non ardischino più trattar con esso, né per beneficio delle anime sue proprie, né delle altrui.

---

[11] per] col *Ricordi*, 1577.
[12] Psalms 85 (84). 11.
[13] A similar statement is in *Viduità*, § 8.
[14] e serve] e delle serve *Ricordi*, 1577.

3. Che cosa sia lo stato monacale.

Acciò che, carissime sorelle, non si andassero per aventura indebolendo queste fortezze, e che voi non conosceste (come suole avvenire mentre che l'anima sta nella prigione di questo corpo) la vostra perfezione e la forza ch'avete da combattere e per voi e per il popolo di Dio, mi è paruto necessario avvertirvi quello che forse avete udito a dire altre volte, ma nondimeno non avete ben considerato: cioè che 'l stato monacale, nel quale voi per bontà di Dio vi ritrovate, è una fuga del secolo, un porto nel travaglioso mare di questa vita, una [A10r] scola di quiete, un ricetto de' buoni spiriti, un albergo di fede, di speranza, di carità, una stanza di orazione; padre della contemplazione, refugio de' popoli, difesa delle città, rocca della santa Chiesa, avversario del demonio, amico del silenzio, maestro della discrezione, amatore dell'umiltà e dell'obedienzia, compagno della natura angelica, gratissimo al celeste Padre, il quale si diletta d'abitare nelle celle de' religiosi molto più frequentemente che nelli palazzi di re e dei gran signori.

4. Che li monasteri sono stati instituiti principalmente per congiungersi con Dio e per amarlo quanto si può in questa vita.

E perciò avete a sapere che non per altro sono instituiti i monasteri e fatte quelle sante clausure se non per amare Dio ardentemente. Perché l'amor di [A10v] Dio presuppone la cognizione: sete voi chiuse in quelli monasteri per aver un gusto interiore di Dio, il quale è congionto con la dilezione; e perché questa dilezione, che è fine di tutti i studi e delle azioni umane ben indrizzate, suol esser impedita dalle occupazioni delle cose esteriori, dall'applicazione d'animo a diverse cose, dai vari ragionamenti degli uomini del secolo, dalli tumulti, dalle vanità, dalle inquietudini, dalle varie cure, quanto più vi allontanate chiudendovi in quelli monasteri, tanto più facilmente potete conseguire la perfezione di tutte le creature. A conseguir questo fine di veri religiosi, queste sono le vie: piacer a Dio con le sue operazioni; credere principalmente alla Divina Maestà Sua; sperare nella Sua bontà; contemplare la Sua sapienzia; laudare, glorificare il Suo santissimo nome; congiungersi in questo modo, quanto comporta la fragilità umana, con Dio, facendo abito di aver sempre nella memoria [A11r] i benefici ricevuti dalla Sua Divina Bontà; che in alcun'opera, in alcun luoco, in alcun tempo vi scordiate mai di Lui esso Dio; in coro, in cella, alla mensa, negli vostri essercizi abbiate la mente a Dio. Né pensi alcuna di voi che ciò sia impossibile, vedendosi per esperienzia che alcuni, che amano o i denari o che sono impazziti delle creature del mondo, hanno sempre il cuore alla cosa amata; e perciò diceva il beato padre Santo Agostino[15] che l'anima è più dove ama che nel proprio corpo.

---

[15] St. Augustine, *Enarrationes in Psalmos*, 38, 9, 15.

E senza dubbio, sì come il foco molto facilmente ascende, così l'anima infocata dalla carità di Dio et abituata nella meditazione e nelli santi esercizi, ascende facilmente e s'acquieta in Dio, purché si parti da queste cose sensibili e che le usi solamente per mezzi d'inalzarsi a Dio e di amar la Sua Divina Bontà.

[A11ᵛ]

5. Che cosa sia amar Dio e come si nutrisce con la considerazione della passione di Cristo.

L'amor di Dio, sorelle, è virtù delle virtù, vita dell'anima, soavità della mente. Potrà esser che alcuna di voi non sappi bene quel che voglia dire amare. Amar, sorelle, è voler il bene alla cosa che si ama. Ma, essendo Dio onnipotente e glorioso, non può la creatura desiderargli meglio di quel che è. È sublime, è eccelso, è sommo, è infinito bene, anzi la istessa bontà dalla quale dipendono tutti i beni; è perfezione senza misura, e perciò si chiama somma sapienzia, onnipotente virtù, istessa verità, eterna felicità, bellezza incomparabile, somma carità, simplicissimo intelletto; misericordioso, giusto, clemente, benigno, fonte (in una parola) di tutti i beni. Amar Dio non è altro che voler questa nobilità, questa eccellenzia e questa beatitudine, e prenderne [A12ʳ] dilettazione; dalla qual poi nasce un desiderio di veder e di fruire Dio; il quale, essendo amabilissimo, segue che chi l'ama desideri che sia amato, temuto et adorato da tutti, e perciò cerca con tutti i modi di eccitar tutti ad amarlo, e si sdegna quando s'accorge che non gli è dato quell'onore che si conviene. Si nutrirà in voi questo santo amore (che nobilita la creatura umana e che la fa partecipe in un certo modo della natura angelica) se pensarete ogni giorno due o tre volte, come se con la presenzia vedeste la passione di Gesù Cristo, e se compatirete con l'affetto a quegli aspri tormenti che ha tolerati per la salute del mondo, dicendo fra voi stesse: 'Quali furno i dolori che ha sostenuti il Re del mondo, il mio sposo, per causa mia, mentre quei piedi santissimi e quelle sacratissime mani erano perforate da chiodi, mentre che quella tenera e virginea carne era lacerata da flagelli e distesa in croce fin alla disgionzione delle ossa, delli nervi?' [A12ᵛ] Qui vi potrà venir in memoria quel versetto di David: 'Foderunt manus meas et pedes meos, et dinumeraverunt omnia ossa mea'.[16] E qui potrete andar pensando ancora come il Suo capo fu coronato di spine acciò che noi fossimo coronati di gloria. O sorelle, come è possibile aver impressa nel cuor suo questa imagine della passione di Cristo, e restar con l'animo duro e non aver bandite da sé[17] le vanità, i risi e tutti i desideri delle cose del mondo? Se pensarete a ciò, rifiutarà l'anima vostra tutte le altre consolazioni. Attendete a quello che voglio che meditiate: prima, chi è quello che ha patito e che è stato crocifisso, cioè

---

[16] Psalms 22 (21). 17–18.
[17] *Non aver bandite da sé*: not to have got rid of.

l'unigenito figliuol di Dio, vero Dio e vero uomo; poi, che andiate considerando le Sue qualità, come fu innocentissimo, mitissimo; poi, che andiate meditando per chi ha patito, cioè per noi, e che ognuna di voi s'appropri la passione di Cristo: perché, come dice il beato padre San Crisostomo,[18] è effetto di fedel [B1r] servo, quel che per tutti ha patito il Signore, riputar che abbi patito per sé solo. Perché è poi vero che tanto grande è la misericordia di Cristo che, se un solo fosse perito, non avrebbe ricusato di patire. Potrete poi considerare come fu crucifisso da peccatori e fu trattato ignominiosamente. Quanto si può da ciò imparare, sorelle? Questa considerazione tra l'altre non nutrirà mirabilmente l'amore verso Dio?

      6. Che oltra la considerazione de' benefici di Dio le tribulazioni mirabilmente nutriscono l'amore.

Nutrirà mirabilmente in voi l'amore verso Dio la considerazione de' benefici che Sua Divina Bontà vi ha fatti: che siate fatte a imagine e similitudine di Dio; che siate cristiane e religiose; che siate libere in gran parte dalli travagli e molestie delle quali ho parlato di sopra.[19] Ma notriranno mirabilmente in voi [B1v] questo amore le tribulazioni e vi insegneranno a tolerar, a patir, a portar la croce, ricordandosi quelle parole di San Paolo: 'Se saremo compagni nelle tribulazioni, saremo anco nelle consolazioni'.[20] E la verità sta così: che misera è quella creatura che non ha la sua croce e che non è essercitata dal Signore come suole essercitar i Suoi figliuoli. Perciò che come può sperar di esser coronato colui che non abbia legitimamente combattuto? Come conoscerebbe mai la creatura la propria infirmità e confessarebbe di esser nulla (come veramente è) se non fosse visitata con le tribulazioni? Voglio dir di più: che tanto superba e misera è la creatura umana che senza tribulazioni mai, o rarissime volte, pensarebbe di far bene; mai ricorrerebbe a Dio; nutrirebbe una perpetua ignavia e dapocagine che la renderebbe inutile. Sono visitazioni del Signore tutte le sorte di tribulazioni, povertà, infirmità, governi dati contra la propria volontà, e nutriscono la carità nutrendo [B2r] la pazienzia et insegnando mirabilmente la prudenzia, insegnando a dar consiglio ad altri. Perciò diceva il savio Salomone: 'Chi non è tentato o tribulato che può sapere?'[21] Oltra che le tribulazioni fanno la creatura compassionevole et insegnano, insomma, tutte le virtù. Perciò Giudit, tra le altre gran serve di Dio, ornamento del vostro sesso, diceva quelle nobilissime parole: 'Abraham padre nostro fu tentato et esperimentato per molte tribulazioni, fu amico di Dio; così Isaac, Iacob, Moisè e tutti quelli che son piaciuti a Dio, son

---

[18] St. John Chrysostom, *Ad Demetrium de compunctione*, 2, 6.
[19] See above, § 1.
[20] II Corinthians 1. 7.
[21] Ecclesiastes 34. 9.

passati con fede per molte tribulazioni. Quelli veramente che non hanno ricevute le tentazioni con timor di Dio e con pazienzia son andati in esterminio. Non vogliamo dunque (disse quella santa donna) vindicarsi, non vogliamo sdegnarsi per le cose che patiamo, ma stimando i suplici minori di nostri peccati, riceviamo i flagelli del Signore come servi ad emendazione, non a perdizione'.[22] E tanto più, sorelle, dovete consolarvi [B2ᵛ] nelle afflizioni che sentiste o per povertà o per qualche creatura de costumi difficili che fosse tra voi, perché il Signore non sopporta che la creatura sia tentata più di quello che può sostenere.

7. Descrizioni della perfetta monaca.

Questo poco di gusto dello stato monacale, lassate molte altre cose che si potrebbono dire, son stato consigliato da uomini molto pii[23] a dar ad alcune che, o per poca età o per inavertenza vivendo nelli monasteri, non avessero ancora ben compreso a che fine vi siano entrate; et appresso son stato pregato a far un ritratto della perfetta monaca: al quale loro pio desiderio ho voluto satisfare. La perfetta monaca dunque sarà vera sposa di Cristo, regina delli affetti Suoi, serva fedele di Dio, compagna delli angeli, buona discepola de' santi Padri Benedetto, [B3ʳ] Agostino, Francesco, Dominico,[24] notrice della divozione, maestra d'umiltà, obedienzia, carità, pazienzia, prudenzia, castità e delle altre cristiane virtù; amatrice del silenzio, del digiuno e della povertà; nemica della proprietà, della curiosità, accompagnata dalla madre delle virtù, dalla discrezione;[25] ammaestratata a fuggir i parlatori fuor di tempo; povera di spirito; manuseta; solita[26] ad asperger le sue orazioni con le lagrime et a fare spesse volte con esse un bagno col quale il Signor Dio lavi le brutture del suo monasterio e di tutto il mondo ancora; non indulgente ma desiderosa che siano sanate le anime con la medicina della penitenzia; compassionevole nondimeno; monda di cuore; lontana da ogni fraude e pura da ogni macchia che potesse renderla men grata agli occhi di Dio; pacifica, non rispondendo ad ogni parola, ma tolerando tutto per amor di Dio; pronta a sopportare di essere sprezzata et a tolerar delle maledicenzie et odi per amor di Dio; [B3ᵛ] non ostinata; non murmuratrice; non contenziosa; non rapportatrice;[27] non infamatrice; mortificata, zelante della gloria di Dio, dell'onor del monasterio e della salute della propria anima; nemica dell'ozio; occupata più in ascoltar che in parlar; mai solita a ridere, molte volte a sospirare; morta al mondo; unita con Cristo. Questo ritratto, devotissime sorelle, desidero che ciascuna abbi nella sua cella, che lo miri spesse volte e, come in un specchio, riguardi sé stessa procurando con ogni studio di rassomigliarseli. Avete voi,

---

[22] Judith 8. 23-27; the same passage is quoted in *Viduità*, § 15.
[23] A similar statement is in *Maritate*, Proemio.
[24] Valier names the founders of the major monastic orders.
[25] The motto, also quoted in *Demesse*, § 19, is mentioned in the Rule of St. Benedict (64, 19).
[26] In the print *salita* (already corrected in *Ricordi*, 1577).
[27] *Rapportatrice*: traitor.

RICORDI DI MONSIGNOR AGOSTINO VALIER 133

appresso, le regole vostre particolari, le constituzioni con le quali si governano questi monasteri già molti anni per grazia del Signor Dio senza notabil scandalo[28] e con mia consolazione. Alle constituzioni, sì come anco alle regole, sono gionte le pene, molte volte, come medicine delle inobedienzie e delli altri errori; con le quali pene li padri sogliono governare i figliuoli, ma sentono molto maggior consolazione se li veggono da sé stessi inclinati [B4ʳ] al bene. Così io grandemente desidero che con questo ritratto, il quale dopo molte mie visitazioni ho voluto donare a ciascuna di voi, cerchiate di purificarvi e di diventar perfette, acciò che siate trovate degne spose di Cristo in quel giorno che saremo tutti giudicati.

  8. Che sì come la vita di tutti così la vita delle monache
   sarà essaminata dal figliuolo di Dio nel dì del giudicio.

Perché, carissime figliuole, la vita di tutte voi e di tutte le creature del mondo ha da esser essaminata dal figliuolo di Dio, che 'verrà manifestamente e non tacerà', come dice David;[29] verrà, come scrive Amos profeta,[30] come un leone e rugirà; verrà, dico, il leone della tribù di Giuda, l'unigenito figliuolo di Dio, Dio forte, padre del futuro secolo, redentor del mondo; ma verrà, sorelle, questo Re, non ascoso, cioè non tenendo coperta più la Sua divinità sotto a [B4ᵛ] un presepio o sotto tante miserie et infermità umane; non tacerà e, sì come avrà fatto conoscer in molti modi la Sua misericordia, così in quel giorno farà palese la Sua giustizia. Avendo io fatto questo ritratto per darvi consolazione, insegnandovi in questa maniera paterna, lontana da tutte le minacce, voglio avertirvi che ciascuna di voi deve temere, dovendo esser essaminata nel giorno del giudicio, non solamente sopra l'osservanza di tutti i precetti di Dio e delli precetti della Sua sposa, la santa Chiesa, e sopra l'opere della misericordia, ma anco sopra il detto ritratto da me fattovi, per il quale sarete astrette a confessare la paterna mia carità verso di voi. Attendete ben, sorelle, a quel che vi dico, e scrivete tutto nel cuor vostro, perché la cosa che vi scrivo è importantissima.

[B5ʳ]
  9. Che nel giorno del giudicio si domanderà stretto conto d'ogni
   minima cosa e che il demonio sarà principal accusatore.

In quel giorno il quale si chiama 'dies irae, calamitatis et miseriae'[31] non sarà (come in altro proposito descrive il beato padre Sant'Agostino)[32] lontano Satana, perpetuo nemico delle anime. Onde avete a temere, sorelle carissime, che,

---

[28] notabil scandalo] nota di scandalo *Ricordi*, 1577.
[29] Psalms 50 (49). 3.
[30] Amos 3. 8 (but cf. also Hosea 11. 10a).
[31] Line of the *Responsorium* sung at the Absolution after the Catholic Mass for the Dead.
[32] St. Augustine, *Epistolae*, 264, 1.

guardando nel ritratto che ho descritto di sopra, non si volti contra di voi con grandissima vostra confusione e mia amaritudine con queste parole (che piaccia alla Divina Bontà darvi grazia che, se ben è padre del mendacio e della calunnia, non ardisca, vinto dalla santa vita di ciascuna di voi, di accusar pur una di voi in questo modo): 'Questa non è stata Tua serva, Signore, perché non ha avuto fede in Te, non ha sperato, non Ti ha amato; ha detto di credere in parole, ma Ti ha negato con l'impazienzia e con la inobedienzia. [B5ᵛ] L'ho ridotta molte volte a disperazione, onde ha mostrato di pentirsi d'esser Tua sposa; non ha amato Te perché ha amato il mondo. Perché non ha amato le sue sorelle come le hai comandato? Compare forse questa come regina? Ha servito ai suoi affetti[33] et ai suoi sensi contra al voto che ha fatto di servar castità anco d'animo. Si nomina serva Tua? Fu serva mia, fu serva del mondo. Dirà d'esser stata compagna delli angeli perché stava nel coro? Signore, o non vi andava, o non vi stava col cuore. Infelice discepola di quel santo Padre che le ha dato le regole, poiché ne osservava tanto poche. Fu maestra di superbia, non di umiltà; contristava la madre sua, l'abbadessa sua, che Ti rappresentava, Signore. Non imparò mai a tacere: la lingua sua fu un fuoco,[34] fu infamatrice. Gustò rare volte le delicie del digiuno. Non amò da vero la richezza della povertà Tua. Intenta a sé stessa, ha sempre voluto avere qualche cosa di proprio; curiosa, vana, ché mai non puotè compitamente imparare a tener chiuse [B6ʳ] l'orecchie ai parlatori; vindicativa poiché, non potendo con i fatti, si vindicò con l'affetto e con le parole. Questa non fece mai bagno alcuno di lagrime per lavar le brutture di suoi peccati: la feci ben io piangere da pentimento d'esser Tua sposa. Fu accettatrice di persone, perciò che con alcune voleva che si essercitasse la disciplina, alcune ingiustamente difendeva; nelli uffici che avea non cercava altro che compiacere. Per amor Tuo non s'è mai contentata d'esser sprezzata; ostinata, donna di sua testa, ha mormorato contra la madre sua spirituale, contra i confessori, contra i prelati; ha voluto star sempre di sopra e, riportando parole, ha seminato odio. Signore, è stata del secolo. Non fu monaca veramente, perché il cuor suo era fuor del monasterio; non ebbe zelo della gloria Tua. Quel bene che fece, lo fece per apparenza; dell'anima sua rare volte pensava, mai dell'anima dell'altre. Fu ociosa, fu garula e perciò è mia, Signore, non è più Tua'. Orribile esposizione è [B6ᵛ] questa, sorelle carissime, che vi ho fatto con mio dispiacere, acciò che, se alcuna n'avesse bisogno e temesse di esser accusata in questo modo, si prepari con la santa penitenza alla risposta. Studia il demonio di potervi accusar tutte nel modo che ho detto, per far acquisto delle anime nostre, levandovi da Cristo. Ma non vincerà, perché molte di voi, attaccate al vessillo di quella santa croce, combattono gagliardamente et aiutano ancora le altre a combattere. Piaccia alla Divina Bontà che in quel giorno tutte compariate

---

[33] affetti] effetti *Ricordi*, 1577.
[34] This is a quotation from James 3. 6; see also below, § 17, and *Viduità*, § 25.

vittoriose dalla battaglia di questo mondo, e resti confuso il crudelissimo nemico dell'anime nostre.

> 10. Che la conscienzia serà grande accusatrice sopra la considerazione della professione regolare.

E perché saran presenti in quel giorno dell'universal giudicio li santi Padri Benedetto, Agostino, Dominico, Francesco, e tutti quelli che han dato regule alle religiose, compariranno come [B7ʳ] testimoni della verità, perché in quel giorno la giustizia terrà indietro la misericordia. Sarà scritto in lettere molto intelligibili il nome che ciascuna di voi porta nella religione e la promessa fatta con queste parole: 'Io suor Serafina (Cherubina, Pacifica o altro nome che abbiate), prometto stabilità, conversione di miei costumi, perpetua continenzia, mancamento delle cose proprie, obedienzia, sotto perpetua clausula'. Et in alcune polize sarà scritto 'Sotto la regola del padre Sant'Agostino', in alcune altre, con mutazione di poche parole: 'Sotto le regole di San Benedetto' o 'San Francesco'. La conscienzia di ciascheduna di voi, come diligente fiscale,[35] essaminarà la scrittura nominata di sopra, e molto sarà ponderata quella parola 'prometto', e considerato diligentemente se avete esequito quel che avete promesso, sì come disse David: 'Vovete et reddite'.[36] Il voto vien da una virtù eccellentissima che si chiama latria, et è come un sacrificio che si fa del cuore [B7ᵛ] et una donazione che si fa della propria volontà a Dio, che è una delle eccellenti e rare cose che si possi fare in questa vita. Disse il Signor Gesù Cristo: 'Ognuno che ascoltarà et osservarà le mie parole, sarà assomigliato all'uomo savio, il quale ha edificato la sua casa sopra una pietra; discende la pioggia, vengono i fiumi, soffiano i venti e fanno impeto nella casa e non casca, perché era fondata sopra la pietra'.[37] Così avviene nelle religioni. Quel religioso o religiosa che ha la virtù della stabilità, se ben è tentata, vince; e le tentazioni, come s'è toccato di sopra, le giovano per ricever maggior corona. Perciò attendete a questo principalmente, sorelle: di conservar la stabilità, di star salde nel proposito, nel voto santo, non vi pentendo mai, anzi più tosto ringraziando Dio del grandissimo dono che vi ha fatto eleggendovi per spose di Gesù Cristo. E perché son molto diversi i costumi e molto più eccellenti le azioni di religiosi che delle persone laiche, perché [B8ʳ] dipendono da più eccellente virtù, nascendo da quella oblazione che si ha fatto a Dio offerendogli, come diceva il beato Sant'Anselmo,[38] l'albero con i frutti, considerate spesse volte fra voi se vi par di andare avanzando nelle virtù (perché in verità chi non va inanzi torna a

---

[35] *Fiscale*: lawyer.
[36] Psalms 76 (75). 12.
[37] Matthew 7. 24–25.
[38] St. Anselm, *De humanis moribus per similitudines (De similitudinibus)*, 8, 4; the same passage is quoted in *Demesse*, § 5.

dietro nella via del Signore),³⁹ e se veramente avete lasciato il mondo e se vi sete convertite a Dio, essendo congionte col vostro sposo Gesù Cristo, esempio di tutte le virtù. E, quanto alla terza promessa di castità, mettete ogni studio, sorelle, per far che siano purificati anco i vostri pensieri e le vostre imaginazioni. Quanto alla proprietà, San Bernardo, scrivendo a una sua sorella religiosa, dice: 'Quel che tien una monaca di proprio è come furto'.⁴⁰ È gran miseria ridursi in un luoco sacro per salvarsi e rubbare con pericolo o più tosto con certa giattura⁴¹ dell'anima. L'obedienzia si viola in molti modi: con non esequire i comandamenti di suoi superiori; con non esequirli presto et allegramente; col rispondere [B8ᵛ] con parole acerbe. Con i cenni ancora si scopre quella nemica della religione: inobedienzia. Della clausura son quasi certo che non potrete esser accusate. Et è un grandissimo dono, dilettissime sorelle, potendo voi cantare col profeta David quelle dolcissime parole che sono scritte nel *Salmo* XVI: 'Abscondit me, Dominus, in tabenaculo Suo; in die malorum protexit me in abscondito tabernaculi Sui';⁴² le quali parole vogliono dire: 'Mi ha ascoso il Signore nel Suo tabernaculo; nel tempo cattivo mi ha difeso nella più secreta parte della Sua abitazione'. Da chi vi ha ascose? Dal demonio, dal mondo. Da chi vi ha tenute lontane? Dalle pazzie, dalle miserie. Et in che luoco, ascose, vi ha poste? Nel monasterio, in un giardino spirituale dove Egli abita volentieri, in un paradiso rappresentante in qualche parte la gloria di quel paradiso che ha da esser la nostra patria eterna. Nel qual luoco ritrovandovi dite con spirito alle volte: 'Oculi mei semper ad Dominum'⁴³ ('Gli occhi miei sono sempre verso il [B9ʳ] Signore'), ringraziando la Sua Divina Bontà del luoco nel quale vi ha poste. Et aggiongete quelle altre parole: 'Memor fui Dei et delectatus sum'⁴⁴ ('Son stata ricordevole di Dio e mi son dilettata di servirlo e di goder questa santa pace'). E voglio dirvi quel che scrive un Santo: 'Quanto più fedelmente avrete servata la clausura et avrete abitato in luoco più stretto per amor di Dio, con tanta maggior giocondità volarete per la longitudine e latitudine del cielo empireo, purché nella clausura, dove sta chiuso il corpo, sii chiusa anco la mente, lontana dalli vilissimi pensieri di questo mondo'.⁴⁵ Dilettissime sorelle, guardatevi da questo grande accusatore che è la conscienzia. Preparatevi, ché non abbiate ad accusarvi da voi stesse: perché se foste ree confesse di aver rotta la fede a Cristo, di esser state instabili, di aver avuto costumi del secolo, di non aver ben tenuti purificati i vostri pensieri, lontani da tutte le sorti di macchie, di aver con l'affetto della proprietà rifiutata [B9ᵛ] la ricchezza

---

³⁹ This is a quotation from St. Augustine, *Sermones ad populum*, 169, 15, 18; see also *Demesse*, § 3.
⁴⁰ Ps. St. Bernard, *Liber de modo bene vivendi ad sororem*, 48.
⁴¹ *Giattura*: misfortune.
⁴² Psalms 27 (26). 5.
⁴³ Psalms 25 (24). 15.
⁴⁴ Psalms 77 (76). 4.
⁴⁵ St. Jerome, *Epistolae*, 14, 10; but see also 24, 3.

che vi apporta l'esser monache, che è, non desiderando alcuna cosa, non aver bisogno; e, finalmente, se vi accusasse la conscienzia di non aver obedito a quelle che vi erano state date per madri e che rappresentano Gesù Cristo nelli vostri monasteri, avendo voi fatto abito nelle vostre transgressioni, come ancelle inutili e serve infedeli, udireste contra di voi terribil e lagrimosa sentenzia.

11. Come i santi Padri datori delle regole parleranno in favore delle buone monache et accuseranno quelle che averanno trasgredito.

Ma che più? Voglio che sappiate che in quel giorno anco quei santi Padri che han scritte le vostre regole e quei Santi o Sante al nome de' quali sono dedicate le vostre chiese, zelanti della gloria di Dio et amatori della giustizia, usaranno queste parole. [B10^r] E mi pare che sia a proposito introdurli come se parlassero, acciò che maggiormente vi restino impressi questi sentimenti. Così è credibile che diranno: 'Signore, le nostre regole furno fondate sopra i Tuoi consigli, per levar le creature dall'amor del mondo; le quali si andavano allontanando da Te con l'amor delle ricchezze, con i falsi piaceri e con una miserabil superbia, con la quale la creatura, facendo a modo suo, si partiva dalla Tua volontà'. E diranno: 'Queste han lasciate tutte le cose per seguirti, Signore; queste han lasciate le case loro, il padre, la madre,[46] in una parola tutte le commodità o, più tosto, tutte le vanità[47] del mondo; han servato le Tue regole, che noi Tuoi servi di Tuo ordine abbiamo lor date. E se han peccato, han pianto poi'. Prego il Signore che non si voltino verso alcuna di voi e che non dichino: 'Questa sola in quel monasterio ha transgredito; questa fu croce di quel santo luoco, perturbatrice della disciplina: sia esaltato il Tuo santissimo nome, sia servata oggi, come convien, la Tua giustizia'. L'ordine [B10^v] di giudici ricerca che chi ha da esser condennato sia prima accusato. E Giuda non fu mai scacciato perché nissuno l'accusò. E perciò i Santi propongono che in quel giorno ultimo e terribile tutti saranno accusati. Orribil cosa è al mondo che un amico o parente accusi un amico o stretto parente, parendo che l'accusazione sia un officio odioso, alieno dall'amicizia e dalla parentela; ma molto più miserabile e lagrimosa cosa è che i padri accusino i figlioli e le figliuole come in quel giorno avverrà, così ricercando la giustizia di Dio: che i più congionti accusaranno, difendendo sé stessi, e dando gloria a Dio con la verità. Onde pensi ciascuna di voi quanto sii per esser orribil cosa sentirsi ad accusar da suo Padre e da quelli Santi o Sante sotto la cui protezione sono fondati i vostri monasteri; i quali, essendo stati essempi di fede e di speranza, di carità e di umiltà, et avendovi invitate a tutte le virtù con i loro essempi, tacitamente vi accusaranno che non abbiate voluto [B11^r] imitarli, non riconoscendoli per veri amici di Dio, come sono. O sorelle, o figliuole, scrivete queste parole nelli vostri

---

[46] la madre] omitted in *Ricordi*, 1577.
[47] In the print *tutte vanità* (already corrected in *Ricordi*, 1577).

cuori, considerate quel che vi dico: attendete a voi stesse; abbiate cura delle anime vostre; pensate al fine; abbiate l'occhio a quel giorno del quale ho già parlato, ultimo giorno, orribil giorno, principio di eterna felicità o di perpetua miseria; e procurate[48] che quelli Santi o Sante, le feste de' quali celebrate, per servar la giustizia di Dio non siano astretti a rifiutar la protezione che ora tengono di voi.

12. Come si deve temere che 'l Signore Gesù Cristo di sposo delle religiose non diventi suo accusatore nel giorno del giudicio.

Guardisi quella di voi che si conoscesse aver offeso, e tuttavia offendesse, il Signor Dio, che 'l suo sposo Gesù Cristo, salvator del mondo, in quel giorno che sarà giudice, non sia anco testimonio et accusator [B11ᵛ] contra di lei; perché vede e sa tutte le cose, penetra i cuori nostri e può render testimonio per tutto, se non si aiuta con la penitenzia e con i santi sacramenti, potentissime medicine per sanar le anime e per indur nel Signore una misericordia, oblivione delli suoi peccati. Temi di esser accusata dal medesimo suo Sposo in questo modo: 'Io per te son fatto uomo, per te son stato deluso, legato, battuto e crocifisso. Dove è il frutto di tante ingiurie che ho patite? Ecco il prezzo del mio sangue che ho dato in redenzion del mondo. Come mi hai servito? Che mi hai dato per il prezzo del sangue mio? Io, essendo Dio, mi feci uomo; e tu mi hai tenuto più vile che tutte le cose del mondo, stimando così poco contristarmi et avendo amato più ogni vil cosa che la mia giustizia'. In questo modo giudica il beato Crisostomo[49] che 'l figliuolo di Dio abbi da accusare il mondo. Accusarà di più quella che non sarà stata buona monaca dicendo: 'Ti accettai per sposa, ti feci regina, venni nel [B12ʳ] coro e nella tua cella per consolarti; ti visitai con tante buone inspirazioni; mandai il Santo Spirito con tanti doni; non ti lasciai mancar di cosa necessaria; vennero per me diversi miei ministri'. Che potrà rispondere quella che si conoscerà aver mancato della sua professione?

13. Come paternamente il vescovo difenderà le monache nel giorno del giudicio, essendo lor amorevol padre.

O, piaccia alla Divina Bontà, sorelle, che in quel dì tremendo io, dopo aver reso conto delli molti miei peccati e delle inumerabil mie negligenze, possi render testimonio della vostra buona conversazione e possi dire, come desidero: 'Signore, queste sono Tue vere serve: han militato nella Tua milizia; han seguito la croce Tua seguendo la santa madre Chiesa apostolica; mai ebbero un minimo scropolo della Tua fede incorrotta; chiuse in quel santo luoco nel [B12ᵛ] quale le chiamasti, Ti han servito, Signore; essendo di sesso infermo e debile, non Ti han potuto servire compitamente come dovevano; hanno avuto delle imperfezioni; mi han

---

[48] In the print *procuratore* (already corrected in *Ricordi*, 1577).
[49] St. John Chrysostom, *In Matthaeum homiliae*, 76, 5.

contristato alcune di esse alcune volte; ma si son pentite, han pianto, Signore, il loro peccato; han conosciuto quanto gran pazzia sia lasciar Te, fonte di acqua viva, e bever delle acque salse delle amaritudini del mondo. Tu che venisti per far giusti i peccatori; Tu, che sei sempre stato pronto a perdonare a chi si fosse pentito di cuore; Tu che hai salvato le peccatrici, i publicani, quelli che Ti han negato e finalmente il felice latrone, salva queste creature per le quali spargesti tanto sangue'. La somma consisterà in questo: che io possi dire con verità che quelle di voi che in questo nobilissimo stato religioso hanno mancato in qualche parte del loro debito (che non so quante siano, e vorrei che fossero pochissime o più tosto nissuna), possino mostrare di esserne pentite e [C1r] di aver mostrato il pentimento con le lagrime e con la mutazione della vita, essendosi medicate con le medicine de' santissimi sacramenti. Avete voi molti libri spirituali pieni di buoni e santi ricordi, oltra li vostri padri confessori che con la viva voce non cessano di ammaestrarvi. Ma voglio usar le parole di San Paolo,[50] dicendo che se ben avete molti pedagogi che si affaticano di condurvi a Cristo, non avete però molti padri propriamente. Se ben uomo pieno d'infirmità e di miserie, padre vostro son io, mandato dal Signor Dio in questa città per Suo servo, per Suo ministro, per pastore, padre e medico di questo popolo, per vescovo di questa città e di questa diocese. E se ben mi è necessario pensare a tante e così diverse cure, non m'è perciò nissuna cosa maggiormente a cuore che la disciplina de' monasteri, che la salute delle anime vostre, amando io in verità ciascheduna di voi cordialmente nel Signor Gesù Cristo, e stimandovi tutte [C1v] carissime mie figliuole. Per questo vi ho visitate quante volte sapete, e vi ho udito particolarmente ad una ad una. E visitandovi questa quadragesima di questo anno santo del santissimo Giubileo,[51] desiderando che tutte viviate santamente in questa vita per esser poi collocate nel numero delle Sante nell'altra, ho voluto, in segno del paterno mio affetto, ricordarvi quello che soglio ricordar spesse volte a me stesso del giorno del giudicio, pensando che nissuna cosa possi più giovarvi, come in verità sento che giova a me. Et appresso ho voluto lasciar ad ognuna di voi questo memoriale, nel quale ogni giorno possiate leggere qual sia la volontà del Signore Dio, quel che ricerchi da voi il vostro sposo Gesù Cristo, quel che insegni lo Spirito Santo, vero maestro e consolator delle anime; in che consiste la salute vostra e quel che dovete fare acciò che 'l vostro monasterio sia casa di Dio et imagine del santo paradiso.

---

[50] 1 Corinthians 4. 15.
[51] 1575.

[C2r]

14. Ritratto della buona monaca colorito.

Et acciò che in brevità possiate comprendere et ogni giorno considerare diligentemente questo ritratto della buona monaca già di sopra delineato, voglio brevemente colorir la pittura già fatta dandovi alcuni avvertimenti paterni, li quali desidero che ciascheduna di voi consideri nella sua cella, dopo che in compagnia delle altre alla mensa, o veramente quando vi ritrovate insieme a lavorare, averete ben udite le sante regole, le quali son certo che gran parte di voi abbiate mandate alla memoria e già messe in prattica. Prima desidero che ognuna dichi: 'Questa cella è stanza di Cristo; qui discende il mio Sposo quando con l'orazione l'invito, quando con la meditazione lo chiamo; qui fo una santa et util mercanzia; commuto le cose terrene con le celesti; consolata dalli angeli, visitata dal Santo Spirito [C2v] con sante inspirazioni io, misera et infelice creatura,[52] posso inalzarmi tanto alto che non posso pensarlo senza confusione'. E voglio che ognuna dichi: 'La croce di Gesù Cristo tien lontani gli inimici dell'anima mia; sotto questo vessillo combatto contra tante tentazioni e vinco, perché Cristo sempre vince'. Andando dalla cella al coro, andate sempre considerando dove andate. Andate certo in una sembianza del paradiso, perché il vostro[53] coro rappresenta il coro delli angeli; e quello che siede in quella santa corte celestiale si degna assistere per grazia nel vostro coro, circondato dai Suoi ministri, che son gli angeli, servito particolarmente dai Santi, sotto la protezione de' quali sono i vostri monasteri. E sospirate nel coro in quel modo che si sospira quando si sente qualche gran dispiacere, ogni volta che nelli santi *Salmi* di David sentite a far menzione di questa parola: 'peccato'; come sarebbe a dire quando cantate: 'Peccatum meum contra me [C3r] est semper',[54] o quell'altro versetto: 'Si iniquitates observaveris, Domine, Domine, quis sustinebit?'[55]

15. Miserie del peccato.

Pregate il Signore, in una parola, che tenghi lontano il peccato dal vostro monasterio. Solo il peccato, figliuole carissime, fa misera l'anima nostra: nissuna creatura può esser misera, che sia cristiana, se non per sua colpa. La povertà invita alla sobrietà, all'umiltà; l'infermità serve per umiliazione e per disciplina a conoscer Dio; solo il peccato, solo il peccato è da fuggire. Se non fosse stato il peccato, non vi sarebbe stato inferno, come diceva il beato padre San Bernardo.[56] Ove non si trova peccato, ivi è consolazione, ivi è pace, ivi è il paradiso. Non è a

---

[52] In the print *cleatura* (already corrected in *Ricordi*, 1577).
[53] vostro] nostro *Ricordi*, 1577.
[54] Psalms 51 (50). 5.
[55] Psalms 129 (130). 3.
[56] Ps. St. Bernard, *Liber de modo bene vivendi ad sororem*, 3.

proposito, o almen non è necessario, che io vi metti inanzi le descrizioni del peccato, acciò che maggiormente lo fuggiate. Voglio trattar con alcune similitudini, acciò [C3ᵛ] che vi restino maggiormente impresse nella mente. Sapete quel che è peccato? È come la putredine nel pomo, che gli leva la bellezza, il colore, l'odore, il sapore e tutte le buone qualità che ha; così il peccato leva alle anime la bellezza e l'ornamento della vita e l'odore della buona fama, il valor della grazia, il sapore della vera gloria. È simile, sorella, a una ferita mortale in un corpo umano, la quale il primo dì l'infermo permette che sia toccata, anco senza molto dolore, ma dopo alcuni giorni cresce tanto che non si può toccare senza grandissima molestia; così il peccato, quando ha fatto il callo, più difficilmente si cura. Con le armi del peccato combatte il demonio, e studia di espugnar le fortezze delle città, di far suoi i monasteri nelli quali, se vi regna il peccato, si scorge una somiglianza dell'inferno; perciò che quai pensate che siano gli abitatori dell'inferno? Peccatori ostinati e peccatrici, creature superbe, invide, iracunde, lingue serpentine, [C4ʳ] adulatrici, infelici anime che han lasciata la croce di Cristo. E più patiscono quelle che sono precipitate da più alto luoco, come i mali religiosi e le male religiose.

16. Che la superbia allontana la creatura da Dio.

Satana fu tanto superbo che volse contendere con Dio, e precipitò infelicemente; e dopo che è precipitato, non ha altro fine che rubbar anime a Cristo, che minuir il celeste regno; e sapendo che dove è superbia è inferno, nel qual luoco egli domina, va seminando insidiosamente questa pestifera semenza; e la semina, sorelle, anco nelli buoni terreni, nelle buone anime, mischiandola con le buone opere, inducendo alle volte nelle persone oneste, ingeniose, devote, che ben essercitano l'officio loro, una certa complacenzia, una vanità, una satisfazione di avanzar gli [C4ᵛ] altri, un pazzo desiderio di laude, che in questa maniera corrompe l'opera buona, e tuttavia trionfa l'avversario perpetuo del popolo di Dio. La superbia, figliuole carissime, è un fumo: perciò che, sì come il fumo più che ascende manca, così la creatura superba più ch'è esaltata più esvanisce. È simile alla paglia ancora per la leggerezza e per l'inconstanza. Non stringete fumo, sorelle, non siate paglia: fissate gli occhi nella vera luce, in Cristo; stringete cose sode della Sua santa dottrina. Non siate come la gallina, che subito che ha fatto l'ovo canta, onde subito le vien levato;[57] così non fate che 'l demonio vi levi il merito di quella buona opera che averete[58] fatto. Non vi gloriate di quel poco che fate in servizio di Dio, non vogliate esserne[59] laudate: aspettate la mercede di sopra.

---

[57] The same simile is in *Viduità*, § 25.
[58] averete] avete *Ricordi*, 1577.
[59] esserne] essere *Ricordi*, 1577.

[C5ʳ]

17. Che l'invidia, le detrazioni e le maledicenzie fanno le creature demoni, e che perciò si deve avere gran custodia alla lingua.

Dilettissime sorelle, ove è invidia, è inferno. Per questo mostro entrò la morte nel mondo; questa ha notrito e notrisce il demonio et i suoi satelliti; l'infelice sua sobole[60] perturba le case, le città, le republiche, i regni. Abbiateci l'occhio. Sapete che cosa è invidia? È come un verme in un legno, come una tarma in un vestimento che la rode e lo consuma; così l'invidia rode e consuma chi la lascia abitar nel cuor suo, onde più nuoce l'invido a sé stesso che alli altri. Non ha mai bene la persona invida, perché s'affligge del ben d'altri: col miglioramento del prossimo diventa peggiore; col profitto altrui manca; nella grassezza magrisce; nella sanità s'inferma; nella vita muore; e pensa sempre perdere quello che acquistano gli altri. Peste [C5ᵛ] delli monasteri e delle congregazioni, calamità del mondo; è accompagnata, questa furia, da alcune infelici figliuole: dalla detrazione, mormorazione e maledicenzia. Chiudete le orecchie, sorelle, a quelle che detraono, perché il tener aperte le orecchie a queste tali inquieta incredibilmente l'animo; e quando detraete, o sentite a detraere (che non è altro che interpretar male le azioni delle sorelle, scoprir senza proposito e far parere grandi le loro imperfezioni, studiando di levar l'esistimazione[61] di bontà e di divozione), ricordatevi sempre di dire, quando sete per aprir la bocca o che vi fermate per udir: 'Il demonio vorrebbe far inferno questo monasterio'. Et entrate in questa considerazione: che in quell'infelicissimo luoco i seguaci di Satana non fanno altro che detraere alla bontà di Dio, che maledir Dio, che mormorar contra Dio, inquieti, ansi,[62] colmi de tribulazioni, de affanni, e disperati. Chiudete le orecchie, sorelle in Cristo dilettissime, [C6ʳ] l'un'all'altra quando questo nemico universale somministrasse di dire della[63] vostra madre; et a quella che incominciasse a servire a Satana con la sua lingua voltatevi e dite: 'Non è questa della qual si parla serva di Dio? Non è sposa di Cristo? Non è nostra sorella? Non è misera creatura, come noi siamo, circondata dalle miserie di questo mondo? Piangiamo più tosto sopra di lei: la farà forse, il Signore, migliore di noi, per farci conoscer la Sua potenzia e la Sua bontà'. Alli superiori poi ricorrete, acciò che possino, come medici, medicare le infirmità. È bene riferire le imperfezioni de' luochi con carità e purità e molta compassione; et il tacere è communicare alli peccati delle altre et un mostrarsi poco zelanti dell'onor di Dio; ma conoscendo come il tacere qualche volta non è senza peccato, così anco considerate che è cosa lagrimosa pensare con quanto studio il demonio si sforzi di corromper la lingua

---

[60] *Sobole*: children.
[61] levar l'esistimazione] levar loro l'esistimazione *Ricordi*, 1577. *Esistimazione*: esteem.
[62] *Ansi*: worried.
[63] In the print: *o della*.

per far il mondo, principalmente [C6ᵛ] i monasteri, inferno. Perciò che soggerisce per quel mezo risse, contenzioni, mendaci, periuri, bestemmie molte volte et adulazioni. La lingua è un gran foco e, come diceva il beato apostolo San Giacomo,[64] contiene, a chi non la raffrena, tutte le iniquità.

18. Utilità del silenzio.

Medicina santa, conosciuta anco dalli savi del mondo, ma grandemente osservata e lodata dai santi Padri per sanar il morbo della detrazione, al quale tutto il mondo communemente è sottoposto, è il silenzio santo: amico delli angeli, padre della meditazione, compagno dell'orazione, maestro d'umiltà e di gravità, fratello della contemplazione, conservatore della vera disciplina e del buon nome, nemico del mondo, odioso a Satana, contrario alla carne, refrigerio delle anime devote, sostentamento [C7ʳ] delle sante religioni, ornamento de' monasteri, li quali sono tanto più osservanti e meglio regolati quanto più in essi si servano le regole del silenzio, e quanto si tengono più lontane quelle nemiche della vera disciplina, curiosità e garrulità, e quanto più diligentemente si tengono custoditi in parlatori e più rare volte sono frequentati dalle religiose.

19. Che la monaca debbe fuggire i parlatori.

A questo proposito voglio dirvi, sorelle nel Signore amantissime, che frutto cavate da quei ragionamenti che vi lasciano poi perturbazione all'anima? Dite la verità: quante volte tornate dal parlatorio migliori, avendo inteso le miserie del mondo, dalle quali per grazia del Signore Gesù Cristo eravate liberate? Perché cercano alcune di voi con tanta ansietà la propria afflizione? Perché andate mendicando [C7ᵛ] nuove miserie, nuove distrazioni, nuovi affanni, nuovi cordogli alle anime vostre? Diceva il beato padre San Geronimo ad un monaco curioso: 'Se sei monaco, che fai nella turba?'[65] Ricordatevi voi ancora queste parole quando sete chiamate: 'Son monaca, solitaria, venuta in questo luoco per pianger i peccati miei e delli altri: che farò io nella turba e nelle ciance del mondo?' E quando pure, o per necessità o per consuetudine tolerata per l'umana infirmità, vi sentite a chiamar, prima che vi incaminiate al parlatorio, voltatevi sempre a Dio e pregate la Sua Divina Maestà che vi dii grazia di perserverarvi[66] in quell'ora e di farvi conoscere a quelli che parleranno con voi per vere religiose e buone serve di Dio; e che si degni darvi modo di saper ben consigliar, consolar et ammaestrar quelle vostre parenti con le quali vi occorresse far ragionamenti. Ma, sorelle, pigliate il consiglio che dà il beato padre San Bernardo ad una sua sorella religiosa: [C8ʳ] 'Non vi dilettate della conversazione delle donne del secolo, perché sogliono

---

[64] James 3. 6; the same passage is quoted in *Viduità*, § 25; but see also above, § 9.
[65] St. Jerome, *Epistolae*, 14, 6, 1; the monk is Heliodorus.
[66] perserverarvi] preservarvi *Ricordi*, 1577.

molto laudar quel che amano: amano le cose secolari, e delle secolari parlano; amano le cose terrene, e di quelle dan nuova; bramano le cose transitorie, e di cose transitorie riempiono le orecchie. Ciascuna lauda quel che ama'; e soggionge quel Santo: 'Che ha da far una donna maritata con una vergine dedicata a Dio? Come stanno insieme una donna secolare con una sposa di Cristo? Una donna che ama il mondo con una che l'ha lasciato? Una che ama il marito con quella che ama Cristo? L'abito non è il medesimo, l'affetto difficilmente può essere. La donna del secolo è molte volte un instrumento di Satana: è come una sirena che inganna i marinari e che li mena in molti pericoli'.[67] Però quel santo uomo consiglia sua sorella che lasci la conversazione delle donne secolari, come io consiglio voi, perché in verità non potete avanzar quanto alla spirito, ma sì ben perdere.

[C8ᵛ]

20. Che l'ira e l'odio rendono deformi le creature.

Si sforza di entrare, carissime sorelle, nelli monasteri il demonio, e cerca di farli suoi con l'ira e con gli odi. Che cosa è una monaca adirata, furiosa, come alcune sono, se non una furia? Quando sete sdegnate, quella faccia non è la vostra, non son vostri gli occhi: diventate mostri, perdete la ragione, perdete il consiglio. Ma se l'ira fa radice e diventa odio, più misere ancora quelle che sono contaminate da quella peste: private del nome di spose di Cristo, sono ministre del demonio, perciò che l'amor distingue i figliuoli di Dio dai servi del demonio. Dall'amor nascono quelle due città delle quali fa menzione Sant'Agostino:[68] una ha origine del dispregio di sé stesso e finisce nell'amor di Dio; l'altra incomincia dall'amor di sé stesso e, passando per l'odio del prossimo, aggionge fin al dispreggio [C9ʳ] di Dio. O sorelle, o figliuole, come potete aver in odio una vostra sorella, figliuola del medesimo padre Dio, redenta col medesimo precioso sangue di Cristo, notrita col medesimo latte della santa Chiesa, discepola del medesimo maestro San Bendetto, Santo Agostino, San Dominico o San Francesco, la regola di uno de' quali Padri seguite? Non mangiate voi del medesimo pane alla medesima mensa? Non vi trovate ogni giorno nel coro? Non avete i medesimi desideri della celeste patria? Una medesima fede? Una medesima speranza nel medesimo Cristo, sposo, re e Signor di tutti noi? Come eleggete più tosto aderir al nemico di Cristo, che non soggerisce altro che la perdizione delle anime vostre, che al sposo, che al re vostro? Pianga quella che avesse odio alla sua sorella, pianga la sua miseria e la sua imprudenzia perché, esercitando odi, si fabrica un inferno all'anima sua, et essendo collocata in un paradiso si elegge d'abitar nell'inferno.

---

[67] Ps. St. Bernard, *Liber de modo bene vivendi ad sororem*, 57.
[68] St. Augustine, *De civitate Dei*.

[C9ᵛ]
    21. Che nelle religioni chi tien di proprio robba.

Avvertite, sorelle, che con altre machine cerca 'l demonio di entrare nelle rocche delle città, che sono i monasteri, et in quelli ancora che non sono abondanti di facoltà soggerisce in alcuni spiriti semenze di avarizia e desideri di possedere privatamente. Abbiate l'essempio di Giuda,[69] di Anania, di Saffira[70] dinanzi alli occhi. Tutto è di Cristo nel monasterio; quel che acquistate con le vostre fatiche, quel che inspira il Signor Dio che vi sii donato, tutto è commune. Far borsa particolar è imitar Giuda; dar parte di quello che si ha e ritenersene un'altra è fare quello che fecero Anania e Saffira, li quali della sua fraudulenzia furno puniti, perché caderno morti. Può mancar Dio, che notrisce gli uccelli, i pesci del mare e tante sorti di animali, alle Sue creature, a quelle con le quali parla tanto da presso e tanto spesse volte? Mai restano [C10ʳ] confuse quelle che han temuto Dio e che l'han invocato con fede, sperando nella Sua Divina Bontà.

    22. Che per resistere al demonio debbono le monache
        attender alle mortificazioni e fuggir l'ozio.

Vi scopro con poche parole le principali strade per le quali suole entrare il nostro commun avversario nelli monasteri. Tenetele chiuse, sorelle, fate resistenzia, combattete gagliardamente con i digiuni, con le vigilie, con le orazioni, con le discipline contra le tentazioni et i vani desideri che potesse suggerirvi. Già sono, o almeno dovrebbono esser, mortificate le vostre cupidità; già per l'ingresso della santa religione in quel santo monasterio sono stati sepolti i vostri appetiti, scacciate tutte le vanità. Il segno della mortificazione portate con voi, ch'è l'abito negro o leonato[71] o berettino;[72] quel velo che portate in testa, [C10ᵛ] che significa la cattivazione del vostro intelletto non solo alli precetti, ma alli conseigli ancora di Cristo et alle regole di Suoi ministri, significa che già è estinta in voi la memoria delle cose del mondo. Ma ben avvertite che alcune volte, quando men la creatura pensa, l'inimico astutissimo studia d'entrar nel cuor suo, et adopera nelle anime anco semplici per instrumento l'ozio, et una certa inconsiderata allegrezza molto disdicevole alle anime religiose; del qual ozio si può dire tanto male con verità che non bastarebbe un libro a biasmarlo. È origine delli altri peccati, fa la persona sprezzata, molte volte ridicola, fredda nelle orazioni, inutile ai negozi, sospettosa, querula, curiosa, molesta, detrattrice, e finalmente leva la disciplina e fa la persona inferiore alla formica e all'api, che con tanta industria provedono alle proprie

---

[69] John 12. 4–6; 13. 29.
[70] Acts 5. 1–10.
[71] *Leonato*: tawny.
[72] *Berettino*: grey.

necessità et a quelle dell'altre della lor specie. Perciò ricordatevi sempre di quella parola del Salvator nostro: [C11ʳ] 'Vigilate';⁷³ ché per aventura per questa via più occulta non entrasse il demonio et il vostro monasterio diventasse un inferno.

23. Che la carità fa i monasteri paradiso.

Or volete che in poche parole vi dichi come i vostri monasteri saranno paradisi? Come potrete con consolazioni spirituali guardarvi nel specchio che vi ho proposto poco inanzi? Sorelle, abbiate carità tutte: il vostro monastero sarà un paradiso. Che cosa è il paradiso? Un'abitazione lontana da ogni pericolo, un loco di concordia, di pace, di securità, di allegrezza, di perpetua sanità, dove abita Dio e si dà gloria alla Sua Divina Bontà da molti cori di angeli e da diversi ordini di Santi. Figliuole mie, avete voi carità da vero? Non può esser alcun male nel vostro monasterio perché Dio è carità. E come può esser male dove si trova [C11ᵛ] Dio? 'La dilezione è forte come la morte', diceva il savio Salomone;⁷⁴ le quali parole non vogliono significar altro che, sì come per mezzo della morte l'anima si separa dal corpo, così per mezzo della dilezione si separiamo dal demonio e dal mondo. Può esser pericolo dove è Dio? Veramente no. Perciò, avendo inteso quelle parole: 'Dio è carità, e chi sta in carità sta con Dio e Dio seco',⁷⁵ come volete temer voi alcun pericolo di alcuna sorte di travaglio? Quella carità che vi ha separate dal secolo, quella che vi ha congiunte con Cristo, quell'oro infocato che ci essorta San Giovanni a comperare,⁷⁶ farà il vostro monasterio un paradiso: goderete l'allegrezza interiore e spirituale, la vera sicurtà. Non potrete errare, sorelle, perché chi ha carità ha una legge abbreviata nel cuore, ch'è Cristo. Misero mondo, pazze creature, poiché si può incominciare a godere parte del paradiso in questa vita e non si vuole. E più repensibile di tutte sono le persone religiose in [C12ʳ] questa parte, poiché ridotte quasi in porto, vogliono far naufragio, e favorite in tante maniere da Dio, si dimostrano ingrate allontanandosi dalla carità, che non è altro che allontanarsi dal medesimo Dio. Spose di Cristo, regine (essendo spose di re), regine (essendo il servire a Dio regnare), compagne delli angeli: con questi nomi voglio chiamarvi, amantissime sorelle. Godete il paradiso, partecipate delli beni che sono communi a voi et al vostro sposo, essendo voi congiunte in spirito con Gesù Cristo, e radicate nella Sua santa carità; imitate la Sua umiltà, la Sua ubidienza, la Sua pazienza, la Sua carità e le altre eccellente virtù delle quali ha lasciato essempio a voi et a tutto il mondo. Vi ha insegnato a patire per gloria del Suo Padre celeste; vi ha insegnato ubidire⁷⁷ al padre, alla madre, alli vostri confessori, alla vostra abbadessa; vi ha insegnato a non risponder a ogni parola

---

⁷³ Mark 13. 33.
⁷⁴ Song of Songs 8. 6.
⁷⁵ 1 John 4. 16.
⁷⁶ Apocalypse 3. 18.
⁷⁷ insegnato ubidire] insegnato ad ubidire *Ricordi*, 1577.

et a parlar, quando fa bisogno, per zelo dell'onor [C12ᵛ] e della gloria di Dio. Amate da vero il vostro sposo e sarete partecipi di tutti i beni.

> 24. Che le monache sono regine e compagne delli angeli,
> e le donne del secolo per lo più sono serve del mondo.

Potete esser da vero regine, se volete, perché sotto il stendardo della croce di Cristo tenete lontano il demonio, conculcate il mondo e scacciate i peccati, comandando a voi stesse, cioè alli vostri affetti, ch'è principal parte di regno; e potete anco per questo capo chiamarvi regine, perché tanti vi servono, e nelle cose temporali, restando voi tuttavia a parlar con Dio, a interceder per le miserie dei popoli col vostro sposo. Servire è interpretato servare i comandamenti. Serve di Dio che servate i precetti di Sua Maestà, e non solo i precetti, ma mettete in essecuzione i consegli ancora: voi regnate. [D1ʳ] E le donne del mondo, quanto più sono ricche, molte volte sono più pazze e più miseramente servono. E cui servono? Al mondo, che sempre lusinga; al demonio, che sempre inganna. In che modo servono a questi tiranni? Mutandosi la faccia alcune di esse con novi colori, impoverendo i loro figliuoli con superflui ornamenti, depredando molte volte le anime de le persone e vivendo in una perpetua servitù di loro vani desideri. Voi — compagne delli angeli (come ho detto),[78] poiché il vostro coro, come eco, risponde a quel coro angelico, lodando e glorificando Dio, accordandosi la vostra mente con la voce e con la lingua, il che se non faceste, sorelle, perdereste il frutto delle orazioni vostre — voi abitate in quelli orti delli quali sia fa menzione nella *Cantica*,[79] nelli orti del vostro Sposo, accompagnate dalli angeli, poiché sete ripiene della virilità delle buone opere e frutificate nella chiesa di Dio e nelli monasteri mirabilmente, [D1ᵛ] dando così buoni essempi. Vi essorto tutte, che avete tanti doni dal Signor Dio, a conservarli et accrescerli, affaticandovi di far buone quelle che non fussero giunte alla desiderata perfezione, sopportandole in questo mezzo con quella pazienza che conviene al stato vostro.

> 25. Che nelli monasteri alcune sono più discepole di Marta che di Maria,
> et alcune più di Maria che di Marta; e come si deve elegger per superiori, per
> abbadessa o priora, quelle che stimano la superiorità una croce, come è.

E perché alcune di voi sono Marte, alcune Marie,[80] voi discepole di Marta e che vivete nella vita attiva, avendo carico di governar e servir l'altre nei monasteri, dovete (quelle che sanno più) insegnar le regole della vita religiosa alle vostre sorelle, corregger quelle che fallano, ridur all'umiltà le superbe, procurar la concordia, visitar le inferme, consolar quelle che [D2ʳ] sono di poco animo,

---

[78] See above, § 23.
[79] Song of Songs 5. 1; 6. 2.
[80] Luke 10. 38–42. On Martha and Mary cf. also *Demesse*, § 7, and *Viduità*, §§ 8 and 25.

giovar, in una parola, con i ragionamenti e con l'essempio a quelle con le quali abitate, ricevendo Cristo, come fece Marta, col ministerio in tutti li uffici che vi sono imposti da quelli che han carico di commandarvi. Discepole di Maria, religiose contemplative, sono quelle che non hanno altro pensiero che conservar la carità di Dio e del prossimo e, lasciate da parte le azioni esteriori, nel desiderio solo del Signor del cielo e della terra, s'acquetano e, quasi scordate dell'essilio di questa vita, dicendo inni con gli angeli, vivono una vita angelica partecipando di quelle celesti consolazioni. Non è dubbio, sorelle, che 'l Signor fece la sentenzia quando disse: 'Maria optimam partem elegit',[81] ché la vita contemplativa è molto più nobile, più sicura e più desiderabile che l'attiva, piena di pericoli e di molestie; ma nondimeno è necessario talora per beneficio delle altre portar la croce, mettersi sotto il giogo dell'ubidienza [D2ᵛ] et affaticarsi in servizio di Dio, essercitando l'ufficio di superiore; il qual ufficio è da fuggire, ma non da ricusare, sì come non si deve mai ricusare di portar la croce per Cristo. E perciò, carissime sorelle, introducete questo buon costume nelli vostri monasteri: non eleggete mai alcuna per vostra abbadessa o priora che non pensate ch'ella stimi la superiorità una croce, com'è veramente, e che non abbi l'occhio (come convien aversi) all'onor di Dio et alla salute dell'anime: perché è molto nobil cosa, e molto difficile, domar questa natura umana tanto superba e tanto piena di altre imperfezioni. E quando è sforzata alcuna di voi ad esser abbadessa o priora, pensi che è mia coaiutrice in quel loco e che rappresenta Cristo; governi come madre e non abbi altro fine che la salute delle monache che 'l Signor Dio le ha date in governo, tolerando, riprendendo, correggendo e castigando con affetto materno.

[D3ʳ]

26. In che modo si debbono convertir a Dio quelle che non avessero ben osservate le regole della vita religiosa.

Mi volto a voi, dilettissime figliuole che veramente vi conoscete di aver offeso il vostro Sposo e di aver dato loco nella vostra mente ad alcune vane suggestioni del demonio: e perciò confessate voi di non esser regine, ma vi chiamate monache infelici; non serve di Dio, ma più tosto ammiratrici del mondo; non compagne delli angeli, ma più tosto moleste, con la vagazione della vostra mente, alla loro angelica purità. Parlo con voi (che piaccia al Signor Dio che siate pochissime, o più tosto nissuna), parlo con paterno affetto, tenendo io una particular cura della salute vostra, il che avete potuto conoscer dalle frequenti visite che ho fatte e fatto fare, e da molti segni di longanimità e carità che ho usato con voi. Non voglio descrivere una mala monaca, [D3ᵛ] perché non potrei farlo senza mia gran molestia, et indurrei troppo orrore; basta che la mala monaca si può chiamar

---

[81] Luke 10. 42.

infelicissima creatura, poiché è priva della grazia di Dio, adultera del demonio, serva del peccato, abominazione alli angeli, fabricatrice di un inferno, mostro fra il sesso feminile, infamia del suo sangue, calamità de' monasteri, de' suoi superiori e del vescovo massime. Siano lontani simili mostri da questa mia dilettissima città, da tutti i vostri monasteri e da tutta la Chiesa di Dio, perché contristano incredibilmente lo Spirito Santo e provocano grandemente l'ira di quel celeste Padre. Si conosce alcuna di voi esser lontana da quella forma che ho descritta di sopra? Si ricorda di aver offeso il Signor Dio con molte sorti de peccati, contristando le sorelle e perturbando la pace del monasterio? Ascolti il beato padre San Bernardo,[82] che conseglia una sua sorella religiosa ad accusar sé stessa et a chieder perdono a Dio, come potrete far [D4r] voi ancora, accettando il conseglio di quel santo Padre; e potrà usare ciascuna di voi queste o simili parole, ingenocchiata innanzi l'imagine di Cristo crucifisso: 'O peccatrice, o misera! In tanti peccati, in tanti falli, in tante negligenzie, che piangerò prima? Dove siete, fonti di lacrime? Soccorrete all'eccessivo mio dolore, innondate la faccia mia. Soccorri, Signore, alle miserie mie innanzi ch'io mora, innanzi che mi prevenga la morte, prima che io precipiti nell'inferno, prima che quel foco inestinguibile mi consumi, prima ch'io sia involta in quelle perpetue tenebre. Aiutami, Signore, prima ch'io senti tanti tormenti, prima ch'io, senza sperar alcun termine delle mie miserie, sia cruciata perpetuamente in quel baratro infernale. Che potrò dire, Signore, in quel giorno tremendo? Che potrò risponder all'essamine in quel giudicio? Miseri giorni per me, nei quali ho peccato! Infelici giorni nei quali ho offeso Te, Signore mio, e ho transgredito le regole che mi hanno dato [D4v] i Tuoi servi! Non mi posso chiamar Tua sposa, perché non ho obedito a Te, perché ho irritato Te, mio sposo amabilissimo. Sorella non mi posso nominare, perché non ho servata la carità con le mie sorelle; molto meno madre, perché non ho mostrato il materno affetto; non son stata serva Tua, Signore, perché ho servito al mondo; non monaca, perché ho avuto il cuore fra i miei parenti. Ho peccato gravemente, infelicemente e miseramente. Offersi il frutto con l'albero, il quale per mia negligenza non fece poi frutti; promisi di viver essemplarmente e non attesi; son ritornata molte volte al peccato; mai ho cessato di far male. Intercedete, Santi e Sante, per me, se forse il Signore vorrà avermi misericordia e levarmi tante iniquità'. E tuttavia ciascuna di voi alzando la voce dica col cuore: 'O misera anima mia, chi mi averà misericordia? Chi mi consolarà? Dove è il custode delli uomini et il redentor delle anime, quel buon pastor Gesù Cristo che ha posto l'anima per le Sue pecorelle?' [D5r] Et aggiunga queste o simili parole: 'Signore, non levar la Tua faccia da me, non Ti scordar di me nel fine, non mi abbandonare, non mi lasciar in potestà del demonio. Già ho detto che son peccatrice, son indegna della Tua protezione; ricorro nondimeno a Te come a mio refugio: Tu sei clemente e

---

[82] Ps. St. Bernard, *Liber de modo bene vivendi ad sororem*, 43.

benigno, Tu pio, Tu pieno di misericordia; non sprezzi alcuno, non scacci alcuno, non chiudi la porta della misericordia ad alcuno. Mostrami, Signore, la Tua misericordia; non negare a me quello che hai benignamente conceduto a molti. Non difendo le mie scelerità: accuso me stessa e li miei peccati'. E dopo che averete proferito queste parole, più col cuore che con la bocca, proferite quella sentenza di Gioel profeta: 'Chi sa? Forse il Signore perdonerà e lascerà la Sua benedizione'.[83] Ardisco io, se ben circondato da molte infermità, risponder con le parole del beato San Gregorio Nazianzeno: 'Io lo so e voglio prometter che il Signore usarà misericordia'.[84] Perché nissuna [D5ᵛ] cosa è più propria della Sua Divina Maestà che 'l perdonare; purché, sorelle, abbiate compunto il cuore.

27. Della compunzione.

La compunzione non è altro che una umiltà di mente che nasce dalla memoria del peccato, tanto migliore quanto ch'è accompagnata dal dolore che si sente della offesa di Dio. La compunzione del cuore è la sanità dell'anima, riduce lo Spirito Santo e restituisce la gloria. Perciò, sorelle, dopo che vi sarete accusate, lagrimate, perché quelle lagrime sono delizie delli angeli[85] e han gran forza per mitigar l'ira di Dio. Vi compungerà mirabilmente e vi insignarà quella virtù tanto necessaria a tutti i cristiani ch'è la divozion, la considerazione della vita di Gesù Cristo, al quale avete donato il vostro cuore: come fanciullo fu posto nel presepio; come fu notrito in una povera casuccia per [D6ʳ] insegnar l'umiltà al mondo; come nacque di madre poverissima et a quella fu ubidientissimo per insegnare l'ubidienza; come fu battezato dal Suo servo Giovanni; come mai[86] fece resistenza alli Suoi nimici; come mai non usò la Sua potenza contra i prencipi di sacerdoti, anzi innanzi a quelli stette come reo; come fu menato innanzi al presidente e non ricusò il suo giudicio; come pazientissimamente sopportò di esser calunniato, villaneggiato, flagellato, coronato et ultimamente posto sul duro legno della croce da quelli soldati vilissimi servi del mondo. E tutto questo gioverà per insegnar la pazienza e farvi conoscer l'eccessivo amore che 'l Signore ha portato a voi et a tutto il mondo, avendo patito tutte queste cose per riconciliarci con quel celeste Padre che giustamente era adirato. Vi gioverà ancora considerare che la Madre di Dio, regina delli angeli, madre della misericordia, nostra avvocata, abbi dato essempio di tutte le virtù, non avendo mai col volto conturbata [D6ᵛ] alcuna creatura, essendo sempre stata intenta alli santi essercizi et alla meditazione dell'eterna vita. E quando vi fissarete a considerare la profondissima umiltà Sua e la grande ubidienza con la quale ha servito a Dio, sarà facil cosa che restiate

---

[83] Joel 2. 14.
[84] St. Gregory of Nazianzus, *Orationes*, 43, 63.
[85] This is a quotation from St. Bernard, *Sermones in Cantica Canticorum*, 68, 5; see also *Demesse*, § 18.
[86] mai] non *Ricordi*, 1577.

confuse, come debbiamo restar tutti; ma la confusione potrà apportare mortificazione e gran giovamento. Similmente tra voi considerando le vite delle Sante, come di Santa Catarina, che in giovenil età tanto seppe e congiunse con la scienza una ardentissima carità; di Santa Cecilia, che fu instrumento di Dio per ridurre anime alla confessione di Cristo; e finalmente di Santa Agnese, di Santa Lucia, di Santa Chiara,[87] le quali, con l'essempio di una santa vita e col martirio ancora, han dato gloria a Dio. Comparando voi stesse a queste sante donne del medesimo fragil sesso che sete voi, dotate dal Signore del discorso e delli altri doni, come voi, ma di maggior spirito e di miglior volontà di voi, sentirete, [D7^r] sorelle, eccitar in voi gran compunzione e spirito di divozione.

28. Che le monache devono frequentar il santissimo sacramento dell'eucaristia alli tempi consueti, facendo prima una buona confessione di tutti i loro peccati.

Et acciò che riceviate compita consolazione e possiate godere tranquillità d'animo, dilettatevi, carissime sorelle, di frequentare il santissimo sacramento dell'eucaristia alli tempi ordinati; il qual cibo spirituale, oltre che notrisce spiritualmente, dà grandissima forza all'anima per poter resistere ai peccati. Questo è il pane delli angeli proposto ancora a noi cristiani, acciò che vivessimo del medesimo cibo et avessimo giusta causa di renderne grazie a Dio. E questo pane è la carne di Gesù Cristo, il qual disse nell'Evangelio: 'Chi mangia la mia carne e beve il mio sangue sta in me et io in lui'.[88] Le quali parole significano che 'l Signore sta in quell'anima [D7^v] che sta in Lui con la fede e con le buone operazioni, volendo dare ad intendere a tutti che non basta a pigliare il santissimo corpo di Gesù Cristo a sentirne il frutto, ma bisogna pigliarlo con fede e carità, cioè senza peccato mortale, col quale peccato non si può star con Dio. Carissime sorelle, gran prudenza è quella del serpente, come scrive il devotissimo padre San Bernardo, il quale, accostandosi al fonte per bere, vomita fuori tutto il veleno.[89] Imitate in questa parte il serpente: prima che vi accostiate al fonte di tutte le grazie, Gesù Cristo, vomitate il veleno, l'odio, le malignità, l'invidia, e levate dal cuore tutti i vani pensieri; perdonate alle vostre sorelle, acciò che sieno perdonate a voi le offese che avete fatte al Signor Gesù Cristo, che pasce gli angeli in cielo e pasce noi ancora cristiani in terra con questo celeste cibo, acciò che mai manchiamo nelli travagli del mondo. E perciò, prima che prendiate il santissimo sacramento,

---

[87] Valier names St. Catherine of Alexandria (also presented as a model in *Demesse*, § 16, and in *Viduità*, § 25), the martyrs St. Cecilia († Rome 232), St. Agnes (*c.* 291–Rome *c.* 304), and St. Lucy (already mentioned in *Demesse*, § 16), and St. Clare of Assisi (16 July 1194–11 August 1253), the founder of the order of Saint Clare.
[88] John 6. 56.
[89] This characteristic of snakes is stressed in many medieval bestiaries, but it is not mentioned by St. Bernard; it is, however, evoked in St. Peter Damian, *Epistulae*, 86.

confessate tutti i vostri peccati e guardatevi di non pretermetterne alcuno o[90] per vergogna, [D8r] o per malizia; perché grandemente offerendereste quella Divina Bontà, la quale tutto sa e tutto vede; e quel cibo sarebbe veneno alle anime vostre. In questo anno santo del santissimo Giubileo, nel quale a Roma son invitati tutti i fedeli a ricever il tesoro della indulgenzia plenaria che il Vicario di Gesù Cristo, Romano Pontefice Gregorio XIII,[91] concede a tutti quelli che saranno contriti e confessati, essendo risoluti di lasciar i peccati, fate orazione, sorelle carissime, ché tutti i fedeli acquistino questo tesoro; e risolvetevi di santificarvi con la grazia di Dio in questo anno santo, purificando i vostri pensieri e congiungendovi con Gesù Cristo, preparandovi voi ancora per ricever la medesima plenaria indulgenzia, la quale sarà communicata a voi ancora et a tutti quelli fedeli che non avranno potuto andar a Roma. Et accompagnate ancora con le vostre orazioni me, che intendo, con l'aiuto di Dio, molto presto partire per quel santo viaggio, per ricever un tanto tesoro e per[92] visitar i santissimi corpi delli apostoli [D8v] e martiri, innanzi alle sante reliquie de' quali non mancarò di pregar il Signor Dio per questa mia dilettissima città e particolarmente per voi, quali amo cordialissimamente nel Signor Gesù Cristo; e procurerò di portarvi più doni spirituali che io potrò, affaticandomi per vostro nome d'impetrarne dal Sommo Pontefice, Vicario di Gesù Cristo, capo di quella Santa Sede, attendendo sopra tutto di ritornar più tosto che sarà possibile alla cura che è piacciuto alla Divina Maestà di metter sopra le mie spalle.

29. L'autore si volta a Dio pregandolo per li monasteri, et esorta le monache a far orazione per lui.

Ma dovendo finir ormai questo libretto, grandemente desidero che consideriate e che imprimiate nell'animo vostro che la vita è breve, incerta e piena di pericoli: si vive da vero quando si more al mondo, e si vive a Dio. E perciò è bene viver in modo [D9r] come se ognora si avesse a morire, e pensare che la morte sia un transito a miglior vita, sia un termine delle miserie del mondo et una liberazione di tutti i peccati. E quando vedete morire le vostre abbadesse, le vostre maestre o quelle che più teneramente amate, non piangete, sorelle, ma più tosto rendete grazie al Signore che le ha liberate dalle miserie di questo secolo e le ha fatte passar in loco di refrigerio e di pace. Quelle che hanno temuto Dio fra voi, che non sono state negligenti in essequire i commandamenti dalla Sua Divina Maestà e le vostre regole, che si sono contristate dell'offese di Dio, che si sono rallegrate delli progressi delle anime nel bene, che si hanno saputo compatire, infine che hanno avuto carità, dalla porta del monasterio entrano alcune volte nella porta del cielo,

---

[90] o] omitted in *Ricordi*, 1577.
[91] Pope Gregory XIII (Ugo Boncompagni, Bologna 1502-Roma 10 April 1585) was eletto Pope on 13 May 1572.
[92] per] omitted in *Ricordi*, 1577.

o almeno per molto men spazio di tempo delle altre sono afflitte dalle pene del purgatorio: essendo il monasterio, come diceva un santo Padre,[93] imagine del paradiso. Prego io, [D9ᵛ] vostro vescovo e vostro padre, quel clementissimo Padre e Signore del cielo e della terra, che per i meriti dell'unigenito figliuolo Suo Gesù Cristo, redentor del mondo, per quel sangue preciosissimo col quale ci ha liberati dalla tirannide del demonio, che vi perdoni li peccati passati, che si scordi le vostre imperfezioni, che abbi compassione al vostro sesso et alle vostre infermità. E piaccia alla Sua Divina Bontà, sì come io cordialmente vi mando con questo libretto tutte le benedizioni, così gli piaccia di confirmarle e donarvi la Sua santa pace e tutte le spirituali consolazioni. Vi doni grazia di conoscer e di essaltar il Suo santissimo nome e di ringraziar la Sua Bontà che vi ha chiamate a così alta vocazione, liberandovi dalla fece di questo mondo, donandovi grazia che nel fin vostro udiate quelle dolcissime parole: 'Veni, sponsa Christi, accipe coronam',[94] quella corona, quella aureola ch'è preparata a quelle anime che averanno custodita la santa virginità, fiore [D10ʳ] (come dice San Cipriano)[95] della sobole ecclesiastica, ornamento della vita spirituale, porzione nobilissima del grege di Cristo. Voi, sorelle, spose di Cristo, tanto grate serve di Dio, datore di tutte le grazie, pregate, quando vi trovate tutte insieme nel coro, e particularmente in cella, per me ministro indegno di Sua Divina Maestà; pregate ch'io faccia bene la legazione mia, ch'annonzi a tanto populo le sue scelerità; ch'io sappi dire quanto sia d'importanza aver placato il Signore e quanto infelice e misera cosa sia esser in disgrazia di chi tutto sa e tutto può. Pregate, sorelle, la Sua Divina Maestà ch'io sappi ben servire e procurare in ogni modo la salute delle anime, soccorrendo alle infermità di tanti che sono raccomandati alla fede mia. Aiutatemi con le orazioni e con le lagrime, acciò che io faccia l'ufficio di buon pastore e di buon vescovo, pascendo questo gregge e sopraintendendo alla salute vostra e di tutta questa città e diocese. E sospirando dite: 'Signore, [D10ᵛ] non permetter che questo Tuo servo, padre nostro, caschi sotto un peso sì grave, ma dàgli aiuto che possi fare quel che desidera, inspirandogli sempre buoni e santi desideri a gloria Tua'. Le esortazioni che avete, che vi furono fatte dalli reverendissimi vescovi miei predecessori (le anime de' quali siano in gloria), vi invitano, sorelle, a pregar molte volte per le anime loro et a far orazione ché, quando piacerà alla Sua Maestà di ridur tutto il mondo al conspetto Suo per far palese la Sua giustizia, si degni di concedervi grazia: che vediate li vostri Padri dell'ordine di confessori e di santi vescovi, e che a doi cori insieme con li angeli in quella santa corte celestiale sia dato onore e gloria al Re del cielo e della terra. Amen.

Il fine

---

[93] Ps. St. Jerome, *Regula monacharum*, 1; the same passage is quoted in *Demesse*, § 5.
[94] Antiphon from the Common of Virgins.
[95] St. Cyprian, *De habitu virginum*, 3.

BIBLIOGRAPHY

Editions and Translations of Texts Used by
Valier and/or Cited in the Footnotes to the Texts

St. Ambrose, *Opera omnia*, in PL, xiv–xvii (1845); for the *De virginibus ad Marcellinam sororem suam libri tres*, and the *De viduis liber unus*, see *Selected Works and Letters*, in NPNF, x, 361–87, and 389–407; for *De Nabuthe Jezraelita liber unus*, see *S. Ambrosii De Nabuthae: A Commentary, with an Introduction and Translation*, ed. by Martin R. P. McGuire (Washington: The Catholic University of America, 1927)

ANF — *Ante-Nicene Fathers: The Writings of the Fathers Down to A.D. 325*, ed. by Alexander Roberts and James Donaldson, 2nd edn, 10 vols (Peabody MA: Hendrickson, 1995)

St. Anselm, *De humanis moribus per similitudines (De similitudinibus)*, in St. Anselm, *Opera omnia*, in PL, clviii–clix (1853–1854), clix, 605–708; see also *Memorials of St. Anselm*, ed. by Richard William Southern and Franciscus Salesius Schmitt (London: Oxford University, 1969), pp. 39–104

Aristotle, *Ethica Nicomachea (The Nicomachean Ethics)*, with an English translation by Harris Rackham, in *Aristotle*, 23 vols (Cambridge, MA: Harvard University Press, 1932–1991), xix (1934)

St. Augustine, *Opera omnia*, in PL, xxxii–xlvii (1849); see also *The Works of Saint Augustine: A Translation for the 21st Century*, edited by Augustinian Heritage Institute, 35 vols (New York: New City Press, 1991–2014)

St. Basil the Great, *Opera omnia*, in PG, xxix–xxxii (1885–1888); for the *Homilia in Psalmum XXVIII*, see *Homilies on the Psalms*, trans. by Sergius Fedyniak (New York: Basilian Fathers publication, 1979)

St. Benedict, *Regula*, in St. Benedict, *Opera omnia*, in PL, lxvi (1847), 215–932; see also *The Rule of Saint Benedict*, ed. and trans. by Bruce L. Venarde (Cambridge, MA: Harvard University Press, 2011)

St. Bernard, *Opera omnia*, in PL, clxxxii–clxxxv (1854); for the *Sermones in Cantica Canticorum*, see *On the Song of Songs*, trans. by Kilian Walsh and Irene Edmonds, 4 vols (Kalamazoo: Cistercian publication, 1971–1980)

Biblia sacra vulgatae editionis Sixti V Pontificis Maximi iussu recognita et Clementis VIII auctoritate edita (Cinisello Balsamo: San Paolo, 2003); see also *The Holy Bible: Revised Standard Version, Catholic Edition* (Oxford: Oxford University Press, 2008)

St. Bonaventure, *Sermones de diversis (Sermons de diversis)*, ed. by Jacques Bourgerol (Paris: Les Editions Franciscaines, 1993)

Cicero, *Tusculanae Disputationes (Tusculan Disputations)*, with an English translation by John Edward King (Cambridge, MA: Harvard University Press, 1927)

St. Cyprian, *De habitu virginum*, in St. Cyprian, *Opera omnia*, in PL, iv (1844), 439–64; see also *Hippolytus, Cyprian, Caius, Novatian, Appendix*, in ANF, v, 430–36

Disticha Catonis, ed. by Marcus Boas and Henricus Johannes Botschuyver (Amsterdam: North-Holland, 1952)

ST. GREORY OF NAZIANZUS, *Orationes*, in St. Greory of Nazianzus, *Opera omnia*, in PG, XXXV–XXXVIII (1857–1858), XXXV–XXXVI; see also *Cyril of Jerusalem, Gregory Nazianzen*, in NPNF, VII, 185–434

ST. GREGORY THE GREAT, *Opera omnia*, in PL, LXXV–LXXIX (1849); for the *Regulae pastoralis liber*, see *Pastoral Care*, ed. and trans. by Henry David (New York: Newman, 1995); for the *Moralia in Iob*, see *Morals on the Book of Job by St. Gregory the Great*, 4 vols (London: Parker & Rivington, 1844–1850)

ST. HILARY, *Tractatus super Psalmos*, in ST. HILARY, *Opera omnia*, in PL, IX–X (1844–1845), IX, 231–890

JACOBUS DE VORAGINE, *Legenda aurea, vulgo historia Lombardica dicta*, ed. by Johann Georg Theodor Graesse, 2nd edn (Leipzig: Librariae Arnoldianae, 1850); see also *The Golden Legend: Readings on the Saints*, trans. by William Granger Ryan, 2 vols (Princeton: Princeton University Press, 1993)

ST. JEROME, *Opera omnia*, in PL, XXII–XXX (1845); for the works quoted (except the *Regula monacharum* attributed to St. Jerome), see *Letters and Select Works*, in NPNF, VI

ST. JOHN CHRYSOSTOM, *Opera omnia*, in PG, XLVII–LXIV (1858–1860); for the *Homiliae in Genesim*, see *Homilies on Genesis*, trans. by Robert Charles Hill, 2nd edn, 2 vols (Washington: Catholic University of America Press, 2001); for the *De Davide et Saule homiliae*, see *St. John Chrysostom, Old Testament Homilies*, trans. by Robert Charles Hill, 3 vols (Brookline, MA: Holy Cross Orthodox Press, 2003), I (*Homilies on Hannah, David, and Saul*); for the *Homilia in illud vidua eligatur*, the *In Matthaeum homiliae*, the *In Acta Apostolorum homiliae*, and the *Homilia in epistulam I ad Timotheum*, see *Saint Chrysostom*, in NPNF, IX (*On the Priesthood; Ascetic Treatises; Select Homilies and Letters; Homilies on the Statutes*), 117–28; X (*Homilies on the Gospel of Saint Matthew*); XI (*Homilies on the Acts of the Apostles and the Epistle to the Romans*), 11–451; XIII (*Homilies on Galatians, Ephesians, Philippians, Colossians, Thessalonians, Timothy, Titus, and Philemon*), 540–634

Liber pontificalis, ed. by Louis Duchesne, 2 vols (Paris: Ernest Thorin, 1886–1892); see also *The Book of Pontiffs: The Ancient Biographies of the First Ninety Roman Bishops to AD 715*, trans. with an introduction by Raymond Davis (Liverpool: Liverpool University Press, 1989)

NPNF — *Nicene and Post-Nicene Fathers: A Select Library of the Christian Church*, 2nd ser., ed. by Philip Schaff and Henry Wace, 2nd edn, 14 vols (Peabody MA: Hendrickson, 1995)

ORIGEN, *De oratione*, in ORIGEN, *Opera omnia*, in PG, XI–XVII (1857), XI, 415–561; see also *Origen's Treatise on Prayer*, ed. and trans. by Eric George Jay (London: S.P.C.K., 1954)

ST. PETER DAMIAN, *Epistulae (Die Briefe des Petrus Damiani)*, ed. by Kurt Reindel, 4 vols (Munich: Monumenta Germaniae Historica, 1983–1993); see also *Letters*, trans. by Owen J. Blum, 7 vols (Washington: Catholic University of America Press, 1989–2005)

PG — *Patrologiae cursus completus [...] Series Graeca*, ed. by Jacques Paul Migne, vols 161 (Paris: Garnier, 1856–1866)

PL — *Patrologiae cursus completus [...] Series Latina*, ed. by Jacques Paul Migne, vols 221 (Paris: Garnier, 1844–1855)

PLATO, *Phaedrus*, with an English translation by Harold North Fowler, introduction by Walter Rangeley Maitland Lamb, in *Plato*, 12 vols (Cambridge, MA: Harvard University Press 1914–1946), I (1914)

SENECA, *Ad Lucilium Epistulae Morales*, with an English translation by Richard M. Gummere, 3 vols (Cambridge, MA: Harvard University Press, 1917–1925)

SOPHOCLES, *Ajax*, in *Sophocles*, ed. and trans. by Hugh Lloyd-Jones, 3 vols (Cambridge, MA: Harvard University Press, 1994–1996), I (1994)

SUETONIUS, *Vita Augusti*, in *Suetonius*, with an English translation by John Carew Rolfe, 2 vols (Cambridge, MA: Harvard University Press, 1959–1960), I (1959)

TERTULLIAN, *De monogamia*, in TERTULLIAN, *Opera omnia*, in PL, I–II (1844), II, 929–54; see also *Tertullian, Part Fourth; Minucius Felix; Commodian; Origen, Parts First and Second*, in ANF, III, 59–72

ST. THOMAS AQUINAS, *Summa theologiae*, 3rd edn (Cinisello Balsamo: San Paolo, 1999); see also *Summa theologiae*, Latin text and English translation, introductions, notes, appendices and glossaries, general editor Thomas Gilby, 60 vols (London and New York: Blackfriars, Eyre and Spottiswoode, McGraw-Hill, 1965–1975)

Vita Sancti Sylvestri, in *Sanctuarium, seu Vitae Sanctorum*, ed. by Bonino Mombrizio, 2 vols (Paris: Albert Fontemoing, 1910), II, pp. 508–31

Primary Sources

Alcuni buoni ricordi a religiose, per viver bene in religione et osservar le loro regole, cavati dal libro della Prattica spirituale dell'Illustrissimo et Reverendissimo Monsignore Vescovo di Cremona (Perugia: Baldo Salviani, 1577)

CAPELLA (CAPRA), GALEAZZO FLAVIO, *Della eccellenza e dignità delle donne*, ed. by Maria Luisa Doglio (Rome: Bulzoni, 1988)

CAVATTONI, CESARE, ed., *Due opere latine del preclarissimo Agostino Valerio (Philippus, sive de christiana laetitia, e De dono et utilitate lacrymarum ad Fridericum Borromaeum)* (Verona: Civelli, 1862)

CICOGNA, EMMANUELE ANTONIO, ed., *Ammaestramenti tratti dagli antichi e moderni autori ed ai novelli sposi presentati* (Venice: Picotti, 1816)

CORTI, MATTEO, *Alcuni buoni ricordi alle religiose per vivere bene in religione et osservare le loro regole* (Florence: Francesco Tosi, 1585)

CROCE, GIULIO CESARE, *Selva di esperienza nella quale si sentono mille e tanti proverbi, provati et esperimentati da' nostri antichi, tirati per via d'alfabeto* (Bologna: Bartolomeo Cochi, 1618)

D'ARABIA, GIROLAMO, *Ricordi [...] fatti per dar di festa alle monache l'anno presente, coi nomi di diverse Sante, le quali egli desidera che le piglino per loro avocate* (Ferrara: Girolamo Baldini, 1592)

Della perfetta verginità de' Santi Basilio et Agostino, con una breve disputa della castità, et uno succinto discorso in lode della medesima di S. Efrem, et alcuni spiritoalissimi essercitii di Santa Gertrude vergine (Brescia: Francesco e P. Maria Marchetti, 1566)

DOLCE, LODOVICO, *Dialogo della institution delle donne* (Venice: Gabriel Giolito, 1547)

—— *Dialogo [...] della institution delle donne secondo li tre stati che cadono nella vita humana* (Venice: Gabriel Giolito, 1545)

—— *Dialogo della instituzion delle donne secondo li tre stati che cadono nella vita umana*, ed. by Helena Sanson (Cambridge: MHRA, 2015)

DOMENICHI, LODOVICO, *La donna di corte, discorso [...] nel quale si ragione dell'affabilità et honesta creanza da doversi usare per gentildonna d'honore* (Lucca: Busdrago, 1564)

FONTE, MODERATA, *Il merito delle donne [...] in due giornate, ove chiaramente si scuopre quanto siano elle degne e più perfette de gli huomini* (Venice: Domenico Imberti, 1600)

—— *Il merito delle donne, ove chiaramente si scuopre quanto siano elle degne e più perfette de gli uomini*, ed. by Adriana Chemello (Venice: εἶδος, 1988)

GIBERTI, GIAN MATTEO, *Le costituzioni per il clero (1542) di Gian Matteo Giberti, vescovo di Verona*, ed. by Roberto Pasquali (Vicenza: Istituto per le ricerche di storia sociale e di storia religiosa, 2000)

GRANADA, LUIS DE, *Esercitii et meditationi spirituali, per tutti li giorni et le notti della settimana* (Venice: Michele Tramezzino, 1564)

—— *Fiori pretiosi raccolti da tutte le opere spirituali del r.p.f. Luigi di Granata dell'Ordine de' predicatori* (Venice: Domenico e Gio. Battista Guerra, 1572)

—— *Guida de' peccatori* (Florence: Giunti, 1561)

—— *Memoriale della vita del christiano* (Venice: Gabriel Giolito, 1567)

—— *Pie e devote orationi, raccolte da diversi et gravi auttori* (Venice: Gabriel Giolito, 1567)

—— *Specchio della vita humana* (Venice: Gabriel Giolito, 1568)

—— *Trattato della confessione et communione* (Venice: Gabriel Giolito, 1568)

—— *Trattato dell'oratione et della meditatione* (Venice: Gabriel Giolito, 1561)

—— *Tutte l'opere* (Venice: Gabriel Giolito, 1568)

MIDANI, ALESSANDRO, *Canzone di Fileremo a Pistofilo* (Verona: Sebastiano dalle Donne e Girolamo Stringari, 1584)

Missale Romanum (Venice: Domenico Nicolini da Sabbio, 1575)

Ordini e capitoli del governo delli Derelitti, instituito nella magnifica città di Verona l'anno 1572 (Verona: Sebastiano e Giovanni dalle Donne, 1573)

ORTENSE, EVANGELISTA, *Specchio d'essempi da diversi santi auttori estratto, nel quale si trovano infiniti documenti per essercitar ogni stato di persone in quelle attioni che possono condurle al cielo* (Venice: Pietro Marinelli, 1586)

PIACI, FELICE, *Institutione christiana necessaria a tutti i fideli catholici* (Milan: Valerio e Girolamo Meda, 1570)

Regola della Compagnia della vergini di S. Orsola fatta nella magnifica città di Verona l'anno del Signore 1586 (Verona: Girolamo Discepolo, 1594)

TACCHELLA, LORENZO, ed., *San Carlo Borromeo ed il card. Agostino Valier: carteggio* (Verona: Istituto per gli studi storici veronesi, 1972)

VALIER, AGOSTINO, *Commentarius de consolatione Ecclesiae ad Ascanium Card. Columnam libri VI*, ed. by Giacinto Ponzetti (Rome: Lazzarini, 1795)

—— 'Convivium Noctium Vaticanarum', in *Noctes Vaticanae, seu Sermones habiti in academia a S. Carolo Borromeo Romae in Palatio Vaticano instituta*, ed. by Giuseppe Antonio Sasso (Milan: Giuseppe Marelli, 1748), pp. 1–23

—— *Degli occulti benefici di Dio, libri tre*, trans. by Niccolò Antonio Giustiniani (Verona: erede di Agostino Carattoni, 1770)

—— *Della istruzione delle donne maritate del Cardinale Agostino Valerio* (Per nozze Pontedera-Schwarzkönig), ed. by Bernardino Grigolati (Verona: Sanvido, 1847)

—— *Dell'utilità che si può ritrarre dalle cose operate dai veneziani libri XIV*, trans. by Niccolò Antonio Giustiniani (Padua: Tommaso Bettinelli, 1787)

—— *De recta philosophandi ratione libri duo. [...] Item praefationes ab eodem, eodem tempore habitae partim publice, partim privatim, quibus accessere eiusdem opuscula quatuor eruditionis plena et lectu dignissima* (Verona: Sebastiano e Giovanni Dalle Donne, 1577)

—— *De rethorica ecclesiastica ad clericos libri tres [...], una cum tribus praelectionibus ad suos clericos habitis, alias in lucem editi, accessit et pulcherrima totius ecclesiasticae rethoricae synopsis, non antea in lucem edita* (Venice: Andrea Bocchino e fratelli, 1574)

—— *Il dialogo della gioia cristiana*, trans. by Antonio Cistellini, preface by Nello Vian (Brescia: La scuola, 1975)

—— *Institutione d'ogni stato lodevole delle donne christiane* (Venice: Bolognino Zaltieri, 1575)

—— *Institutione d'ogni stato lodevole delle donne christiane* (Venice: eredi di Francesco Rampazetto, 1577)

—— *Instruttione della vera et perfetta viduità* (Venice: eredi di Francesco Rampazetto, 1577)

—— *Instruttione delle donne maritate* (Venice: eredi di Francesco Rampazetto, 1577)

—— *La istituzione d'ogni stato lodevole delle donne cristiane, novella impressione, corretta, accresciuta, e in varie guise illustrata*, ed. by Gaetano Volpi (Padua: Giuseppe Comino, 1744)

—— *Istruzione del modo di vivere delle donne maritate del Cardinale Agostino Valier Vescovo di Verona a Madonna Laura Gradenigo sua sorella, nuovamente stampata per le faustissime nozze Manzoni-Gradenigo* (Venice: Merlo, 1863)

—— *Lettera consolatoria del Reverendissimo Monsignor Agostino Valerio Vescovo di Verona nella quale, essendo stata liberata essa città dal sospetto della peste che l'ha per molti giorni travagliata, si consola col suo popolo et l'essorta a ringratiarne la maestà di Dio et a viver christianamente* (Venice: Pietro Farri, 1575)

—— *Memoriale [...] a Luigi Contarini cavaliere sopra gli studii ad un senatore veneziano convenienti, pubblicato in occasione dell'ingresso di Sua Eminenza il signor Cardinale Lodovico Flangini [...] alla Sua Sede di Patriarca di Venezia e Primate della Dalmazia* (Venice: Gio. Antonio Curti, 1803)

—— *Opusculum numquam antehac editum de cautione adhibenda in edendis libris. Nec non Bernardi cardinalis Naugerii vita* (Padua: Giuseppe Comino, 1719)

—— *Per le faustissime nozze Bonaldi De-Ferrari. Istruzione alle donne maritate del Cardinale Agostino Valiero Vescovo di Verona offerta all'egregia e nobile sposa da D. Giovanni Palazzi regio cappellano di camera di Sua Maestà Ferdinando I Re del Regno delle Due Sicilie* (Venice: Andreola, 1824)

—— *Ricordi al popolo della città et diocese di Verona* (Venice: eredi di Francesco Rampazetto, 1579)

—— *Ricordi del Cardinale Agostino Valiero Vescovo di Verona lasciati alle monache riprodotti nella vestizione della nobile donna Caterina Balbi che assume il nome di Maria Luigia nel monastero di S. Croce della Giudeca* (Bassano: Remondini, 1804)

—— *Ricordi [...] lasciati alle monache nella sua visitatione fatta l'anno del santissimo Giubileo 1575* (Venice: Bolognino Zaltieri, 1575)

―― *Ricordi [...] lasciati alle monache nella sua visitatione fatta l'anno del santissimo Giubileo 1575* (Venice: eredi di Francesco Rampazetto, 1577)
―― 'Ricordi per lo scriver le historie della Repubblica di Venezia', in *Anecdota veneta, nunc primum collecta ac notis illustrata*, ed. by Giovanni Battista Maria Contarini (Venice: Pietro Valvasense, 1757), pp. 172-92
―― *Sei ricordi alle monache di Monsignore Agostino Valiero Vescovo di Verona ripubblicati in occasione che l'Illustrissima Signora Lucrezia Maria Mangelli forlivese veste l'abito religioso* (Faenza: Gioseffantonio Archi, 1779)
―― *Vita Caroli Borromei Card. S. Praxedis archiepiscopi Mediolani, item opuscula duo Episcopus et Cardinalis* (Verona: Girolamo Discepolo, 1586)
―― *Vita di Carlo Borromeo Card. di S. Prassede, Arcivescovo di Milano*, introduction by Franco Segala, trans. by Giovanni Bovo (Verona: Archivio storico Curia vescovile, 1988)
VECELLIO, CESARE, *Corona delle nobili et virtuose donne [...] nel quale si dimostra in varii dissegni tutte le sorti di mostre di punti tagliati, punti in aria, punti a reticello e d'ogni altra sorte, così per freggi, come per merli et rosette, che con l'aco si usano hoggidì per tutta l'Europa* (Venice: Cesare Vecellio, 1591-1594)
VENTURA, GIOVANNI, 'Vita Illustrissimi et Reverendissimi Cardinalis Augustini Valerii, Veronae Episcopi', in *Raccolta d'opuscoli scientifici e filosofici*, ed. by Angelo Calogerà, 51 vols (Venice: Simone Occhi, 1728-1757), XXV (1741), 49-115
VIVES, JUAN LUIS, *De l'ufficio del marito, come si debba portare verso la moglie. De l'istitutione de la femina christiana, vergine, maritata o vedova. De lo ammaestrare i fanciulli ne le arti liberali* (Venice: Vincenzo Valgrisi, 1546)
ZINI, PIETRO FRANCESCO, *Boni pastoris exemplum ac specimen singulare* (Venice: Giovanni Battista e Melchiorre Sessa, 1556)
―― *De legum et iuris laudibus oratio Patavii habita XV Kalen. Novembris 1549* (Padua: Giacomo Fabriano, 1549)
―― *De philosophiae laudibus oratio, quam habuit in Gymnasio Patavino, cum publicum philosophiae moralis interpretandae munus aggrederetur, idibus novembris 1547* (Venice: Giovanni Griffio, 1547)

Secondary and Critical Sources

AGOSTINI, MARCO, and GIOVANNA BALDISSIN MOLLI, eds, *Gian Matteo Giberti (1495-1543)* (Cittadella: Biblos, 2012)
ARCHIVIO STORICO DELLA CURIA DIOCESANA DI VERONA, ed., *Agostino Valier: visite pastorali a chiese extraurbane della Diocesi di Verona, anni 1592-1599: trascrizione dei registri XV-XVI delle visite pastorali* (Verona: Archivio storico Curia diocesana, 2000)
―― *Agostino Valier, visite pastorali a chiese della Diocesi di Verona, anni 1565-1589: trascrizione dei registri XIII-XIV delle visite pastorali* (Verona: Archivio storico Curia diocesana, 2001)
AUDANO, SERGIO, 'Dall'epigramma al sonetto: variazioni umanistiche su [Posidippo] A.P. 9.359 (*133 A.-B.)', in *Harmonia. Scritti di filologia classica in onore di Angelo Casanova*, ed. by Guido Bastianini, Walter Lapini and Mauro Tulli, 2 vols (Florence: Firenze University Press, 2012), I, pp. 41-54

BAERNSTEIN, P. RENEE, 'In Widow's Habit: Women between Convent and Family in Sixteenth-Century Milan', *The Sixteenth Century Journal*, 25 (1994), 787–807

BARZAGHI, ANTONIO, *Donne o cortigiane? La prostituzione a Venezia. Documenti di costume dal XVI al XVIII secolo* (Verona: Bertani, 1980)

BATTISTINI, ANDREA, 'Tra l'istrice e il pavone. L'arte della persuasione nell'età di Carlo e Federico Borromeo', in Zardin and Frosio, eds, *Milano borromaica*, pp. 21–40

BELL, RUDOLPH M., *How To Do It: Guides To Good Living for Renaissance Italians* (Chicago: The University of Chicago Press, 1999)

BELOTTI, GIANPIETRO, and XENIO TOSCANI, eds, *La sponsalità dai monasteri al secolo. La diffusione del carisma di Sant'Angela nel mondo* (Brescia: Centro Mericiano, 2009)

BICEGO, ROSELLA, 'La sensibilità del tempo in Agostino Valier: il "De tempore" (1552)', *Studi storici Luigi Simeoni*, 40 (1990), 9–30

BLOM, IDA, 'The History of Widowhood: A Bibliographic Overview', *Journal of Family History*, 16 (1991), 191–210

BOLIS, EZIO, 'Tra Concilio e postconcilio: la vita religiosa femminile dopo Trento', in Belotti and Toscani, eds, *La sponsalità dai monasteri al secolo*, pp. 159–82

BUZZI, FRANCO, and MARIA LUISA FROSIO, eds, *Cultura e spiritualità borromaica tra Cinque e Seicento* (= *Studia Borromaica*, 20 (2006))

CAMAIANI, PIER GIORGIO, 'Dalla donna sotto tutela alla donna "attiva"', in *Cattolici, educazione e trasformazioni socio-culturali in Italia tra Otto e Novecento*, ed. by Luciano Pazzaglia (Brescia: La scuola, 1999), pp. 239–56

CASAGRANDE, CARLA, and SILVANA VECCHIO, *I peccati della lingua. Disciplina ed etica della parola nella cultura medievale* (Rome: Istituto della Enciclopedia Italiana, 1987)

CAVALLO, SANDRA, and LYNDAN WARNER, eds, *Widowhood in Medieval and Early Modern Europe* (London: Longman, 1999)

CHARVET, JEAN-LOUP, *L'éloquence des larmes* (Paris: Desclée de Brouwer, 2000)

CHEMELLO, ADRIANA, 'La donna, il modello, l'immaginario: Moderata Fonte e Lucrezia Marinella', in Zancan, ed., *Nel cerchio della luna*, pp. 95–170

—— 'L'"Institution delle donne" di Lodovico Dolce ossia l'"insegnar virtù et honesti costumi alla Donna"', in *Trattati scientifici nel Veneto fra il XV e XVI secolo* (Vicenza: Neri Pozza, 1985), pp. 103–34

CHERCHI, PAOLO, *Polimatia di riuso: mezzo secolo di plagio, 1539–1589* (Rome: Bulzoni, 1998)

CHIANTERA, ANGELA, 'Le donne e il "governo della lingua" nei trattati di comportamento Cinque-seicenteschi', in *Donna & linguaggio*, ed. by Gianna Marcato (Padua: Cleup, 1995), pp. 329–39

CHOJNACKA, MONICA, 'Women, Charity and Community in Early Modern Venice: The *Casa delle Zitelle*', *Renaissance Quarterly*, 51 (1998), 68–91

CHOJNACKI, STANLEY, 'Dowries and Kinsmen in Early Renaissance Venice', *The Journal of Interdisciplinary History*, 5 (1975), 571–600

—— 'Getting Back the Dowry: Venice, c. 1360–1530', in Jacobson Schutte, Kuehn, Seidel Menchi, eds, *Time, Space, Women's Lives in Early Modern Europe*, pp. 77–97

—— '"The Most Serious Duty": Motherhood, Gender, and Patrician Culture in

Renaissance Venice', in *Refiguring Woman: Perspectives on Gender and the Italian Renaissance*, ed. by Marilyn Migiel and Juliana Schiesari (Ithaca: Cornell University Press, 1991), pp. 133-54

—— 'Patrician Women in Early Renaissance Venice', *Studies in the Renaissance*, 21 (1974), 176-203

CIPRIANI, GIOVANNI, *La mente di un inquisitore: Agostino Valier e l'*Opusculum De cautione adhibenda in edendis libris *(1589-1604)* (Florence: Nicomp, 2008)

COHEN, SHERRILL, *The Evolution of Women's Asylums since 1500: From Refuges for Ex-Prostitutes to Shelters for Battered Women* (Oxford: Oxford University Press, 1992)

COLLINA, BEATRICE, 'L'esemplarità delle donne illustri fra Umanesimo e Controriforma', in Zarri, ed., *Donna, disciplina, creanza cristiana*, pp. 103-19

COLOMBI, ROBERTA, *Lo sguardo che 's'interna'. Personaggi e immaginario interiore nel romanzo italiano del Seicento* (Rome: Aracne, 2002)

COSENTINO, PAOLA, *Le virtù di Giuditta. Il tema biblico della "mulier fortis" nella letteratura del '500 e del '600* (Rome: Aracne, 2012)

COX, VIRGINIA, 'The Single Self: Feminist Thought and the Marriage Market in Early Modern Venice', *Renaissance Quarterly*, 48 (1995), 513-81

—— *Women's Writing in Italy: 1400-1650* (Baltimore: Johns Hopkins University Press, 2008)

COZZI, GAETANO, *Ambiente veneziano, ambiente veneto. Saggi su politica, società, cultura nella Repubblica di Venezia in età moderna* (Venice: Fondazione Giorgio Cini, 1997)

CURTIUS, ERNEST ROBERT, *European Literature and the Latin Middle Ages*, trans. by Willard R. Trask (Princeton: Princeton University Press, 1953)

DAENENS, FRANCINE, 'Superiore perché inferiore: il paradosso della superiorità della donna in alcuni trattati italiani del Cinquecento', in *Trasgressione tragica e norma domestica. Esemplari di tipologie femminili dalla letteratura europea*, ed. by Vanna Gentili (Rome: Edizioni di storia e letteratura, 1983), pp. 11-50

DELCORNO, CARLO, 'Dal "sermo modernus" alla retorica "borromea"', *Lettere Italiane*, 39 (1987), 465-83

DI FILIPPO, CLAUDIA, 'La Compagnia di Sant'Orsola nell'area "lombarda"', in Belotti and Toscani, eds, *La sponsalità dai monasteri al secolo*, pp. 459-90

—— 'Le donne nella chiesa borromaica', in Buzzi and Frosio, eds, *Cultura e spiritualità borromaica tra Cinque e Seicento*, pp. 155-84

DOGLIO, MARIA LUISA, 'Introduzione', in Capella, *Della eccellenza e dignità delle donne*, pp. 13-25

DUPRONT, ALPHONSE, 'Autour de Saint Filippo Neri: de l'optimisme chrétien', *Mélanges d'archéologie et d'histoire de l'École française de Rome*, 49 (1932), 215-304 (repr. in *Genèses des temps modernes: Rome, les Réformes et le Nouveau Monde*, ed. by Dominique Julia and Philippe Boutry (Paris: Gallimard, 2001), pp. 207-35)

EISENACH, EMILYN, *Husbands, Wives, and Concubines: Marriage, Family, and Social Order in Sixteenth-Century Verona* (Kirksville: Truman State University Press, 2004)

ELIAS, NORBERT, *The Civilizing Process: The History of Manners and State Formation and Civilization* (Oxford: Blackwell, 1994)

EVANGELISTI, SILVIA, *Nuns: A History of Convent Life 1450–1700* (Oxford: Oxford University Press, 2007)

—— 'Wives, Widows, and Brides of Christ: Marriage and the Convent in the Historiography of Early Modern Italy', *The Historical Journal*, 43 (2000), 233–47

FENLON, DERMOT, 'La formazione religiosa di Federico Borromeo', in *Federico Borromeo uomo di cultura e di spiritualità*, ed. by Santo Burgio and Luca Ceriotti (= *Studia borromaica*, 16 (2002)), pp. 25–32

FERRARESE, ANDREA, '"Agnosce vultum pecoris tui". Aspetti della "cura animarum" nella legislazione anagrafica ecclesiastica della diocesi di Verona (secc. XVI–XVIII)', *Studi storici Luigi Simeoni*, 49 (1999), 189–237

FRAJESE, VITTORIO, *Nascita dell'Indice. La censura ecclesiastica dal Rinascimento alla Controriforma* (Brescia: Morcelliana, 2006)

—— *Il popolo fanciullo. Silvio Antoniano e il sistema disciplinare della Controriforma* (Milan: FrancoAngeli, 1987)

FRANK, MARY E., 'A Face in the Crowd: Identifying the Dogaressa at the Ospedale dei Crociferi', in *Wives, Widows, Mistresses, and Nuns in Early Modern Italy: Making the Invisible Visible through Art and Patronage*, ed. by Katherine A. McIver (Burlington: Ashgate, 2012), pp. 99–118

FRIGO, DANIELA, 'Dal caos all'ordine: sulla questione del "prender moglie" nella trattatistica del sedicesimo secolo', in Zancan, ed., *Nel cerchio della luna*, pp. 57–93

—— *Il padre di famiglia. Governo della casa e governo civile nella tradizione dell'"economica" tra Cinque e Seicento* (Rome: Bulzoni, 1985)

FUBINI LEUZZI, MARIA, 'Vita coniugale e vita familiare nei trattati italiani tra XVI e XVII secolo', in Zarri, ed., *Donna, disciplina, creanza cristiana*, pp. 253–67

FUMAROLI, MARC, *L'Âge de l'éloquence: Rhétorique et res literaria de la Renaissance au seuil de l'époque classique*, 3rd edn (Genève: Droz, 2002)

GALLINARO, ILARIA, *I castelli dell'anima. Architetture della ragione e del cuore nella letteratura italiana* (Florence: Olschki, 1999)

GIULIANI, MARZIA, '*Cum eruditis viris*. Gian Vincenzo Pinelli, Federico Borromeo e gli scritti di Agostino Valier presso la Biblioteca Ambrosiana', in Zardin and Frosio, eds, *Milano borromaica*, pp. 229–68

—— '"Lectiones familiares". L'attualità dei padri e la spiritualità borromaica fra Cinque e Seicento', in Buzzi and Frosio, eds, *Cultura e spiritualità borromaica tra Cinque e Seicento*, pp. 117–43

—— *Il vescovo filosofo. Federico Borromeo e 'I sacri ragionamenti'* (Florence: Olschki, 2007)

GODMAN, PETER, *The Saint as Censor: Robert Bellarmine between Inquisition and Index* (Leiden: Brill, 2000)

JACOBSON SCHUTTE, ANNA, THOMAS KUEHN, and SILVANA SEIDEL MENCHI, eds, *Time, Space, Women's Lives in Early Modern Europe* (Kirksville: Truman State University Press, 2001)

KELSO, RUTH, *Doctrine for the Lady of the Renaissance*, with a Foreword by Katharine M. Rogers (Urbana: University of Illinois Press, 1956)

KLAPISCH-ZUBER, CHRISTIANE, *Women, Family, and Ritual in Renaissance Italy*, trans. by Lydia Cochrane (Chicago: The University of Chicago Press, 1985), pp. 117–31

LABALME, PATRICIA H., 'Women's Roles in Early Modern Venice: An Exceptional Case', in *Beyond their Sex: Learned Women of the European Past*, ed. by Patricia H. Labalme (New York: New York University Press, 1980), pp. 129–52

LANARO, PAOLA and ALISON SMITH, eds, *Donne a Verona. Una storia della città dal Medioevo ad oggi*, ed. by (Sommacampagna: Cierre, 2012)

LEPORI, FERNANDO, 'La scuola di Rialto dalla fondazione alla metà del Cinquecento', in *Storia della cultura veneta*, ed. by Girolamo Arnaldi and Manlio Pastore Stocchi, 6 vols (Vicenza: Neri Pozza, 1976–87), III.2 (1980), 539–605

LIEBOWITZ, RUTH P., 'Virgins in the Service of Christ: The Dispute over an Active Apostolate for Women During the Counter-Reformation', in *Women of Spirit: Female Leadership in the Jewish and Christian Traditions*, ed. by Rosemary Ruether and Eleanor McLaughlin (New York: Simon and Schuster, 1979), pp. 131–52

LOGAN, OLIVER, 'Agostino Valier on Caution in Publishing', in *Essays in Memory of Michael Parkinson and Janine Dakyns*, ed. by Christopher Smith (Norwich: University of East Anglia, 1996), pp. 11–16

—— *The Venetian Upper Clergy in the 16th and Early 17th Centuries: A Study in Religious Culture* (Lewiston: The Edwin Mellen Press, 1996)

LOWE, KATE J. P., *Nuns' Chronicles and Convent Culture in Renaissance and Counter-Reformation Italy* (Cambridge: Cambridge University Press, 2003)

—— 'Secular Brides and Convent Brides: Wedding Ceremonies in Italy during the Renaissance and Counter-Reformation', in *Marriage in Italy, 1300–1650*, ed. by Trevor Dean and Kate J. P. Lowe (Cambridge: Cambridge University Press, 2002), pp. 41–65

LUCIOLI, FRANCESCO, 'Regine a Venezia nel Cinquecento: Bona Sforza in un'epistola di Agostino Valier e qualche osservazione sulle descrizioni di ingressi trionfali', *Filologia e Critica*, 39 (2014) (forthcoming)

LUTZ, TOM, *Crying: The Natural and Cultural History of Tears* (New York: Norton, 1999)

MACLEAN, IAN, *The Renaissance Notion of Woman: A Study in the Fortunes of Scholasticism and Medical Science in European Intellectual Life* (Cambridge: Cambridge University Press, 1980)

MARCORA, CARLO, 'La storiografia dal 1584 al 1789', in *San Carlo e il suo tempo*, I, pp. 37–75

MARIANI, LUCIANA, ELISA TAROLLI, and MARIE SEYNAEVE, *Angela Merici. Contributo per una biografia* (Milan: Àncora, 1986)

MARTINELLI, VALENTINO, and ALFREDO MARCHIONNE GUNTER, 'Notizie su Agostino e Pietro Valier cardinali di San Marco, veneti a Roma; su le vicende dei due ritratti berniniani in marmo da Roma a Venezia', in *La regola e la fama. San Filippo Neri e l'arte* (Milan: Electa, 1995), pp. 98–107

MATTER, E. ANN, 'Mystical Marriage', in Scaraffia and Zarri, eds, *Women and Faith*, pp. 31–41

MATTHEWS-GRIECO, SARA E., ed., *Monaca, Moglie, Serva, Cortigiana: Vita e immagine delle donne tra Rinascimento e Controriforma*, with the collaboration of Sabina Brevaglieri, introduction by Cristina Acidini Luchinat (Florence: Morgana, 2001)

MAZZONIS, QUERCIOLO, *Spiritualità, genere e identità nel Rinascimento: Angela Merici e la Compagnia di Sant'Orsola* (Milan: FrancoAngeli, 2007)

MELLANO, MARIA FRANCA, 'La donna nell'opera riformatrice di S. Carlo', in *San Carlo e il suo tempo*, II, pp. 1073–133

MEZZADRI, LUIGI, 'I terz'ordini e la spiritualità femminile', in Belotti and Toscani, eds, *La sponsalità dai monasteri al secolo*, pp. 57–83

MURPHY, CAROLINE P., 'Il ciclo della vita femminile: norme comportamentali e pratiche di vita', in Matthews-Grieco, ed., *Monaca, Moglie, Serva, Cortigiana*, pp. 15–47

NARDI, BRUNO, 'La scuola di Rialto e l'umanesimo veneziano', in *Umanesimo europeo e umanesimo veneziano*, ed. by Vittore Branca (Florence: Sansoni, 1963), pp. 29–139

NICCOLI, OTTAVIA, *Prophecy and People in Renaissance Italy*, trans. by Lydia G. Cochrane (Princeton: Princeton University Press, 1990)

—— *Vedere con gli occhi del cuore. Alle origini del potere delle immagini* (Rome: Laterza, 2011)

OESTREICH, GERHARD, 'Strukturprobleme des europäischen Absolutismus', *Vierteljahrsschrift für Sozial- und Wirtschaftsgeschichte*, 55 (1969), 179–97

PALUMBO, GENOVEFFA, 'Dalla disciplina al disciplinamento. Il corpo, l'anima, il libro nelle storie di monache e recluse', in Zarri, ed., *Donna, disciplina, creanza cristiana*, pp. 141–63

PAPASOGLI, BENEDETTA, *Il 'Fondo del cuore'. Figure dello spazio interiore nel Seicento francese* (Pisa: Editrice libreria goliardica, 1991)

PATRIZI, ELISABETTA, 'Devozione e carità. Educazione cristiana ed edificazione dell'immagine della *Verona sancta* nel secondo Cinquecento', *History of Education & Children's Literature*, 8.1 (2013), 235–69

—— 'For "Good Education of my Beloved People": Agostino Valier and the Company of St. Ursula of Verona', *Estudios sobre educación*, 23 (2012), 99–116

—— 'La formazione del clero veronese dopo Trento: le origini del Seminario diocesano e la riforma della Scuola degli accoliti', *History of Education & Children's Literature*, 9.1 (2014), 339–80

—— 'Per formare "huomini honorati et gratissimi a Dio": Agostino Valier e la fondazione del Collegio dei nobili di Verona', in *La ricerca storico-educativa oggi. Un confronto di metodi, modelli e programmi di ricerca*, ed. by Hervé A. Cavallera, 2 vols (Lecce: Pensa multimedia, 2013), I, pp. 429–45.

—— '"Per insegnarci con l'opere et con le parole la scienza della vera salute". Le Scuole della dottrina cristiana di Verona al tempo di Agostino Valier', *History of Education & Children's Literature*, 7.1 (2012), 297–318

—— 'Per un sistema educativo globale: le scuole e i *consueta ministeria* della Compagnia di Gesù nella Verona di Agostino Valier', *History of Education & Children's Literature*, 8.2 (2013), 33–73

—— 'La *Rethorica ecclesiastica* e l'*Omilario* per la Chiesa ambrosiana scritti da Agostino Valier su istanza di Carlo Borromeo', *History of Education & Children's Literature*, 9.2 (2014), 249–89

—— 'I *Ricordi al popolo della città et diocese di Verona* di Agostino Valier. Un progetto per gli 'stati di vita' tra rinnovamento pastorale ed edificazione della *civitas christiana*', *History of Education & Children's Literature*, 7.2 (2012), 359–400

—— *Silvio Antoniano. Un umanista ed educatore nell'età del Rinnovamento cattolico (1540–1603)*, 3 vols (Macerata: Eum, 2010)

PATRIZI, GIORGIO, 'Pedagogie del silenzio. Tacere e ascoltare come fondamenti dell'apprendere', in Patrizi and Quondam, eds, *Educare il corpo, educare la parola*, pp. 415-24

PATRIZI, GIORGIO, and AMEDEO QUONDAM, eds, *Educare il corpo, educare la parola nella trattatistica del Rinascimento* (Rome: Bulzoni, 1998)

PIÉJUS, MARIE-FRANÇOISE, '*Venus bifrons*: le double idéal féminin dans *La Raffaella* d'Alessandro Piccolomini', in *Images de la femme dans la littérature italienne de la Renaissance. Préjugés misogynes et aspirations nouvelles. Castiglione Piccolomini Bandello*, ed. by André Rochon (Paris: Université de la Sorbonne Nouvelle, 1980), pp. 81-167

PLEBANI, TIZIANA, *Il "genere" dei libri. Storie e rappresentazioni della letteratura al femminile e al maschile tra Medioevo e età moderna* (Milan: FrancoAngeli, 2001)

PRODI, PAOLO, ed., *Disciplina dell'anima, disciplina del corpo e disciplina della società tra Medioevo ed età moderna* (Bologna: il Mulino, 1994)

PROSPERI, ADRIANO, 'Riforma cattolica, Controriforma e disciplinamento sociale', in *Storia dell'Italia religiosa*, ed. by Gabriele De Rosa, Tullio Gregory and André Vauchez, 3 vols (Rome: Laterza, 1993-95), II (1994): *L'età moderna*, ed. by Gabriele De Rosa and Tullio Gregory, pp. 3-48

—— *Tra evangelismo e Controriforma: Gian Matteo Giberti, 1495-1543*, 2nd edn (Rome: Edizioni di storia e letteratura, 2011)

PULIAFITO, ANNA LAURA, 'Filosofia aristotelica e modi dell'apprendimento. Un intervento di Agostino Valier su "Qua ratione versandum sit in Aristotele"', *Rinascimento*, 2nd ser., 30 (1990), 153-72

PULLAN, BRIAN, 'La nuova filantropia nella Venezia cinquecentesca', in *Nel regno dei poveri: arte e storia dei grandi ospedali veneziani in età moderna 1474-1797*, ed. by Bernard Aikema and Dulcia Meijers (Venice: Arsenale, 1989), pp. 10-34

—— *Rich and Poor in Renaissance Venice: The Social Institutions of a Catholic State, to 1620* (Oxford: Blackwell, 1971)

PULLAPILLY, CYRIAC K., 'Agostino Valier and the Conceptual Basis of the Catholic Reformation', *Harvard Theological Review*, 85 (1992), 307-33

PUPPI, LIONELLO, ed., *Le Zitelle: architettura, arte e storia di un'istituzione veneziana* (Venice: Albrizzi, 1992)

QUELLER, DONALD E., and THOMAS F. MADDEN, 'Father of the Bride: Fathers, Daughters, and Dowries in Late Medieval and Early Renaissance Venice', *Renaissance Quarterly*, 46 (1993), 685-711

QUONDAM, AMEDEO, *Forma del vivere. L'etica del gentiluomo e i moralisti italiani* (Bologna: il Mulino, 2010)

RECCHIA, VINCENZO, *Lettera e profezia nell'esegesi di Gregorio Magno* (Bari: Edipuglia, 2003)

REINHARD, WOLFGANG, 'Disciplina sociale, confessionalizzazione, modernizzazione. Un discorso storiografico', in Prodi, ed., *Disciplina dell'anima, disciplina del corpo e disciplina della società*, pp. 101-23

RICHARDSON, BRIAN, '"Amore maritale": Advice on Love and Marriage in the Second Half of the Cinquecento', in *Women in Italian Renaissance Culture and Society*, ed. by Letizia Panizza (Oxford: Legenda, 2000), pp. 194-208

RICO, FRANCISCO, *El sueño del Humanismo. De Petrarca a Erasmo* (Madrid: Alianza, 1993)

ROMAGNOLI, DANIELA, 'Parlare a tempo e luogo: galatei prima del *Galateo*', in Patrizi and Quondam, eds, *Educare il corpo, educare la parola*, pp. 43–63

SALVATORI, FILIPPO MARIA, *Vita della santa madre Angela Merici fondatrice della Compagnia di S. Orsola ossia dell'instituto delle orsoline* (Rome: Lazzarini, 1807)

San Carlo e il suo tempo, 2 vols (Rome: Edizioni di storia e letteratura, 1986)

SANSON, HELENA, 'Donne che (non) ridono: parola e riso nella precettistica femminile del XVI secolo in Italia', *Italian Studies*, 60 (2005), 6–21

—— *Donne, precettistica e lingua nell'Italia del Cinquecento. Un contributo alla storia del pensiero linguistico* (Florence: presso l'Accademia della Crusca, 2007)

—— '*Ornamentum mulieri breviloquentia*: donne, silenzi, parole nell'Italia del Cinquecento', *The Italianist*, 23 (2003), 194–244

SANTINELLO, GIOVANNI, *Politica e filosofia alla scuola di Rialto: Agostino Valier, 1531–1606* (Venice: Centro tedesco di studi veneziani, 1983)

—— *Tradizione e dissenso nella filosofia veneta* (Padua: Antenore, 1991)

SBERLATI, FRANCESCO, *Castissima donzella. Figure di donna tra letteratura e norma sociale (secoli XV–XVII)*, ed. by Laura Orsi (Bern: Lang, 2007)

SCARAFFIA, LUCETTA, and GABRIELLA ZARRI, eds, *Women and Faith: Catholic Religious Life in Italy from Late Antiquity to the Present* (Cambridge, MA: Harvard University Press, 1999)

SCHULZE, WINFRIED, 'Gerhard Oestreichs Begriff 'Sozialdisziplinierung in der frühen Neuzeit', *Zeitschrift für historische Forschung*, 14 (1987), 265–302

SHILLING, HEINZ, 'Chiese confessionali e disciplinamento sociale. Un bilancio provvisorio della ricerca storica', in Prodi, ed., *Disciplina dell'anima, disciplina del corpo e disciplina della società*, pp. 125–60

SIEKIERA, ANNA, 'Gradenigo, Giorgio', in *Dizionario Biografico degli Italiani* (Rome: Istituto della Enciclopedia Italiana, 1960-) 58 (2002), pp. 304–06

SNYDER, JON R., 'Norbert Elias's *The Civilizing Process* Today: The Critique of Conduct', in Patrizi and Quondam, eds, *Educare il corpo, educare la parola*, pp. 23–41

SOLFAROLI CAMILLOCCI, DANIELA, 'L'obbedienza femminile tra virtù domestiche e disciplina monastica', in Zarri, ed., *Donna, disciplina, creanza cristiana*, pp. 269–83

Storia di Venezia città delle donne. Guida ai tempi, luoghi e presenze femminili, historical text by Tiziana Plebani; introduction by Franca Bimbi (Venice: Marsilio, 2008)

TACCHELLA, LORENZO, 'La diocesi di Verona nei secoli XVI e XVII. Dai Processi Concistoriali e dalle Relazioni delle Visite *ad Limina Apostolorum*', *Studi storici Luigi Simeoni*, 24–25 (1974–75), 112–36

—— 'Il veneziano cardinale Agostino Valier vescovo di Verona e la Repubblica di Genova', *Studi storici Luigi Simeoni*, 36 (1986), 289–91

TACCHELLA, LORENZO and MARY MADELINE TACCHELLA, *Il Cardinale Agostino Valier e la Riforma Tridentina nella diocesi di Trieste* (Udine: Editrice Arti Grafiche Friulane, 1974)

TERPSTRA, NICHOLAS, *Cultures of Charity: Women, Politics, and Reform of Poor Relief in Renaissance Italy* (Cambridge, MA: Harvard University Press, 2013)

TESSORE, DAG, *La donna cristiana secondo l'insegnamento della tradizione apostolica* (Turin: Il leone verde, 2008)

TIPPELSKIRCH, XENIA VON, '"… si piglino libri che insegnino li buoni costumi …". La lettura femminile e il suo controllo nella precettistica della prima età moderna', *Schifanoia*, 28–29 (2005), 103–19

—— *Sotto controllo. Letture femminili in Italia nella prima età moderna* (Rome: Viella, 2011)

TOMEZZOLI, CECILIA, 'Agostino Valier (1531–1606), fra "humanitas" e "virtutes". Il periodo dal 1554 al 1561', *Studi storici Luigi Simeoni*, 45 (1995), 141–72

TOSO, FIORENZO, 'Un modello di plurilinguismo urbano rinascimentale. Presupposti ideologici e risvolti culturali delle polemiche linguistiche nella Genova cinquecentesca', in *Città plurilingui. Lingue e culture a confronto in situazioni urbane*, ed. by Raffaella Bombi and Fabiana Fusco (Udine: Forum, 2004), pp. 491–530

Trecento opere della tipografia Volpi-Cominiana (Florence: Libreria Salimbeni, 1980)

TURCHINI, ANGELO, 'Dalla disciplina alla "creanza" del matrimonio all'indomani del concilio di Trento', in Zarri, ed., *Donna, disciplina, creanza cristiana*, pp. 205–14

—— *Sotto l'occhio del padre. Società confessionale e istruzione primaria nello Stato di Milano* (Bologna: il Mulino, 1996)

VEENSTRA, FROUKE, and KIRSTEN VAN DER PLOEG, 'Widows in Western History: A Selected Bibliography', in *Between Poverty and the Pyre: Moments in the History of Widowhood*, ed. by Jan Bremmer and Lourens van den Bosch (London: Routledge, 1995), pp. 247–51

VIGOTTI, GUALBERTO, *S. Carlo Borromeo e la Compagnia di S. Orsola* (Milan: Scuola tipografica San Benedetto Viboldone, 1972)

ZANCAN, MARINA, ed., *Nel cerchio della luna. Figure di donna in alcuni testi del XVI secolo* (Venice: Marsilio, 1983)

ZARDIN, DANILO, and MARIA LUISA FROSIO, eds, *Milano borromaica atelier culturale della Controriforma* (= *Studia Borromaica*, 21 (2007))

ZARRI, GABRIELLA, 'Disciplina regolare e pratica di coscienza: le virtù e i comportamenti sociali in comunità femminili (secc. XVI–XVIII)', in Prodi, ed., *Disciplina dell'anima, disciplina del corpo e disciplina della società*, pp. 257–78

—— ed., *Donna, disciplina e creanza cristiana dal XV al XVII secolo. Studi e testi a stampa* (Rome: Edizioni di storia e letteratura, 1996)

—— 'From Prophecy to Discipline: 1450–1650', in Scaraffia and Zarri, eds, *Women and Faith*, pp. 83–112

—— *Recinti. Donne, clausura e matrimonio nella prima età moderna* (Bologna: il Mulino, 2000)

—— *Le sante vive. Cultura e religiosità femminile nella prima età moderna* (Turin: Rosenberg & Sellier, 1990)

—— 'The Third Status', in Jacobson Schutte, Kuehn, Seidel Menchi, eds, *Time, Space, Women's Lives in Early Modern Europe*, pp. 181–99

—— 'La vita religiosa tra Rinascimento e Controriforma. *Sponsa Christi*: nozze mistiche e professione monastica', in Matthews-Grieco, ed., *Monaca, Moglie, Serva, Cortigiana*, pp. 103–51

INDEX OF NAMES AND SOURCES

Abigail 66
Abraham 97, 131
Accademia delle Notti Vaticane 66
Agnes, St. 151
Agrippa, Cornelius von Nettesheim 3, 27
Ambrose, St. 13, 35, 37, 55 n.11, 65, 81–82, 86, 92, 94, 122
Amos 133
Ananias 145
Andreozzi, Fulvio 24 n.95
Andrew, St. 87
Angaran, Ottavio 40
Anna of Phanuel 25, 61, 87, 89, 92, 94, 103, 109
Annas 69
Anselm, St. 35, 59, 135
Antoniano, Silvio 11, 28–29, 30, 34
Augustine, St. 26, 35, 37, 59, 62, 85, 86, 106, 111, 116, 129, 132, 133, 135, 144
Augustus 119

Balbi, Caterina 39–40
Basil the Great, St. 20, 35, 62, 103, 106
Belmonti, Pietro 3
Bembo, Pietro 37
Benedict, St. 59, 132, 135
Bernard, St. 13, 35, 73, 136, 140, 143, 149, 151
Bernardo, Marina 22, 83 n.3
Bonamico, Lazzaro 5
Bonaventure, St. 95 n.76
Borromeo, Carlo 6, 7, 8, 10, 17, 24, 28, 30, 34, 38, 60 n.17
Borromeo, Federico 10
Bruni, Domenico 4
Bruto, Gian Michele 3
Buoncompagni, Ugo *see* Gregory XIII, Pope

Cabei, Giulio Cesare 23 n.95
Capella, Galeazzo Flavio 3
Capra *see* Capella, Galeazzo Flavio
Carafa, Gian Pietro *see* Paul IV, Pope
Casa delle Convertite 90
Casa delle Zitelle 21–22, 57, 83 n.3, 90
Castiglione, Baldassarre 3, 4, 37–38 n.179
Catherine of Alexandria, St. 71, 96, 151
Cavalca, Domenico 20, 71 n.81
Cavattoni, Cesare 20
Cecilia, St. 151
Cicero 100 n.108, 114 n.18, 119 n.34
Cipriani, Giovanni 37
Clare, St. 151
Comino, Giuseppe 39
Compagnia della Madonna 18, 25, 60, 83 n.4, 91, 109, 110
Company of St. Anna 24
Company of St. Ursula 17–18, 25, 60
Congregation of the Index 10
Congregazione delle Dimesse 18 n.70, 60 n.19
Constantine the Great 122
Contarini, Alvise 9–10 n.37, 83 n.1
Contarini, Adriana 13, 21–22, 53, 57 n.7, 83
Contarini, Bernardo 83 n.3
Contarini, Francesco 125 n.2
Contarini, Gasparo 13, 83 n.1–5
Contarini, Paolo 125 n.3
Contarini, Pietro 125
Contarini, Tommaso 83
Contarini, Vincenzo 13, 83 n.3–5
Contarini, Zaccaria 125 n.3
Council of Trent 7, 28, 125 n.3
Cox, Virginia 16
Crispoldi, Tullio 7, 28
Cyprian, St. 35, 115, 153

Index of Names and Sources

Dardano, Luigi 4
David 61, 66, 68, 72, 85, 98, 103, 105, 107, 111, 122, 130, 133, 135, 136, 140
De Ferrari, Teresa 40
De Manzoni, Giuseppe 40
demesse 14, 15, 16–21, 25, 27, 29, 56–82, 110
Demetrias 71 n.78
Dolce, Lodovico 2–4, 15, 19, 23 n.95, 37–38 n.179
Domenichi, Lodovico 2, 3, 37–38 n.179
Dominic, St. 71, 132, 135, 144

Eli 121–22
Elias 86, 103
Ennius 100 n.108, 119 n.34
Ephrem, St. 55 n.11
Erasmus of Rotterdam 3, 27
Esau 114
Eustochium 64 n.47
Eve 19
Ezechias 73

Felici, Pompeo 23 n.95
Firenzuola, Agnolo 4
Francis, St. 132, 135, 144
Franco, Niccolò 4
Fulvia 88, 94, 103 n.125
Fusco, Orazio 23 n.95

Genua, Marcantonio 5
Giberti, Gian Matteo 7, 8, 28, 109 n.160
Gradenigo, Giorgio 13, 26, 56 n.1, 110 n.5
Gradenigo, Marianna 40
Granada, Luis de 20, 71
Gregory of Nazianzus, St. 35, 55 n.11, 75, 150
Gregory of Nissa, St. 55 n.11
Gregory the Great, St. 35, 66, 73, 95
Gregory XIII, Pope 10, 152
Grigolati, Bernardino 40
Grimani, Isabetta 22, 57 n.7
Gritti, Andrea 1, 53 n.1
Gritti, Viena 1, 34, 53, 125
Guevara, Antonio de 3

Hannah 73
Heliodorus 143 n.65
Henry VIII, King 4
Herodes Atticus 68
Hérodiade 112
Hilary, St. 35, 68

Isaac 97, 131

Jacob 97, 113–14, 131
Jacobus de Voragine 122 n.48
James, St. 103, 104, 143
Jerome, St. 35, 60, 63, 64, 71, 72, 75, 76, 87, 88, 89, 94, 96, 100, 103, 108, 143
Jesuits 7
John, St. 87, 98, 146
John Baptist, St. 112, 150
John Chrysostom, St. 35, 80, 101, 112, 121, 131, 138
John Damascen, St. 55 n.11
John Nesteutes, St. 95 n.76
Judas 108, 137, 145
Judith 19, 25, 29, 61, 87, 89, 91, 93, 94, 97, 98, 102, 103, 131

Landi, Pietro 5
Lauro, Pietro 3
Loredan, Isabetta 22, 57 n.7
Lucy, St. 71, 151
Luigini, Federico 4
Luke, St. 61

Maggi, Vincenzo 3
Mangelli, Lucrezia Maria 39
Manichaeus 86
Marcella 94, 96, 100
married women 1, 4, 12, 13, 14, 15, 20, 21, 23, 26–29, 39, 41, 58, 61–63, 65, 74, 75, 76, 78, 92, 99, 110–24, 144
Martha 19, 24, 61, 91, 104, 147–48
Mary 19, 24, 61, 147–48
Mary I Tudor, Queen 4
Merici, Angela 17, 60 n.17
Monica, St. 86
Moses 97, 103, 131

Naboth 122
Nani, Giorgio 126 n.5
Nani, Paolo 126
Nani Mirabelli, Pietro 36
Navagero, Bernardo 5, 6, 7, 38
Navagero, Lucia 5
Neri, Filippo 10
Nettesheim, Agrippa von *see* Agrippa, Cornelius
Noemi 92
nuns 1, 4, 9, 12, 13, 15, 20, 24, 27, 30–33, 36, 37, 38, 39, 41, 58–60, 61, 79, 124, 125–53

Opera dei Derelitti 54, 83 n.3
Opera delle Derelitte 54
Origenes 73 n.91
Ortense, Evangelista 21–22
Ospedale degli Incurabili 22
Ovid 35

Pagani, Antonio 18 n.70, 60 n.19
Palazzi, Giovanni 40
Patrizi, Elisabetta 8
Paul, St. 61, 87, 106, 108, 111, 126, 131, 139
Paul IV, Pope 5
Peretti, Felice *see* Sixtus V, Pope
Peter, St. 87, 95
Philo Alexandrinus 1
Piccolomini, Alessandro 2, 3
Pilate 68
Pisani, Adriana 83
Pontedera, Giulio 40
Ponzetti, Giacinto 11, 12
Proba 106

Quondam, Amedeo 2

Rachel 28, 29, 111
Rampazetto, Francesco 14, 15
Rebecca 28, 29, 111, 114
Rico, Francisco 6
Ruth 92

Salomon 65, 86, 102, 104, 119, 131, 146
Salvina 88, 94, 103 n.125

Sapphira 145
Sarah 28, 29, 98, 111
Savonarola, Girolamo 23 n 95
Schwarzkönig de Murfeld, Marietta 40
Scuola di Rialto 5, 9
Sigonio, Vincenzo 4
Silvester, St. 122
Sirleto, Guglielmo 20
Sixtus V, Pope 10
Sophocles 35, 69

Tertullian 35, 107 n.154
Testore, Ravisio 35
Theatines 7
Thomas Aquinas, St. 35
Trevisan, Marcantonio 5
Trissino, Gian Giorgio 23 n.95
Trotti, Bernardo 23 n.95

unmarried women *see* demesse

Valier, Agostino:
 life: 5–11
 works:
  Cardinalis, sive de optima Cardinalis forma 9, 30, 56 n.4
  Commentarius de consolatione Ecclesiae ad Ascanium Card. Columnam libri VI 11, 20
  Concio de onere Episcopatus et Cardinalatus 10
  Convivium Noctium Vaticanarum 6–7
  De adulterinae prudentiae ac regulis vitandis, sive de politica prudentia cum christiana pietate coniugenda ex Venetorum potissimus historiis a fratris et sororis filios 10 n.37
  De cautione adhibenda in edendis libris 10–11, 12, 13, 15, 16, 39, 83 n.1
  De fugiendis honoribus 6
  De occultis Dei beneficiis 73 n.96
  De occupationibus Sanctae Romanae Ecclesiae Diacono Cardinale dignis 10

De recta philosophandi ratione libri duo 5
De rethorica ecclesiastica ad clericos libri tres 8, 71 n.80
Del modo di vivere delle vergini che si chiamano demesse 1, 13, 14, 15, 16–21, 24, 26, 30, 35, 36, 37, 41, 48, 56–82
Della vera e perfetta viduità 1, 13, 14, 15, 21–26, 37, 83–109
Episcopus, seu de optima Episcopi forma 8–9, 30, 34, 56 n.4
Institutione d'ogni stato lodevole delle donne christiane 1, 3, 4, 5, 6, 9, 11–16, 18, 21, 29, 30, 31, 34, 38, 41, 53–124
Instruttione delle donne maritate 1, 13, 14, 26–29, 33, 36, 37, 38, 39–41, 56 n.1, 110–24
Lettera consolatoria del Reverendissimo Monsignor Agostino Valerio Vescovo di Verona nella quale, essendo stata liberata la città dal sospetto della peste che l'ha per molti giorni travagliata, si consola col suo popolo et l'essorta a ringratiarne la maestà di Dio et a viver christianamente 31
Memoriale [...] a Luigi Contarini cavaliere sopra gli studii ad un senatore veneziano convenienti 83 n.1
Philippus, sive de christiana laetitia 10
Quatenus fugiendi sint honores 10
Ricordi al popolo della città et diocese di Verona 9, 28 n.123
Ricordi [...] lasciati alle monache nella sua visitatione fatta l'anno del santissimo Giubileo 1575 1, 5, 6, 9, 12–15, 30–33, 34, 37, 38, 39, 41, 53 n.1, 54 n.8, 56 n.4, 125–53
Ricordi per lo scriver le historie della Repubblica di Venezia 9
Vita Caroli Borromei card. S. Praxedis archiepiscopi Mediolani 9 n.34, 10
Valier, Bertuccio 5
Valier, Donata 13, 16–17, 18 n.70, 19, 53 n.5, 56
Valier, Giovanni Luigi 13, 56 n.2
Valier, Laura 13, 26, 40, 53 n.5, 56, 110
Vecellio, Cesare 126 n.4
Vendramin, Alvise 126 n.4
Vendramin, Viena 126
Virgil 35
virgins *see* demesse
Vitturi, Maria 126 n.5
Vives, Juan Luis 3, 4, 15, 16, 19, 23 n.95, 26, 27
Volpi, Gaetano 39, 41

widows 1, 2, 4, 12, 13, 14, 15, 19, 21–26, 27, 28, 29, 33, 37, 39, 58, 61, 62, 63, 65, 67, 74, 80, 83–109, 110

Zaltieri, Bolognino 1
Zarri, Gabriella 17
Zebedee 106
Zini, Pietro Francesco 14, 34, 55, 126

MHRA Critical Texts

This series aims to provide affordable critical editions of lesser-known literary texts that are not in print or are difficult to obtain. The texts will be taken from the following languages: English, French, German, Italian, Portuguese, Russian, and Spanish. Titles will be selected by members of the distinguished Editorial Board and edited by leading academics. The aim is to produce scholarly editions rather than teaching texts, but the potential for crossover to undergraduate reading lists is recognized. The books will appeal both to academic libraries and individual scholars.

Malcolm Cook
Chairman, Editorial Board

Editorial Board

Professor Malcolm Cook (French) (Chairman)
Professor Jane Everson (Italian)
Dr Tyler Fisher (Spanish)
Professor David Gillespie (Slavonic)
Professor Catherine Maxwell (English)
Dr Stephen Parkinson (Portuguese)
Professor Ritchie Robertson (Germanic)

www.criticaltexts.mhra.org.uk

www.ingramcontent.com/pod-product-compliance
Lightning Source LLC
Chambersburg PA
CBHW071459150426
43191CB00008B/1389